铁路大型捣固设备与运用

主　编　刘　博　孙建刚　秦驰越

副主编　李　源

主　审　黄永超

西南交通大学出版社

·成　都·

内容简介

本教材以铁道大型捣固设备 D08-32 型捣固车、DCL-32 型连续式捣固车为对象，系统地介绍了铁道大型捣固设备从作业前的检查、驾驶、作业到保养的全工作流程。本教材为工作手册式教材，教材的编写参照工作者的认知与操作流程来进行，符合操作者的认知习惯与作业流程。

本教材适用于铁道养路机械应用技术专业学生，也可供从事铁路大型养路机械驾驶、作业、维修管理的技术人员参考。

图书在版编目（CIP）数据

铁路大型捣固设备与运用 / 刘博，孙建刚、秦驰越主编. —成都：西南交通大学出版社，2023.2
ISBN 978-7-5643-9055-6

Ⅰ. ①铁… Ⅱ. ①刘… ②孙… ③秦… Ⅲ. ①铁路工程 – 捣固机 – 操作 – 教材②铁路工程　捣固机 – 机械维修 – 教材 Ⅳ. ①U216.63

中国版本图书馆 CIP 数据核字（2022）第 236294 号

Tielu Daxing Daogu Shebei yu Yunyong
铁路大型捣固设备与运用

主　编　刘　博　孙建刚　秦驰越

责任编辑	王　旻
特邀编辑	王玉珂
封面设计	何东琳设计工作室

出版发行　西南交通大学出版社
　　　　　（四川省成都市金牛区二环路北一段 111 号
　　　　　西南交通大学创新大厦 21 楼）
邮政编码　610031
发行部电话　028-87600564　028-87600533
网址　　　http://www.xnjdcbs.com
印刷　　　成都蜀通印务有限责任公司

成品尺寸	185 mm×260 mm
印张	21.5
字数	458 千
版次	2023 年 2 月第 1 版
印次	2023 年 2 月第 1 次
书号	ISBN 978-7-5643-9055-6
定价	59.80 元

课件咨询电话：028-81435775
图书如有印装质量问题　本社负责退换
版权所有　盗版必究　举报电话：028-87600562

我国从 1876 年修建第一条铁路到今天,已然走过了 146 年的历史。截至 2021 年 12 月 30 日,我国铁路运营总里程已突破 15 万千米。

庞大的运营线路基数,使铁路线路养护工作面临巨大压力。早在 20 世纪,我国铁路的养护方式就选择了跨越式发展的战略,采用大型养路机械化解决线路运输与施工养护的矛盾。尽管这个决策实施时间晚于工业发达国家,但经过几十年的发展,大型养路机械已成为我国铁路新线开通和线路维修中不可缺少的重要装备,为中国铁路历次大面积提速扩能、保障运输安全、加速技术进步、推进工务修程修制改革,新线开通、安全运营发挥了重要作用。

现今大型养路机械已经在工务系统得到广泛应用。经过 30 多年的发展,我国大型养路机械装备与一些发达国家基本处于同一水平。我国大型铁路养路机械从过去向发达国家引进技术发展到目前已实现国产化、自主创新,并诞生了世界第二的龙头企业。

伴随铁路大型养路机械设备的保养量的不断增长,大型养路机械的运行、施工、检修需要大量的技术密集型人才。作为向大型养路机械运用、检修输送人才的单位,铁路高等职业教育院校担负着巨大的责任。

在此背景下,教材编写组组织了几所铁道院校,联合铁路局集团公司组成了本套教材编写团队,共同编写了铁道养路机械应用技术专业的这本教材。

本书由郑州铁路职业技术学院刘博、天津铁道职业技术学院孙建刚、包头铁路职业技术学院秦驰越担任主编,郑州铁路职业技术学院李源担任副主编。

全书由中国铁路郑州局集团有限公司郑州工务机械段高级工程师黄永超担任主审,在全书的编写过程中,他还为我们提供了很多宝贵的资料与意见,在此深表感谢。

全书的编写分工如下：刘博编写项目一、项目二、项目五的任务一～任务二；孙建刚、天津铁道职业技术学院刘金玥编写项目四；秦驰越编写项目三的任务四～任务五，项目五的任务三～任务四；李源编写项目三的任务一～任务三和任务六。

在编写此书的过程中，参阅了许多同行专家的论文及专著、相关厂家的资料与手册，在此一并表示衷心感谢。

为增强可读性，本文除采用图片丰富的纸质教材载体外，还采用了视频与拓展电子书的形式，读者可通过扫描二维码进行视频学习与拓展阅读。

由于编写时间仓促，编者水平所限，书中疏漏与不妥之处，敬请读者批评指正。

编　者
2023 年 1 月

数字资源目录

序号	二维码名称	资源类型	页码
1	抄平起拨道捣固车基本构造	视频	010
2	项目一知识拓展	PDF 文档	020
3	"4.10"专用铁路列车脱轨较大铁路交通事故	PDF 文档	022
4	燃油、各润滑油、液压油的整备	PDF 文档	059
5	高速走行动力传动系统工作过程演示	交互动画	078
6	低速走行动力传动系统工作过程演示	交互动画	086
7	液力变矩器工作原理	视频	089
8	CIR 系统认知	PDF 文档	122
9	DCL-32 型捣固车各部位展示	PDF 文档	141
10	抄平起拨道捣固车捣固装置基本构造	视频	141
11	抄平起拨道捣固车液压系统	视频	150
12	抄平起拨道捣固车电气系统	视频	164
13	CD 08-475 型道岔捣固车捣固装置	PDF 文档	180
14	抄平起拨道捣固车起拨道装置基本构造	视频	181
15	CD 08-475 型道岔捣固车起拨道装置	PDF 文档	192
16	铁路轨道基本知识	PDF 文档	194
17	传感器介绍	PDF 文档	209
18	激光准直系统的使用	视频	209
19	抄平起拨道捣固车作业操作	视频	235

Contents ➡ 目 录

项目一 认知捣固车 ·· 001

　　任务一 认知捣固车的前世今生 ······························· 002

　　任务二 认知捣固车类型、使用条件及技术参数 ············· 007

项目二 捣固车整备检查 ·· 021

　　任务一 认知捣固车主要结构组成 ··························· 022

　　任务二 认识捣固车车体、转向架 ··························· 025

　　任务三 认识捣固车车钩、缓冲装置 ························· 044

　　任务四 认识捣固车司机室、材料车 ························· 049

　　任务五 制动机试验步骤及要点 ····························· 054

　　任务六 捣固车整备检查步骤 ······························· 058

项目三 捣固车驾驶 ·· 064

　　任务一 捣固车柴油发动机认知 ····························· 065

　　任务二 捣固车动力传动系统认知 ··························· 075

　　任务三 捣固车制动系统认知 ······························· 099

　　任务四 GYK 系统认知 ··································· 117

　　任务五 CIR 系统认知 ··································· 122

　　任务六 捣固车运行驾驶 ··································· 123

项目四 工作装置认知与标准化施工作业 ··················· 137

　　任务一 认知捣固车工作装置 ······························· 138

　　任务二 捣固车作业标准与岗位职责 ························· 227

　　任务三 捣固车标准化施工作业与岗位实操 ················· 235

项目五 捣固车保养及常见故障处理 ·················· 267

    任务一　捣固车日常检查保养要求 ·················· 269

    任务二　针对性检查保养 ·················· 294

    任务三　捣固车五级检查保养 ·················· 295

    任务四　D09-32 型捣固车常见故障与排除 ·················· 314

附　录　英文缩写解释 ·················· 335

参考文献 ·················· 336

项目一　认知捣固车　▶▶▶

项目描述

抄平起拨道捣固车（简称捣固车）是大型养路机械（简称大机）的一种，是大型养路机械中线路维修机组主型设备。其适用于铁路线路的新线施工、既有线路大中修清筛作业和运营线路维修作业，对轨道进行自动抄平、起拨道、道砟捣固、肩部夯实等作业，提高道床石砟的密实度，增加轨道的稳定性，消除轨道的方向偏差、左右水平偏差和前后高低偏差，从而使轨道线路达到线路设计标准和线路维修规则的要求，保证列车的安全运行。

通过本项目的学习，重点使学生掌握捣固车的基本功能，发展历程、构造及主要技术性能，为今后选用及使用捣固车进行线路施工和维护工作打下良好基础。

拟实现的教学目标

1. 能力目标

（1）能说明运用捣固车对线路进行维护的作用。

（2）熟练区分不同类型捣固车的型号。

（3）明确捣固车运用的知识范围及技能特征。

2. 知识目标

（1）了解捣固车的发展历程。

（2）掌握捣固车的主要车型 CD08-475 型道岔捣固车、D08-32 型捣固车、D09-32（DCL-32）连续走行捣固车、CDW-32 Ⅱ 线路道岔捣固稳定车整机特性。

（3）熟悉捣固车各种类型的结构、主要特点和发展趋势。

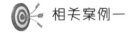 **相关案例一**

"2.26"成都铁路局大机段捣固车脱轨事故

2012年2月26日，成都局成都工务机械段在成渝线广顺场至荣昌间进行大修清筛Ⅲ级施工，20时41分，进行单车作业的 DCL-32K 型 12350 号捣固车，作业至成渝线 K288＋280 曲线处，前转向架第二轴轮对的右轮脱轨。中断正线行车9小时26分钟。构成铁路交通一般 A 类事故。

调查原因：由于机筛后准备机捣的作业地段几何尺寸严重超限，大机施工人员盲目超高起道（作业中一次设定起道量最大达到 120.3 mm），引起线路几何尺寸急剧变化，造成脱轨点最大水平相差 118 mm，三角坑 108 mm；迟报事故信息 110 min；起复措施不当，4次起复未能成功，最后由救援列车起复。

根据铁路轨道的基本知识，我们知道，如果在一段不太长的距离内，先是左股钢轨较右股高，后是右股钢轨比左股高，而且两个最大水平误点之间的距离不足 18 m，则这种水平误称为三角坑。水平误差超过 4 mm 的三角坑，会使车辆转向架4个车轮的1个悬空，就可能使车轮爬上钢轨，发生脱轨事故。

案例中，DCL-32K 型捣固车转向架的第一轴与第二轴轮对的距离在 13.8 m 左右，属于三角坑的影响范围，同时由于作业地段几何尺寸超限严重，加上 DCL-32K 型捣固车作业人员盲目超高起道造成了线路几何尺寸急剧变化，从而造成了自身转向架的脱轨。因此，在学习铁路轨道的相关知识后，再来学习捣固车的相关知识及规范操作是从事操作捣固车驾驶、作业的大型养路机械司机的必备功课之一。

任务一　认知捣固车的前世今生

一、工作任务

通过学习捣固车概况知识，能承担以下工作任务：
（1）能介绍大型养路机械的发展历程。
（2）能说出目前生产捣固车的国内外生产厂家。
（3）能解释目前采用大型养路机械作业的原因。

二、相关配套知识

铁路轨道的传统结构是有砟轨道，有砟轨道的主要特点是轨下基础采用散粒体道床。自有铁路以来，对有砟轨道的修理工作就集中在道床施工作业上。进入 20 世纪 60 年代，为适应铁路高速、重载及轨道结构重型化的发展，各国铁路竞相采用大型养路机械对线路进行维修。特别是高速铁路的迅速发展，有力推动了养路机械技术的进步，无论是机械的种类还是质量水平，无论是机械的功能还是智能化程度，都达到了很高水平。至 20 世纪 80 年代，工业发达国家的铁路已形成以大型养路机械为主要作业手段的格局，而高速铁路的修理则形成了机械功能齐全、作业质量优良、自动智能控制的模式。

1. 大型养路机械的发展概况

我国铁路发展大型养路机械起步较晚，20 世纪 80 年代初引进少量机械试用，90 年代方形成规模。2000 年以来，大型捣固车在维护、改善主要干线线路质量、提速扩能、新线开通、保证行车安全和促进工务修制改革等方面都取得了显著的成果，大型养路机械已成为我国铁路新线开通和线路维修中不可缺少的重要手段。与此同时，在借鉴国外的经验基础上，我国结合自身铁路的实际，也确立了铁路大型养路机械的发展模式，并且形成了具有中国特色的管理体系。目前，发展大型养路机械列入铁路跨越式发展的重要内容，并且被确定为表征我国铁路技术进步的重要标志。我国铁路大型养路机械已进入了持续、规范发展的新阶段。

随着我国国民经济的发展，铁路运输行业日益繁忙，六次大提速使得列车运行密度逐渐加大。经济的快速发展要求我国铁路进入现代化铁路的发展阶段。现代化铁路的基本特征就是安全、高速、大运量、高密度和重型轨道结构，这就对铁路的养护提出了更高要求。从行车条件看，由于列车速度加快，行车密度加大，采用小型养路机械利用列车间隔时间（或开"天窗"作业方式）进行线路养护维修作业已不可能保证作业质量和安全；从轨道结构看，小型养路机械或人工作业对重型轨道结构不能起到预期效果，相反，由于经常扰动道床会破坏线路原有的稳定性；从运输安全看，小型养路机械或人工作业使用的设备数量多、作业面分散、管理难，易造成人身安全的机械挡道事故。因此，在进入现代化铁路发展时期，在繁忙干线依然采用传统人工作业或小型机械养护方式，就必然出现对线路无法实施有效维修工作的被动局面。

我国铁路属于客货混运型线路，快速、重载铁路运输要求线路施工必须在"开天窗"的规定时间内，完成规定的养护任务，而大型捣固车能够很好地化解线路运输与施工养护的矛盾。大型捣固车是技术密集、资金密集的线路养护施工的重要装备，具有技术含量高、结构复杂、操作难度大等特点，在线路养护施工中发挥着巨大作用，已成为确保线路质量、提高既有线效能，保障高速、重载、大密度铁路运输必不可少的大型现代化设备。

在这种情况下，人们对发展养路机械化工作在观念上发生了重大突破。即：① 铁路高速的重载发展需要养路机械化的支持；② 养路机械化装备需要很大的投入；③ 养路机械化需要合理地封锁天窗；④ 高技术的养路机械需要现代化的管理等。这些共识为养路机械化工作的持续发展提供了良好基础,也正是这些观念的突破促使铁道部(现中国国家铁路集团有限公司)在 20 世纪末、21 世纪初进行了有效的、影响深远的铁路维修体制改革。中国国家铁路集团有限公司(以下简称国铁集团)坚持贯彻铁路养、修分开的指导思想,促进工务修制与体制的改革,实施引进高效大型养路机械、利用封锁"天窗"对繁忙线路进行维修,取得了突破性进展,使繁忙干线的维修工作走出了困境,保证了主要干线的推广使用,为铁路提速扩能、保证运输安全、加速技术进步及推进工务修制体制改革发挥了重要作用。

2.铁路养路机械的发展历程

1)第一阶段(1965—1985 年):研发中小型养路机械

中华人民共和国成立以后,我国铁路养路机械经历了一个漫长的发展过程。到 20 世纪 70 年代,我国小型养路机械的研制达到了一定水平,针对线路各项作业的小型机械基本配套,这些小型养路机械的使用替代了大部分的手工作业,满足了当时线路维修作业的技术要求,显示了养路机械化的作用。但进入 20 世纪 80 年代,由于铁路运输的发展,小型机械存在的作业质量、效率、安全等方面的问题,逐步限制了它的发展。

1965 年,我国铁路首次从瑞士马蒂萨公司引进轨行式 16 镐捣固车和中型全断面道砟清筛机各 1 台,铁道部为此专门投资在沈阳机车车辆厂建立了从事养路机械生产的一个车间。沈阳机车车辆厂组织大量技术人员开展了对 16 镐捣固车的技术研究,通过测绘设计,最终自力更生生产出了建立在当时工业水平上的捣固车。尽管国产捣固车与进口设备差距很大,但已优于小型机械的作业质量和效率。铁道部对国产捣固车共计划安排了 60 台,至 1986 年终因产品技术性能落后而停产。对清筛机的技术研究工作则由于难度太大而终未如愿。这是我国铁路首次引进养路机械设备、实施国产化的有益探索。

20 世纪 70 年代,对大、中型养路机械的强烈需求,促使国内部分铁路局先后自行开展了对中型清筛机的研制。但由于研制大、中型养路机械的工作有较高难度,又缺乏设计理论和依据,生产单位工艺能力不足,加之国内配套机电产品质量标准偏低,试制的机械大多不能正常使用。

应该说,养路机械发展历史留下的经验和教训是十分宝贵的。使我们意识到:现代养路机械是一种专业性很强的高科技产品,它的研制不可能一蹴而就;我国铁路引进国外先进技术促进养路机械国产化是十分必要和可行的,大、中型养路机械必须走专业化生产和道路。另外,养路机械的发展要适应铁路的技术发展,其产品的开发必须与时俱进,这样才能适应不断提高的线路维修标准,特别是在铁路技术日新月异的当代,发展养路机械必须要立足于高起点。

2)第二阶段(1986—1995 年):引进大型养路机械技术

国外发达国家养路机械的发展经历了小型、中型、大型的一个完整过程,到 20 世纪 80 年代基本进入了大型化的时代。铁道部主管部门借鉴国外铁路发展的经验,立足于超前发展和改革创新的思路,对我国铁路首先在繁忙干线采用高效大型养路机械进行了深入的论证，并坚定提出了跨越中型机械，直接研发大型机械的方针。

1983 年，铁道部组成大型养路机械运用及制造考察组赴欧洲考察，并从奥地利普拉塞&陶依尔（PLASSER&THEURER）公司采购了捣固、清筛、配砟整形和动力稳定等一批大、中型维修作业机械，配属锦州、北京两铁路局投入试用。试用表明，高效大型养路机械工作效率高、作业质量好、安全有保证，其综合经济效益明显优于传统的作业方式，在我们铁路使用是完全可行的。

1988 年，铁道部办公会议专题研究了发展大型养路机械的问题，指出繁忙干线和特殊困难地区要采用高效、配套的大型养路机械作业，同时确立了高起点引进国外大型养路机械先进技术，通过消化吸收实现国产化的方针。

3）第三阶段（1996—2005 年）：大型养路机械国产化

20 世纪 80 年代，我国铁路养路机械制造厂普遍基础薄弱，面对高科技含量的大型养路机械的消化吸收难以承担。因此，在全路范围内集中优势力量，协作攻关，强化消化吸收能力是十分必要的。1988 年，铁道部协调小组经考察、研究，决定组成大型养路机械国产化联合体。联合体主导工厂为工程指挥部（现中国铁道建筑总公司），昆明机械厂（昆明中铁大型养路机械集团有限公司，后改制为中国铁建高新装备股份有限公司，简称昆明厂）是国产化工作的总负责单位、对外法人。协作单位由铁道科学研究院、专业设计院承担引进技术消化吸收的技术总体及组织国产化设计工作。戚墅堰研究所（现中车戚墅堰机车车辆工艺研究所有限公司）和株洲研究所（中车株洲电力机车研究所有限公司）分别承担工艺复杂部件和电气系统的技术消化和国产化设计及制造工作。联合体的组成加快了消化吸收、实现国产化的进程，保证了国产化的质量，发挥了既有人才和设备资源的潜力，降低了国产化工作的成本。十几年来，联合体随着我国市场经济的发展，不断地在调整、改革，已经从当初会战的组织形式演变为今天强强联合的企业集团。目前，中国铁建高新装备股份有限公司和襄樊金鹰轨道车辆有限责任公司成为我国两个大型养路机械制造基地。

4）技术引进工作的初期组织体系

我国从 1988 年起，大型养路机械的技术引进采用了转让生产许可证的模式，它不仅使我国在最短的时间内，全面掌握了国外大型养路机械先进的制造技术，生产出国产化的高水平设备，而且提供了最大限度地扩大国产化比例、降低产品价格的可能。此外，系统地吸收国外先进技术，为我国研制具有自主知识产权产品打下了良好的基础。

1988 年 8 月，铁道部引进 D08-32 型捣固车制造技术，1989 年 7 月即完成国产化样机制造，同年 12 月昆明机械厂便参加世行贷款采购 20 台捣固车的招标。

借鉴 D08-32 型捣固车和 RM 型清筛机引进技术国产化制造的成功经验的基础上，D09-32 型捣固车和 CD08-475 型道岔捣固车仅使用了 8 个月的时间就完成了国产样机的制造。

通过大量借用 D08-32 型捣固车成熟的部件和制造工艺，专业设计院和昆明厂联合开发 WD-320 型动力稳定车、QSS-300 型清筛机获得成功，铁道科学研究院和昆明厂联合开发了 SPZ-200 型配砟整形车。可以说没有 D08-32 型捣固车的技术引进，就没有后面各种大型养护机械开发的高速度和高技术起点。

2002 年，昆明厂与奥地利普拉塞-陶依尔公司签署了一项新的"共同生产框架协议"，对部分先进的大型养路机械生产合作做了进一步规划，D08-32C 和 D09-3X 型捣固车及 MFS100 型散料物料特种装卸运输车列入实施之中。

以上实践证明，大型养路机械的技术引起模式是成功的。

5）第四阶段（2006 年至今）：大型养路机械自主创新

至"十五"末，全路累计拥有 34 个线路大修机组，71 个线路维修机组，配备各类大型养路机械 589 台（其中大修、维修机组大型养路机械 508 台），各类工务专用设备 214 台。维修机组每年可完成 42 000 km 线路维修，大修机组每年可完成 5 440 km 线路大修。

随着大型养路机械装备计划的实施，工务部门在加强铁路线桥隧结构现代化建设的同时，加快了大修、维修施工机械化的进程，全面提高了装备技术水平，促进工务维修手段向适应型的转化，推动了工务技术的进步，为铁路运输的快速发展，提供了更加坚实的基础。

（1）扩展了大型养路机械覆盖里程，提高了线路修理能力和作业水平。

大型养路机械大面积投入使用，使我国铁路线路大修、维修质量得到了有效改善，为铁路扩能提速创造了良好条件，使线路维修后的质量普遍较好，轨道技术状态保持有了很大飞跃。例如，道岔捣固车的应用，做到起、拨、捣、夯一次完成，作业质量均衡，消除了因传统维修道岔方法对列车运行速度的限制。钢轨打磨车的使用，可以及时消除钢轨的表面伤损，有利于延长钢轨使用寿命，极大提高了轨道的平顺性和旅客列车的舒适度。广深客运专线和秦沈客运专线使用钢轨打磨车作业后，平顺性明显改善。

（2）大型养路机械全面投入轨道整个改造，确保了提速目标实现及行车安全。

我国铁路的提速改造使工务系统面临着前所未有的繁重的线路整修工作。在时间紧、标准高、工作量大的困难情况下，为按期完成换轨大修、重点病害整治、曲线改造、换砟补砟和强化维修保养等工作，各铁路局集团公司（以下简称铁路局）各级积极组织了大型养路机械机群作业，发挥它们的机动、高效、综合作业的优势，圆满地完成了线路整修任务，保证了提速工程的顺利实施。在曲线改造中，采用维修机组的抄平起拨道捣固车、动力稳定车和配砟整形车配套作业，难度较大的大量超高调整及缓和曲线的延长一次即可完成，轨道几何尺寸和道床密实度均衡达标，这是人力和小型机械绝对不可比拟的。多年实践证明，大型养路机械作业安全度高，作业后线路质量均衡、稳定，凡采用大型养路机械进行维修的线路，没有发生过因作业质量而引发的行车事故。

（3）缓解了运输施工矛盾，挖掘了运输潜力。

大型养路机械作业项目全、程序细、标准高、要求严、作业质量均衡，从而大大提高了线路质量和轨道承载能力。又由于其作业效率高、作业质量巩固时效长，可以从总量上减少线路修理及整治施工占用线路的时间，有效地挖掘了线路的运输潜力。

大型养路机械具有良好的机动性，在承担需缩短工期的突击性施工及完成人力、小型机械难以胜任的线路整治工作中更显示其优越性。特别是在提速线路整修的大型养路机械作业中，各铁路局都注意到把先进的大型养路机械设备用在关键区段和关键项目上。此外，大型养路机械的施工组织形式和作业性能为夜间施工提供了条件。大型养路机械夜间开"天窗"作业，为白天客、货运特别繁忙的线路找到了维修作业时间。"十五"期间，上海铁路局首先在沪宁线进行夜间的线路大修、维修施工作业，其后，北京、郑州、沈阳等铁路局都在繁忙干线上利用夜间使用大型养路机械开展线路大修、维修作业，提高了铁路运输效益。

一般传统线路大修施工后，放行首列车的允许速度为 25 km/h，1 h 后为 35 km/h，再 1 h 后为 45 km/h，之后逐渐恢复列车行车速度。部分铁路局利用大型养路机械连挂便利、作业效率高等性能，采用多机作业，在一个封锁"天窗"内实现 5 次捣固、3 次稳定作业，使线路大修后放行首列车速度提高到 80 km/h，次列车 120 km/h，第三列车即恢复到正常运行速度。列车放行速度提高，为迅速组织恢复正常运输秩序提供了极大方便。

按照传统施工方法进行换轨、换枕、换砟、清筛、整道、铺设无缝线路等多项施工，每天至少需要两个封锁"天窗"。采用大修列车及配套大修养路机械，可以在一个"天窗"内实现上述综合作业，最大限度地减少了线路大修、维修作业时间。

（4）取得了明显经济效益。

尽管大型养路机械购置费用昂贵，但是由于设备使用寿命长，施工中减少了大量人工，每千米的作业成本并不高，其中维修作业每千米费用不足万元。应用大型养路机械所带来的经济效益主要体现在：大量减少线路大修、维修用工，减少临修工作量，延长大修、维修周期，保证施工安全及减少封锁"天窗"占用和提高列车开通速度等方面。经测算，对铁路干线 360 km 延长线路采用大型机械维修，年度维修成本相较双小机群维修节约 39 万元。并且由于大机作业质量好，可延长线路维修周期，减少了封锁时间，扩大了运输能力，从而增加了运输收入。因此，使用大型养路机械的直接经济效益是十分可观的。

据部分铁路局统计，大型养路机械每维修 1 km 线路可替代 230 个人工，每大修 1 km 线路可替代 350 个人工。因此，大型养路机械的日益普及应用，在一定程度上弥补了工务部门近年来的定员短缺，缓解了劳动力不足与修理任务繁忙的矛盾。

任务二　认知捣固车类型、使用条件及技术参数

一、工作任务

通过学习捣固车类型、使用条件及技术参数，能承担以下工作任务：

（1）能正确区分捣固车的型号类别。

（2）掌握几种常见捣固车的技术参数与使用条件。

二、相关配套知识

1．捣固车的类型

目前，全国铁路线路修理、提速线路改造和新线建设中所用的捣固车是从奥地利普拉塞-陶依尔公司引进的先进技术，经消化吸收后已基本实现国产化，主要车型是 D08-32 型（即国产化 DC-32 型捣固车）、D09-32 型（即国产化 DCL-32 型）、B50D 型连续捣固车、D09-3X（即 DWL-48 型）连续走行捣固稳定车、CD08-475 型道岔捣固车。

区分捣固车类型的方式有以下几种：

（1）按同时捣固轨枕数分：单枕捣固车（如 D08-16 型）、双枕捣固车（如 D08-32型、D09-32 型、B50D 型）、三枕捣固车（如 D09-3X 型）、四枕捣固车（D09-4X 型）。

（2）按作业对象分：线路捣固车（如 D08-32 型、D09-32 型、B50D 型），道岔捣固车（如 D08-475 型）。

（3）按作业走行方式分：步进式捣固车（如 D08-32 型）、连续式捣固车（如 D09-32型、B50D 型、D09-3X、D09-4X）。

（4）按功能分：单功能捣固车（如 D08-32 型）、多功能捣固车。多功能捣固车如 D09-3X，相比单功能捣固车，由于其增加了复合控制的动力稳定小车，作业后的线路即可获得很高的精度，又能获得足够的稳定性能，线路开通后，就能够高速满负荷运行。

2．捣固车的使用

由于轨道结构的组合性和散粒体特性，所承受列车载荷的随机性和重复性，轨道结构在运营过程中不可避免地会出现残余变形积累，使轨道产生各种不平顺和病害。轨道不平顺一经出现，就会加剧轮轨动力作用，造成轮轨系统的剧烈振动，缩短车轮和轨道部件的使用寿命，降低行车平衡性，严重时将危及行车安全，并同时使促使轨道不平顺进一步增大，形成恶性循环。为了终止轨道残余变形的恶性循环，确保列车能以规定的最高速度，安全、平稳和不间断地运行，就必须对轨道在运营过程中出现的各种变形采取相应的修养措施，包括对轨道的经常维修和定期修理，以最大限度地延长各设备的使用寿命。因此，科学合理的线路维修工作，不仅是安全运输的必要保障，同时也可节省大量的运营投入。

为此，应当合理地划分与组织线路维修工作，规定各类工作的性质、内容、标准、要求和实施周期。我国目前把养路工作划分为维修和大修两大类，两类养路工作相互补充。提高线路维修质量，能够增加轨道各部件的使用寿命，延长大修周期；而适时的高质量的线路大修，可以从根本上提高线路整体质量，减少维修工作量。

前文已描述，捣固车适用于铁路线路的新线施工、既有线路大中修清筛作业后和运营线路维修作业，对轨道进行自动抄平、起拨道、道砟捣固、肩部夯实作业，提高道床石砟的密实度，增加轨道的稳定性，消除轨道的方向偏差，左、右水平偏差和前、后高低偏差，使轨道线路达到线路设计标准和线路维修规则的要求，保证列车的安全运行。

那么，一次捣固作业是如何组织进行的？线路捣固作业一般配备线路捣固车、动力稳定车、配砟整形车，还可配备边坡清筛机；道岔捣固作业应配备道岔捣固车。

由于各车间施工对象，即线路等级、作业条件的不同，各机组的作业车配置也不尽相同。维修机组一般为"两捣一稳一配"，即由两台线路捣固车、一台稳定车及一台配砟车组成，根据需要也有"三捣一稳""四捣两稳"等组合。配砟整形车一般安排在捣固车的前面，先对作业地段的道床进行整形作业，使道床布砟均匀，断面成形，然后进行线路捣固；最后使用稳定车进行稳定作业，以巩固捣固效果，增强道床稳定性。

道岔捣固车组通常由两台道岔捣固车组成。

在实际生产中，通常要根据施工计划、封锁时间、线路状况、作业任务、现有大型养路机械情况、天气状况、工务段要求、配合单位情况等多方面因素进行综合考虑，最终确定最优化的施工组织方案。每个车间应设主任、副主任、设备技术员和线路工程师等人员。各车基本作业人员为：线路捣固车 5 人；道岔捣固车 6 人（其他大型养路机械作业所配备的基本作业人员数：动力稳定车 3 人；配砟整形车 3 人；边坡清筛机 7 人；48 头钢轨打磨车 8 人；道岔打磨车 6 人）。实行轮休制的机组应增加足够的替班人员，并根据生产实际优化调整劳动组织。配合施工单位包括相关工务段、供电段、车务段、电务段、车辆段等。

作业程序如下：

（1）各单位提前到达车站运转室登记请求封锁。

（2）封锁命令下达后，大型养路机械凭封锁命令进入封锁区间，工务段负责设置区间封锁防护。

（3）大型养路机械机组在各自作业地段摘解，运行至各作业点，将各工作装置转换至作业状态。

（4）大型养路机械开始作业。大型养路机械作业的安全防护由工务机械段设置，随机防护。

（5）施工结束前，各机组收起并锁定工作装置，转换至运行状态，各机组连挂后成组返回驻地停留站。

（6）开通封锁线路，按规定注明开通时间及相关要求，由施工单位和各配合单位联合签字。

3．捣固车的适用范围

捣固车的作业条件如表 1-1 所示。

表 1-1　捣固车的作业条件

项　目	作业条件	项　目	作业条件
钢　轨	50 kg/m，60 kg/m，75 kg/m	作业最大海拔高度	1 000 m
轨　枕	木枕或混凝土轨枕	环境温度	−5～35 ℃
道　床	碎石道床	环境湿度	平均为 70%
作业线路	单线或线间距 4 m 以上的复线或多线	线路最大坡度	33‰
特殊环境	可以雨天和夜间及风沙、灰尘严重的情况下作业	轨　距	1 435 mm
线路最大超高	150 mm	驾驶	左侧驾驶

因捣固车机械构造特点及其部件装置的限制，在下列条件和线路上禁止使用：有砟桥上或者隧道内；驼峰与坡度大于 33‰ 的线路上；禁止在混凝土宽枕线路上及道床板结严重（一次下插镐头不能进入枕底面以下时，可视为严重板结道床）的线路上使用。

4．捣固车的结构及主要技术性能

1）D08-32 型捣固车

D08-32 型型捣固车（见图 1-1）是大型养路机械中线路大型维

抄平起拨道捣固车基本构造

修机组主型设备。它结构先进，有 32 个捣固头。机、电、液、气为一体，采用了大量的先进技术，如电液伺服技术、自动检测技术、微机控制技术、激光准直等。具有操作简便、性能良好、作业高效的特点。该设备为双枕捣固车，作业走行为步进式，能进行起道、拨道、抄平、钢轨两侧枕下道砟捣固和轨枕肩部的夯实作业。该机利用车上测量系统，可对作业前、后线路的轨道几何参数进行测量和记录，并通过控制系统按设定的轨道几何参数进行作业。D08-32 型捣固车作业方式为"定点式"捣固，即一次捣固循周期为：主机运行→主机制动→捣镐振动下插夹实（及起拨道等）→捣镐枕下夹实→捣镐提起。

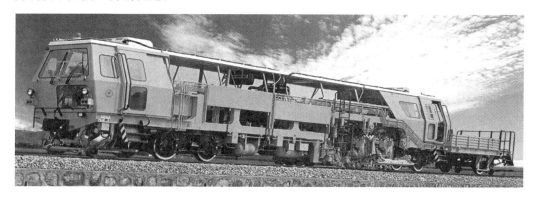

图 1-1　D08-32 型捣固车

D08-32 型捣固车整机主要技术参数如表 1-2 所示。

表 1-2 D08-32 型捣固车的主要参数

项目	主要参数	项目	主要参数
外形尺寸（长×宽×高）/mm	23 330×3 100×3 650	整机质量/t	50.5
发动机额定功率/kW	235	转向架芯盘距/mm	11 000
转向架固定轴距/mm	1 500	轮径/mm	φ840
车钩中心线距轨面高度/mm	880±10	最高双向自行速度/(km/h)	80
速度为 80 km/h 时的紧急制动距离/m	≤400	最大允许连挂速度/(km/h)	100
最大起道量/mm	150	作业效率/(m/h)	1 000～1 300
最大拨道量/mm	±150	最小运行半径/m	100
捣固深度/mm	轨顶以下最大 570	最小作业半径/m	120
材料车轴至后转向架中心距/mm	5 800	测量精度/(mm/m)	±1/20
工作电源/V	DC 24		
作业精度			
a. 纵向水平/mm	≤4（10 m 弦长内测量前后高低差）	b. 横向水平/mm	±2
c. 正矢/mm	±2（16 m 弦长内的每 4 m 距离内测量）		

2）DC-32 型捣固车

DC-32 型捣固车为国产化后的步进式双枕捣固车，可理解为 D08-32 型捣固车的国产化版本，中国铁建高新装备股份有限公司生产，目前各大铁路局广泛使用的步进式双枕捣固车大部分都是此型号。功能与 D08-32 型基本相同，但国产化后改进了部分功能，如采用提速转向架可实现连挂速度 120 km/h。

主要技术参数（主要列与 D08-32 型捣固车不同的参数）：

① 外形尺寸（长×宽×高）：　　　　23 200 mm×3 120 mm×3 750 mm
② 整机质量：　　　　　　　　　　58 t
③ 最高双向自行速度：　　　　　　80 km/h 或 100 km/h
④ 最高连挂速度：　　　　　　　　100 km/h 或 120 km/h
⑤ 速度为 80 km/h 时紧急制动距离：≤630 m
⑥ 作业精度
　　纵向水平：　　　　　　　　　≤3 mm（10 m 弦长内测量前后高低差）

3）D09-32 型连续式捣固车

D09-32 型连续式捣固车（见图 1-2）是奥地利普拉塞-陶依尔公司 20 世纪 80 年代中后期研制的，是 D08-32 型捣固车的换代产品，是目前工务段装备比较多的捣固机械，属世界上比较先进的线路捣固机械。它是继我国采用技贸结合方式引进 D08-32 型捣固车和 RM 型全断面道砟清筛机制造技术国产化取得成功后，又一次引进制造技术进行国产化生产的大型养路机械，具有较高的作业精度和作业效率。它的主要结构特点是捣固头、夯实器、起拨道等主要结构，安装在车体下部的一台作业小车上。工作时，作业小车与主机差速运动，主机始终连续、匀速地向前行进，工作小车在主机下部以钢轨导向步进动作。从一根枕木到下一根枕木循环移动，一次捣固循环周期为：工作小车运行工作→工作小车制动→捣镐振动下插→捣镐枕下夹实→捣搞提升。步进式运动的部分占整机质量的 20% 左右，所以其运动惯量小，动力消耗少。其加速度得以尽可能地提高，从而缩短了步行时间，提高了作业效率。在同样具备激光准直，计算机控制的抄平、起拨道、捣固、夯实等功能的情况下，其作业效率比 D08-32 型捣固车提高 30% 左右。又由于主机是匀速行进，操作人员在主机的驾驶室内，消除了作业时车体频繁启动与制动的颠簸，改善了操作条件，提高了使用安全性，延长了机械使用寿命。目前发达国家都已采用连续式捣固车进行线路维修和大修作业，以提高作业精度和效率，特别是重载和繁忙干线，其经济效益非常可观，我国已经逐步应用 D09-32 型，连续式捣固车代替 D08-32 型捣固车。

图 1-2　D09-32 型连续式捣固车

D09-32 型连续式捣固车主要技术参数及如表 1-3 所示。

表 1-3　D09-32 型连续式捣固车主要技术参数

项目	主要参数	项目	主要参数
外形尺寸 （长×宽×高）/mm	26 400×2 960×3 650	整机质量（含材料车）/t	69
轨距/mm	1 435	发动机额定功率/kW	370
转向架芯盘距/mm	13 700	转向架固定轴距/mm	1 800

项目	主要参数	项目	主要参数
材料车轴至后转向架中心距/mm	7 500	轮径/mm	ϕ840
车钩中心线距轨面高度/mm	880±10	最高双向自行速度/(km/h)	90
速度为80 km/h时紧急制动距离/m	≤400	最大允许连挂速度/(km/h)	100
作业效率/(m/h)	1 500~1 800	最小运行半径/m	180
工作电源/V	DC 24	最小作业半径/m	250
镐头振动频率/Hz	35	镐头振幅/mm	约 12.5
捣固深度/mm	轨顶以下最大 560		
作业精度			
a. 纵向水平/mm	≤4（10 m弦长内测量前后高低差）	b. 横向水平/mm	±2
c. 正矢/mm	±2（16 m弦长内的每4 m距离内测量）		

D09-32型连续式捣固车的主要特点：

（1）采用异步捣固原理，起、拨、捣固同时进行，能在起道同时将道砟捣实，对保证轨道的几何形位，提高稳定性最为有利。

（2）连续式的起道量均匀，不会出现"鼓包"和"坑凹"。

（3）具有枕端夯实功能。在捣固的同时，对枕端道砟进行夯实，可阻止道砟自枕端溢出，有利于枕底端道砟挤紧密实，且能直接提高约10%的线路横向阻力，对提高线路捣固质量和稳定性极有好处。

（4）在同一作业地点同时完成起、拨、捣和夯实作业，不仅能充分保证作业质量，而且效率高。根据线路作业需要，也可将起、拨、捣、夯作业单独进行。

（5）先进的检测系统。D09-32型连续式捣固车采用电子计算机控制系统，由机、电、液机构自动反馈执行得以实现各种作业功能。在作业中可实现人工、半自动或自动控制。能存储各自线路的几何参数及作业所需的正矢补偿值。当线路状态未知时，该系统能通过本车的检测获得线路状态参数，经处理后提供出指导作业的优化参数，以控制机器作业。能自动记录作业精度和检测结果。

（6）在长大直线区段进行拨道作业时，为提高线路的准直精度，可以线路前方轨道上 200~600 m 的距离范围内安置一个激光发射器，使拨道精度达到每 300 m 不大于 1.5 mm。

4）DCL-32 型连续式捣固车

DCL-32 型连续式捣固车（见图 1-3）是在成功引进 D08-32 型捣固车的制造技术的基础上，技术创新和技术引进相结合的科技成果，可理解为 D09-32 型连续式捣固车的国产化版本。

历经多年的发展，捣固车已完成国产化研制，目前中国铁建高新装备股份有限公司生产的捣固车电气控制系统为株洲时代电子技术有限公司开发。株洲时代电子技术有限公司开发的模拟板、网络版电气控制系统具有独立的知识产权，是国铁集团授权装配于中国铁建高新装备股份有限公司生产的捣固车。

就 DCL-32 型网络版而言，目前各铁路局大部分使用的捣固车车型为 DCL-32K 型株洲研究所网络版捣固车，也有少部分为 DCL-32X 型襄樊金鹰轨道车辆有限公司生产的捣固车。这两个版本的捣固车，相对于原来引入的奥地利普拉塞-陶依尔公司模拟板捣固车（即 D09-32 型），都基本实现了整个作业系统的集成化、数字化、模块化。在运用、操作及维修方面大大地节省了人力物力。

网络版相比模拟版，操作台较小，使驾驶室空间增大，同时操作台的按钮全部使用汉字和符号双说明，使学习者更容易操作。全汉字的显示使所有的设置参数简单化，在没有专业技术人员的情况下，操作人员就可以按照标定进行调试。

图 1-3　DCL-32 型连续式捣固车

DCL-32 型连续式捣固车主要技术参数如表 1-4 所示。

表 1-4　DCL-32 型连续式捣固车主要技术参数

项目	主要参数	项目	主要参数
外形尺寸 （长×宽×高）/mm	27 700×3 050×3 750	整机质量/t	73
最高双向自行速度 /(km/h)	90	轨距/mm	1 435
最高连挂速度/(km/h)	120	转向架中心距/mm	13 800
从动转向架中心距 材料小车轴距/mm	7 500	转向架轴距/mm	1 800
速度为 80 km/h 时 紧急制动距离/m	≤630	最小运行半径/m	180
作业走行速度/(km/h)	0～2（可调）	最小作业半径/m	250
作业精度			
纵向水平/mm	≤3（10 m 弦长内测量 前后高低差）	横向水平/mm	±2
正矢/mm	±2（16 m 弦长内的每 4 m 距离内测量）		

5）B50D 型连续式捣固车

B50D 型连续式捣固车是瑞士马蒂萨公司生产的线路高效捣固机械，在欧洲已成为铁路装备中的标准机型。该捣固车的捣固机构是由 2 个独立的驱动轴驱动的，可以同时捣固 2 根轨枕，由 4 个滚轮组成的一组夹钳，用于起拨道抄平作业，并一直夹住钢轨，自动调整线路几何结构。该捣固车配备 NEMO（非返回式光电测量系统）和 CATT（线路捣固的计算机辅助系统），用于自动测量线路几何状态和计算机辅助线路捣固，具有很高的精度和准确性。NEMO 光学测量系统使抄平和拨道量计算一次完成，测量系统剔除了机械部件因磨损造成的影响，增加了系统测量稳定性，避免了因振动和风等引起的干扰。B50D 型连续式捣固车主要技术参数如表 1-5 所示。

表 1-5　B50D 型连续式捣固车主要技术参数

项目	主要参数	项目	主要参数
最高双向自行速度 /(km/h)	100	整机质量/t	65 t
最高连挂速度/(km/h)	100	轨距/mm	1 435
发动机功率/kW	440	轮径/mm	φ840
直线捣固效率/(m/h)	1 700	转向架轴距/mm	1 800
起道力/kN	2×120	最小运行半径/m	90
拨道力/kN	120	最小作业半径/m	250

6）D09-3X 型连续式三枕捣固车

2007 年，为了适应 200 km/h 高速列车对线路质量的要求，提高线路安全质量，巩固线路性能状态，南昌铁路局引进了当时世界上最先进的线路捣固维修设备——D09-3X 型捣固车。这是我国首台 D09-3X 型连续式三枕捣固车（见图 1-4），在沪昆线（江西段）亮相并投入使用。D09-3X 的作业效率能达到 2.4 km/h，较 D08-32 型效率提高了 100%，较 D09-32 型效率提高了 30%～40%。

它的重大创新在于首次实现了以连续作业方式一次捣固 3 根轨枕。D09-3X 型的基本作业原理与 D09-32 型相同，即捣固机与主车架分离，捣固车主车架向前连续、匀速运行，捣固机在主机下部以钢轨导向步进作业。此外，此捣固装置是可分式结构，即每侧的捣固装置由前、后两个独立的捣固头组成，可以满足轨枕距离不均匀时或某些复杂区域的捣固作业需求。此时操作人员根据需要可选择任意侧的或前、后独立捣固头参与捣固作业，并且能够选择是否加宽。捣固装置的灵活选择配置，提高了整台设备作业的机动性和灵活性，必要时它还可以成为一台高性能的单枕捣固车。该捣固车广泛采用串行通信技术、视频技术等现代信息技术，大大简化和节省整车数字开关量信号线的布线走线。数十路的信号仅用 3 根线就可以完成通信。视频技术使得作业位能够观察到捣固车前后线路的障碍情况，也可以观察到左右起拨道夹轨状态，省去了原 3 号、4 号作业位人员配置。D09-3X 型连续式三枕捣固车安全应急措施得到很大强化，增加了一台应急发动机驱动应急液压泵，便于在主柴油机出现故障失去动力时，完成收车撤离工作。与蓄电池驱动的应急泵系统相比，可靠性大大提高，外接油口还可以供给其他应急液压泵源的需求。

图 1-4　D09-3X 型连续式三枕捣固车

D09-3X 型连续式捣固车的主要技术参数如表 1-6 所示，国产化后改名 DCL-48 型连续走行捣固车，是引进奥地利 PLASSER 公司成熟技术生产的，填补了我国三枕连续走行捣固车的空白。

表 1-6　D09-3X 型连续式捣固车主要技术参数

项目	主要参数	项目	主要参数
外形尺寸（长×宽×高）/mm	29 890×3 000×4 000	整机质量/t	94
最高双向自行速度/(km/h)	100	轨距/mm	1 435
最高连挂速度/(km/h)	100	转向架中心距/mm	15 700
捣固架转向架/mm	1 500	前/后转向架轴距/mm	1 800
前/后转向架及材料车轮径/mm	ϕ 920	捣固架转向架轮径/mm	ϕ 730
作业时发动机功率/kW	440	转移工地时功率/kW	370

7）DWL-48 型连续走行捣固稳定车

DWL-48 型连续走行捣固稳定车（见图 1-5）能够实现连续式三枕捣固作业，并同时对线路进行动力稳定。其作业效率比连续式双枕捣固车提高将近 30%～40%；由于增加了复合控制的动力稳定小车，作业后的线路即可获得很高的精度，又能获得足够的稳定性能，线路开通后，就能够高速满负荷运行。

DWL-48 型连续走行捣固稳定车采用三轨枕捣固装置，在作业过程中能同时捣固 3 根轨枕。此外，该捣固装置采用可分式结构，以便轨枕距离不均匀或在某些复杂区域也能进行捣固作业，并且可根据要求选择是否加宽。必要时它还可以成为一台高性能的单枕捣固车。捣固装置的灵活选择配置，提高了整机作业的机动性和灵活性。

图 1-5　DWL-48 型连续走行捣固稳定车

DWL-48 型连续走行捣固稳定车使用两台道依茨的水冷发动机作为动力源，高速走行时采用机械传动与静液压传动相匹配的方式，传动方式布局合理，节省能源。还采用了二维激光测量系统、工作小车双液力驱动轴转向架技术、新型电驱动系统等先进技术。该车型的生产填补了国内在该领域的空白，使我国生产的大型养路机械达到世界一流水平，在国家铁路的多次大提速中发挥了极其重要的作用。

DWL-48 型连续走行捣固稳定车主要技术参数如表 1-7 所示。

表 1-7　DWL-48 型连续走行捣固稳定车主要技术参数

项目	主要参数	项目	主要参数
外形尺寸（长×宽×高）/mm	30 670×3 050×4 130	整机质量/t	129
最高双向自行速度/(km/h)	100	转向架Ⅰ、Ⅲ、Ⅳ轴距/mm	1 800
最高连挂速度/(km/h)	120	工作小车转向架轴距/mm	1 500
转向架Ⅰ、Ⅲ芯盘距/mm	15 800	转向架Ⅰ、Ⅲ、Ⅳ车轮直径/mm	ϕ915
转向架Ⅲ、Ⅳ芯盘距/mm	11 000	工作小车转向架（转向架Ⅱ）车轮直径/mm	ϕ840
第一发动机额定功率/kW	440	第二发动机额定功率/kW	165
作业效率/(m/h)	1 400～2 300	稳定装置激振频率/Hz	0～42
稳定装置最大激振力/kN	235		
作业精度			
纵向水平/mm	≤3（10 m 弦长内测量前后高低差）	横向水平/mm	±2
正矢/mm	±2（16 m 弦长内的每4 m 距离内测量）		

DWL-48 型捣固稳定车的突出特点和优势：

（1）作业效率高，最高可达到 2.3～2.4 km/h。

（2）作业精度高。

（3）操作简单、舒适。

（4）能耗低。与作业效率性能相当的 1.5 台 D09-32 型捣固车和 1 台 WD-320 型稳定车相比，可以节省能耗 30%。

（5）减少了作业人员配备。与作业效率性能相当的 1.5 台 D09-32 捣固车和 1 台 WD-320 型稳定车相比，作业人员减少一半，由原来 12 人减少到 6 人。

8）CD08-475 型道岔捣固车

CD08-475 型道岔捣固车是大型养路机械中线路大修、维修机组的主型设备。CD08-475 型道岔捣固车是用于铁路道岔区维修的专用机械，也可用于正线捣固，其工作原理与 D08-32 型、D09-32 型捣固车相似，其走行机构、液压传动系统、电气控制系统等有许多相同之处，有些零部件甚至可以互换。它们的主要差别在于工作装置不同：首先，CD08-475 型捣固车多方向捣固装置由 4 套相互独立、均可独立工作的捣固装置组成，可以横移到车体之外的第 3、第 4 根钢轨上进行捣固作业；其二，该捣固车除了有一修正线拨道装置以适应在道岔区内作业外，还有一个附加的、对第 3 轨的起道装置。该机装有用于控制捣固、抄平、起拨道的工业计算机，在作业目标的理论几何数据要求指导下，可以直接控制捣固、抄平和起拨道操作，根据作业需要还可自动测量实际的轨道数据，进行数据优化或质量监测。该机可以一次性完成铁路道岔综合捣固作业，以 12 号道岔为例，CD08-475 型道岔捣固车在封锁线路条件下，能够对单线、复线、多线及复线转辙、道岔和交叉区间进行轨道拨道、起道抄平、钢轨两侧枕下道砟夯实作业。该捣固车利用捣固车上测量系统，可以对作业前、后线路及道岔的几何参数进行测量及记录，并可通过控制系统，实现按设定的线路及道岔几何参数进行作业。

CD08-475 型道岔捣固车技术参数如表 1-6 所示。

表 1-8   CD08-475 型道岔捣固车主要技术参数

项目	主要参数	项目	主要参数
外形尺寸（长 × 宽 × 高）/mm	31 050 × 3 000 × 3 700	整机质量/t	96
转向架心轴距/mm	14 000	发动机功率/kW	348
轮径/mm	ϕ 920	材料车轴距/mm	6 000
作业通过最小半径/m	180	最大双向自行速度/(km/h)	90
运行通过最小半径/m	180	最大允许连挂速度/(km/h)	100
作业效率	≤35 min（捣固 12 号单开道岔） 0～500 m/h（直线捣固效率）	最大起道量/mm	150
捣固深度/mm	560（轨面以下）	最大拨道量/mm	±150
岔区作业宽度/mm	最小 1 750； 最大 3 200		
作业精度			
纵向水平/mm	≤4（10 m 弦长内测量前后高低差）	横向水平/mm	±2
正矢/mm	±2（16 m 弦长内的每 4 m 距离内测量）		

项目小结

捣固车全称为抄平起拨道捣固车，是铁路线路的新线施工、旧线大中修清筛作业和运营线路维修作业的必备装备，能对轨道进行自动抄平、起拨道、道砟捣固作业，使轨道线路达到线路设计标准和线路维护要求，确保列车的安全运行。我国铁路采用大型养路机械进行线路作业起步较晚，较发达国家迟了近 20 年，经过几十年的发展，已基本实现了国产化。目前，各大工务段所用的捣固车是从奥地利普拉塞-陶依尔公司引进的先进技术，经消化吸收后基本实现国产化，主要车型是 D08-32 型、D09-32 型、DWL-48 型连续式捣固车、CD08-475 型道岔捣固车。经过项目一的历练，我们掌握了几种常见捣固车的技术参数与使用条件，为下一阶段工作奠定了坚实的基础。

知识拓展

项目一知识拓展

 复习思考题 >>>

1. 简述捣固车的发展历程。

2. 简述 D08-32 型、D09-32 型捣固车的主要性能。

3. 简述 CD08-475 型捣固车的主要技术性能。

4. 线路维修为什么要采用大型捣固车作业？

5. 捣固车的类型有哪几种分类标准？

项目二　捣固车整备检查 ▶▶▶

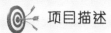 **项目描述**

　　为了保证捣固车的安全性、可靠性，我们应对捣固车定期进行检查保养。同时，除了定期的检查保养工作外，我们还应在每天开车前检查捣固车的相关部位，以保证出车安全、作业可靠，保障捣固车的安全行驶、正常作业。通过本项目的学习，重点使学生掌握捣固车的主要结构组成，能胜任捣固车整备检查工作，为今后使用捣固车进行线路施工和维护工作打下良好基础。

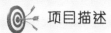 **拟实现的教学目标**

　　1. 能力目标
　　（1）能正确识别捣固车的各项结构。
　　（2）熟知捣固车车体、转向架的结构以用于检查、维修。
　　（3）能根据制动机试验步骤来进行制动机试验。
　　（4）能根据捣固车整备检查步骤来进行整备检查。
　　2. 知识目标
　　（1）掌握捣固车的结构组成。
　　（2）掌握捣固车车体、转向架的结构。
　　（3）掌握捣固车制动机试验步骤。
　　（4）掌握捣固车整备检查步骤。

相关案例二

"4.10"专用铁路列车脱轨较大铁路交通事故

2019 年 4 月 10 日 21 时 52 分，中铝物流集团中部国际陆港有限公司铝矿石运输列车因制动失效放飏，在其专用铁路新中站避难线脱轨颠覆，造成 6 人死亡，构成铁路交通较大事故。

"4.10"专用铁路列车脱轨较大铁路交通事故

具体事故调查请扫描二维码了解。

任务一　认知捣固车主要结构组成

一、工作任务

通过学习捣固车主要结构组成，能承担以下工作任务：

（1）认识捣固车的主要结构构成。

（2）能对照 D09-32 型捣固车实物，讲解捣固车结构。

二、相关配套知识

1．概　述

D09-32 型捣固车主机由两轴转向架（包含主动转向架、从动转向架、工作小车轮对、材料车轮对共 6 根车轴）、专用车体和前（后）司机室、卫星小车、捣固装置、夯实装置、起拨道装置、检测装置、液压系统、电气系统、气动系统、动力及动力传动系统、制动系统、操纵系统等组成。附属设备有材料小车、激光准直设备、线路测量设备等。

2．D09-32 型捣固车主要结构

D09-32 型捣固车采用主机与工作小车分离的结构。捣固装置、起拨道装置和夯实器等工作装置安装在车体下部的工作小车上，作业时主机始终连续、匀速地向前运行，工作小车在主机下部以钢轨导向步进作业，从一根枕木到下一根枕木循环移动，一次捣固循环周期为：工作小车运行→工作小车制动→捣镐振动下插→捣镐枕下夹实→捣镐提升，即主机不参与工作循环。

图 2-1、图 2-2 所示为 D09-32 型捣固车整机外形，图 2-1 左侧为前驾驶室，车顶部为高低音气喇叭、空调，车顶端中央为 400 m 照明灯。激光拨道显示灯位于前驾驶室前挡玻璃下方，用于激光准直法。下侧左右两灯为作业照明灯，作业时用于照亮作业区域。作业照明灯下为标志灯与制动灯。车体连挂时，通过车体前端的 13 号车钩与前车连接，连挂时同时将下方列车管与前车连接，并打开折角塞门，不连接时关闭折角塞门。前驾驶室底部为前测量小车，前测量小车上安放有激光接收器，用于激光准直时接收激光发射器发射过来的准直信号。车体侧面安装有紧急停机按钮、工作照明日光灯，分别用于紧急情况下的紧急停机与工作时的夜间照明。图中的车体支撑油缸用于捣固车工作时支撑起车体，消除转向架与车体之间的弹性自由距离，以准确地测出轨道水平偏差。卫星小车位于车体下部，上面安装有起拨道装置、捣固装置、夯实装置等工作装置，在工作过程中相对车体做差动运动。材料小车位于车体后端，用于携带备品备件。捣固车启动前，应检查材料小车上的备品摆放是否牢固，不得影响司机运行中的瞭望，装载质量应小于 2 000 kg，且无偏载。材料车与捣固车通过牵引杆与主车体连接。后驾驶室安装于主车架的后端部，与前驾驶室一样通过橡胶减振器与车体连接。车体的中央安装有柴油发动机、液压油箱、柴油箱、液压油散热器、液压系统。整车通过电气控制系统来完成整车的协调控制。车体顶端为车顶棚，位于前、后驾驶室之间，各机器上部，用来防雨和防晒。

图 2-1　D09-32 型捣固车

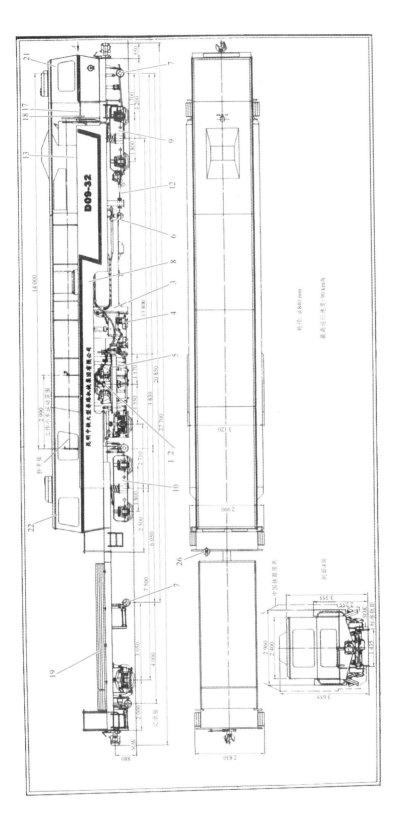

1, 2—捣固装置（左、右）；3—工作小车；4—起拨道装置；5—枕端夯拍装置；6—支撑和锁紧装置；7—抄平测量系统；8—主车架；9—主动转向架；10—从动转向架；11—液压油箱；12—动力传动装置；13—发动机罩及顶棚；14—发动机罩安装；15—激光装置；16—柴油箱；17—栏杆；18—扶手；19—材料制动装置；19—材料小车车厢；20—气动、制动系统、制动装置；21—前驾驶室；22—后驾驶室；23—液压系统；24—电气系统；25—标牌标志；26—合凳钳安装。

图 2-2 D09-32 型捣固车整车外形图

任务二 认识捣固车车体、转向架

一、工作任务

车体是捣固车基础，是安装发动机、动力传动装置、工作装置、检测装置、辅助设备及司机室的基础，起着传递牵引力、制动力和工作机构作用力的作用；转向架是捣固车走行部的主要组成部分，它在结构上成为一个独立的部件。

通过学习捣固车车体与转向架知识，能承担以下工作任务：

（1）认识捣固车车体、转向架组成。

（2）掌握捣固车车体、转向架的基本构造。

二、相关配套知识

1. 车 体

1）车体结构

捣固车的工作条件恶劣，作业时要同时承受捣固头的振动力、下插冲击力和起拨道反作用力等，整机要有较高的刚性，以保证检测系统的测量精度，因此，捣固车的车体结构不同于普通机车、车辆，既不能采用承载式车体，也不能采用普通的车架式结构。

D08-32 型捣固车采用边梁和部分中梁承载的空间刚架式车体，它由车体前端、后端、中梁叉、上边梁、下边梁、立柱、横梁、枕梁及顶篷和侧壁等组成，如图 2-3 所示。结构件全部采用氩气、二氧化碳混合气体保护焊焊接而成，焊缝形状多，绝大多数焊缝只能采用单面焊双面成形的方法，工艺复杂。

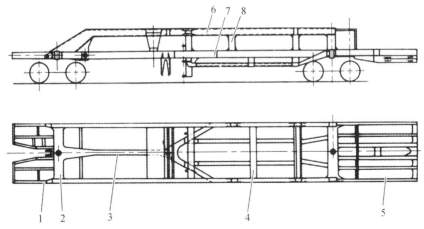

1—后端；2—枕梁；3—中梁叉；4—横梁；5—前端；6—上边梁；
7—下边梁；8—立柱。

图 2-3 D08-32 型捣固车车体

车体中梁叉位于后枕梁之前，两套工作装置之间，是由厚钢板组焊而成的箱形结构，长约 5 m，断面 200 mm × 280 mm。其一端与后枕梁焊接，另一端成叉形结构与两根前下边梁焊接。为了提高车体的强度和刚度，在中梁叉上焊有三角形连接梁，连接梁与两根上边梁相接。

车体前下边梁、上边梁、横梁、立柱全部采用矩形管型材。这种型材结构合理、容易焊接，抗弯、抗扭刚性好，是一种理想的结构型材。它的焊接工艺过程全部采用开坡口→点焊拼接→打底焊→满焊双面成形的方法。

车体前端安装前司机室、柴油箱、前检测小车及前牵引装置，要承受较大的纵向拉伸、压缩冲击力，而且外伸较长，它与缓冲梁、前枕梁所焊接的纵梁较多。纵梁采用槽钢，缓冲梁采用壁厚较大的相同规格的无缝矩形管型材。

车体后端安装后司机室、B 点检测小车、连接材料车，它的结构与前端类似，但外伸较短，不装车钩，安装一根短轴与材料车铰接，并焊有安全保护装置，以防材料车铰接轴折断脱离捣固车。端部横向开口较大，当在曲线或不平顺路段运行时，材料车中梁能够在中间自由摆动，保证运行安全。

车体顶篷位于前、后司机室之间、机器上部。它用来防雨和防晒。顶篷是钣金件，由薄钢板组焊而成，分两段，接缝处用橡胶板连接，整个顶篷由多根方形管支撑在上边梁上，用螺栓连接。

车体侧壁位于发动机、动力换挡变速箱两侧，主要是用来隔热和隔音。它通过手摇机构进行提升和下降，并用插销固定以保证安全。侧壁钢板两侧粘有防振自粘橡胶、石棉隔音隔热材料。

车体前枕梁之后有两根纵梁和横梁，与两根前下边梁和横梁焊接，构成一个平面构架，用于安装发动机、动力换挡变速箱、分动箱。在其上部、两根上边梁上安装液压油箱及液压阀集成块。

D09-32 车体是整机最重要的基础件和承载件，其制造精度直接影响了整机各零部件的安装精度。主车架为立体形结构，构造复杂，要求有较高的刚度，以保证检测系统的测量准确。为满足整机构造和工作小车及其他系统的布局，D09-32 捣固车主车架的结构有独特之处，为变截面、无中梁、空间刚架结构。

主车架主要由车架中部、车架前部、车架后部三大部分组成，如图 2-4 所示。其中车架中部的结构较为复杂，主要由上弦梁、下弦梁、立柱、横梁、前主横梁、后主中部净跨距为 12 300 mm。为容纳工作小车及其他作业装置，两上弦梁之间几乎没有能够承载的横向连接，在净跨距内，上弦梁成了唯一的承载梁。上弦梁要独立承受偏心约 1 100 mm 的 2 000 kN 纵向力。同时，因为采用了板结构箱形主梁，主车架的焊接量大，长焊缝多，装配和焊接的技术难度很大。

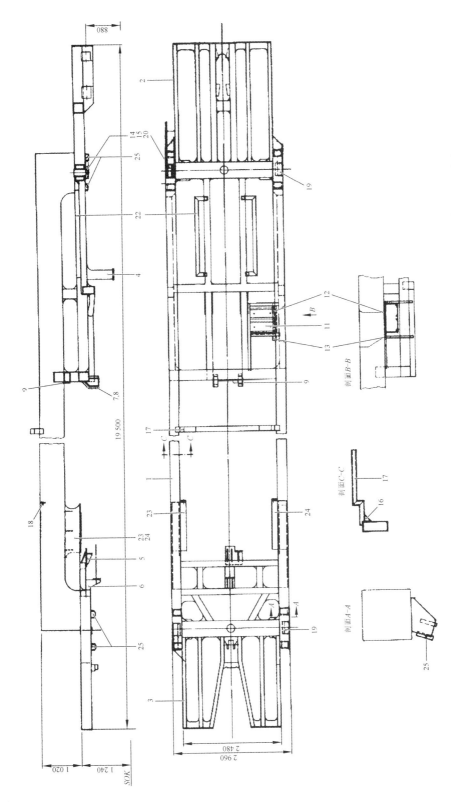

图 2-4 D09-32 车体

1—车架中部；2—车架前部；3—车架后部；4—支撑托架；5、6、7、8、25—托架；9—板；11—台架；12、13—平板；14、15—波纹板；16—加强框；17—横梁；18—连接板；19—升降板；20—底板；22—结构框架；23、24—支撑板。

上弦梁的焊缝总长约 130 m。其中有 8 条单长 11 m 多的纵向焊缝，它的焊接接头形式是非标准的，俗称兜角接头，焊缝截面积大，焊缝厚度达到 16 mm。这些长纵焊缝，不但要求焊缝确保内在质量，而且要求盖面焊缝的焊缝宽度和加强高及其弧形凸面形状在全长范围保持一致，在外观上要焊出轧制矩形管过渡圆角的效果。为保证焊缝的内部质量和外部成形，采用自动埋弧（气体保护）焊机焊接箱形梁的长直焊缝。

2）车体与其他部件的连接

（1）车体与转向架连接。

由于捣固车作业时受力复杂，所以捣固车车体与转向架采用中心销轴式连接，从而使牵引受力合理，转向架转动灵活，摩擦力小，并保证了检测精度。

（2）车体与司机室连接。

由于捣固车采用 V 形橡胶弹簧，检测装置和控制系统用计算机等电子元件，为了提高减振性能，增加乘员的舒适感，在车体和司机室之间增加了杯形橡胶减振器及辅助支撑橡胶垫。安装如图 2-5 所示。

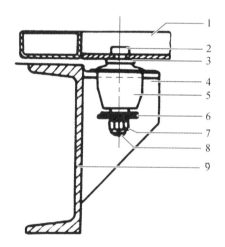

1—司机室骨架；2—螺栓；3，6—垫圈；4—支座；5—减振器；
7—螺母；8—开口销；9—车架。

图 2-5　减振器的安装

（3）车体与材料车连接。

车体与材料车用铰接连接，在车体后枕梁后端焊有一支座，在支座上装有一根短轴，它与材料车中梁端部的关节轴承连接。为了保证行车安全装有安全装置。铰接结构如图 2-6 所示。

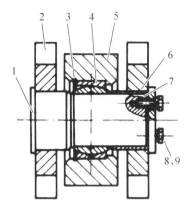

1—短轴；2—支座；3—挡圈；4—关节轴承；5—中梁；
6—套；7—端盖；8—螺钉；9—垫圈。

图 2-6　铰接连接

（4）车体与起拨道装置连接。

为了保证起拨道装置升降和防止左右摆动，在车体中部立柱上装有垂直导向柱，在中梁叉上焊有拨道油缸支点，在上边梁上焊有起道油缸支点，这些支点与油缸全部采用铰接。

（5）车体与检测小车的连接。

车体与 B、D 点检测小车全部采用铰接连接，与 C 点小车采用垂直和横向滑动结构，以保证小车上下左右摆动灵活。各小车的预加载气缸，与车体铰接。

（6）车体与动力传动装置的连接。

发动机通过减振器安装在底架上，底架采用杯形橡胶减振器安装在车架中部的构架上，减轻了柴油机运转时传递给车体的振动。

液力变矩器动力换挡变速箱和分动箱，都是通过轴形抗扭减振器与车体连接的。液压油箱通过橡胶垫，吊装在两根上边梁之间，提高了油位高度，减小了油泵吸油阻力。

2．转向架

1）转向架的作用及组成

捣固车采用轴距为 1.5 m 的两轴转向架，最大轴重为 140 kN。

（1）转向架的作用

① 承受车架以上各部分的重量。

② 保证必要的黏着力，并把轮轨接触处产生的轮周牵引力传递给车架车钩。

③ 减少因线路不平顺对捣固车的冲击，保证捣固车有良好的运行平稳性。

④ 保证捣固车顺利通过曲线。

⑤ 产生必要的制动力，以便使捣固车在规定的制动距离内停车。

（2）转向架的组成。

捣固车的转向架不同于我国现有的任何货车转向架，也不同于机车转向架，它是专为大型线路机械设计的转向架。如图 2-7 所示，它由转向架构架、与轴箱连接的橡胶弹簧及液压减振器、轮对及轴箱、中心销、旁承、液压支撑、基础制动装置等组成。有的转向架还装有排障器和撒砂装置。

图 2-7　转向架

在转向架构架的左右侧梁上装有平面摩擦式旁承，构架横梁中部有中心销，中心销是通过关节轴承装在横梁上的，中心销的上部插入车架的孔中，并用螺栓和压盖固定。所以车体在通过曲线时可以左右摆动，车体的全部重量通过中心销传递给转向架。轮对及轴箱是通过两个 V 形橡胶减振器装在构架的导框内的。为了减小运行时的振动力，在轴箱与构架侧梁之间装有液压减振器。在捣固作业时为了保证轨道检测精度，车架与转向架之间要保持相对固定，故在轴箱与构架之间、构架与车架之间装有液压支撑装置。捣固车运行时，转向架承受 3 个方向的力：垂直力、纵向力和横向力。这些力按以下顺序来传递：垂直力：车体→中心销→构架→橡胶弹簧→轴箱→轮对→钢轨。纵向力（牵引力或制动力）：轮对→轴箱→橡胶弹簧→构架→中心销→车架→车钩。横向力：钢轨→轮对→轴箱→橡胶弹簧→构架→中心销→车架。

2）转向架构架

D09-32 型连续式捣固车转向架和 D08-32 型捣固车转向架属于同一类型，总体构造相同，都是采用 H 形整体焊接构架。转向架构架用钢板拼焊成箱形结构，整个构架由侧梁及横梁构成 H 形工字型，如图 2-8 所示。侧梁上有左右两个 V 形的安装橡胶弹簧的导槽，转向架构架通过四对橡胶弹簧支承在轮对轴箱上。在横梁的中央有安装中心销及关节轴承的轴承箱。车体上的全部重量通过前后两个中心销传递给转向架。

另外转向架构架上还有连接基础制动杠杆的吊耳及车轴齿轮箱平衡杆的连接座，有些转向架在构架侧梁外端装有排障器及撒砂用的砂箱等装置。

这种钢板拼焊成的转向架构架强度高，刚性好，而且质量轻。

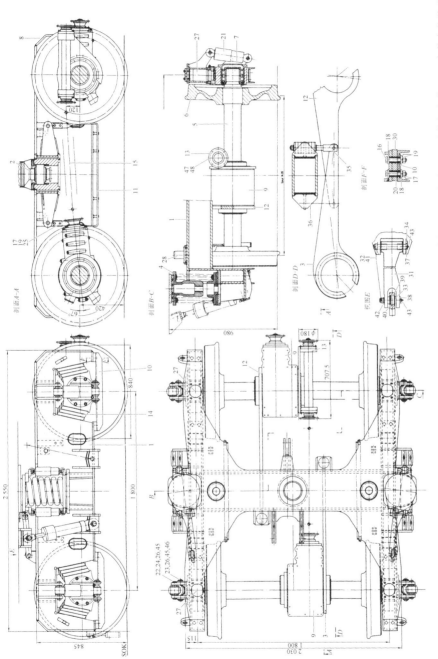

图 2-8 D09-32 主动转向架组装示意图

1—转向架构架；2—中心销总成；3、12—扭矩支撑板；4—弹簧悬挂装置；5—驱动车轮；6—驱动车轴；7—轴箱；8—防护板安装；9—车轴齿轮箱及轮对；10—轴箱托梁；11—护箍；13—万向轴中间支撑；14—橡胶弹簧；15—万向传动轴；16、25、47—六角头螺栓；17、48—六角螺母；18、22、33、42、45—垫圈；21—液压减振器；27、23—油缸；29—油位计；39—关节轴承。

3）弹簧减振装置

捣固车在轨道上运行时，由于线路的不平顺、轨缝、道岔、钢轨磨耗、车轮踏面擦伤、车轮不圆和轴颈偏心等原因，产生各种不同的周期性的与非周期性的振动和冲击。转向架安装弹簧减振装置的目的，就是用来缓和与清除这些振动及冲击，以提高捣固车的运行平稳性，保证乘务人员的舒适性以及延长捣固车零件的使用寿命。

要使捣固车有良好的运行品质，除安装性能优良的弹簧外，还要在轴箱与转向架构架之间装液压减振器。弹簧和液压减振器，总称为弹簧减振装置。

捣固车的前后转向架采用橡胶弹簧加液压减振器。后拖车采用金属螺旋弹簧和液压减振器。

（1）橡胶弹簧。

捣固车的转向架上采用 V 形橡胶弹簧。如图 2-9 所示，橡胶弹簧由 3 层橡胶和 4 层金属板组成，采用硫化法将橡胶与金属板粘结在一起。使用的橡胶具有较高的疲劳强度，耐温变和耐油。

橡胶弹簧装在轴箱两侧，其支承面为 V 形截面。轴箱两侧的支承面安装角为 12°。因此橡胶弹簧在垂直载荷作用下，既受剪切，又受压缩。这样可以获得较大的静挠度和适当的刚度。当静态轴箱载荷为 4.5 ~ 5 t 时，橡胶弹簧的静态挠度为 13 ~ 18 mm。

橡胶弹簧使用半年以后，橡胶逐步开始老化，静态挠度要减小 20%，即 2 ~ 4 mm。因此，新橡胶弹簧安装使用半年后，要重新检查调整轴箱下边缘至下挡板间的距离。其正确距离应为 12 ~ 15 mm。如果距离过大或是过小将会影响橡胶弹簧和轴箱支撑油缸的正常工作。橡胶弹簧与金属螺旋弹簧比较，橡胶弹簧具有以下特点：

① 减振性能好，特别是吸收高幅振动的能力强。这是由于橡胶弹簧吸收振动能量是在其变形时产生内摩擦阻力。而且其内摩擦阻力随着捣固车运行振动速度的增加而变大，所以其减振性能好。在减振过程中能吸收的机械能转化成热能，其中一部分热能使橡胶产生温升，另一部分热能在振动中散去。

② 不像金属弹簧那样存在突然折断的可能，运行中不需要经常检查。

③ 质量轻。

④ 能消除噪声。

⑤ 强度小、成本高，性能误差较大，会逐渐老化。

（2）螺旋弹簧。

后拖车轮对轴箱与车架的减振弹簧采用金属螺旋圆柱形压缩弹簧,故又称为圆簧。

螺旋圆柱形压缩弹簧采用直径 25 mm 的合金钢加热卷制而成，再经淬火、回火热处理，如图 2-10 所示。

螺旋圆柱形压缩弹簧的端部并紧并磨平，以保证弹簧平稳站立. 两端约有 3/4 圈作为支持平面，是弹簧的辅助部分，不起弹力作用，而仅起传递载荷的作用。

弹簧的自由高度为 263 mm，外径 145 mm，弹簧节距 41 mm，最小工作载荷 9.5 kN，最大工作载荷 29 kN。

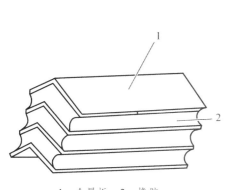

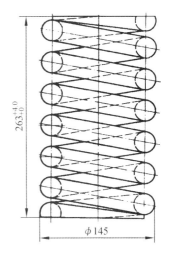

1—金属板；2—橡胶。

图 2-9　橡胶弹簧

$263^{+4.0}_{\ 0}$　$\phi 145$

图 2-10　金属螺旋弹簧

在后拖车的弹簧减振装置中，圆弹簧装在轴箱两侧的弹簧座上，液压减振器装在轴箱盖与车体之间，如图 2-11 所示。

车体的重量经导框、连接环、横梁作用到弹簧上，轴箱上有导槽。当弹簧压缩时可沿导框上下移动。

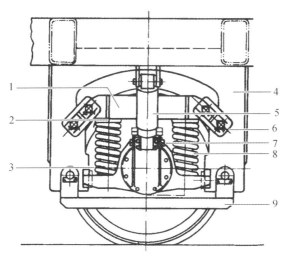

1—横梁；2—弹簧座；3—轴箱；4—导框；5—液压减振器；
6—连接环；7—销轴；8—弹簧；9—下拉杆。

图 2-11　材料小车弹簧减振装置

（3）液压减振器。

液压减振器实质上是一个密封的，充满油液的油缸。缸筒内有一活塞，把缸筒分成上下两个部分。活塞上有小孔称为节流孔。油缸体固定在轴箱盖上，活塞杆固定在转向架构架上。当转向架作上下振动时，活塞杆随转向架构架运动，于是活塞在缸筒内产生上下相对位移。当活塞向上运动时，缸筒上部分体积缩小，而下部分体积增大。由于油缸是密封的，油缸上部油液的压力增大而下部油缸的压力降低。油缸内上下两部分的压力不同，于是压力高的油液就通过节流孔流到压力低的下部分去填充活塞移动后产生的真空。

油液通过节流孔时产生阻力，该阻力的大小与油液的流速、节流孔的形状和孔径的大小有关。油液速度愈大，阻力也愈大。

当活塞向下运动时，则油缸内上部体积逐渐增大，而下部体积逐渐减小，油液又通过活塞的节流孔由下部流到上部去，也产生阻力。因此，液压减振器在车辆振动时能起减振作用。

图 2-12 所示为 E63.118 型液压振器的结构。

捣固车的前后转向架及后拖车轴箱上均装 E63.118 型液压减振器。液压减振器的上下连接都是横向销轴连接。该型减振器行程为 115 mm，拉伸方向阻力为 13 kN，压缩方向阻力为 6.5 kN。

E63.118 型液压减振器的结构可以分成 4 个主要组成部分，即活塞、进出油阀部、缸端密封部和上下连接部。

① 减振器的活塞部是产生阻力的主要部分，它由活塞杆、活塞（阀体）、盘形压片、上阀片、下阀片和活塞环、螺母组成。

活塞上均布 6 个直径为 $\phi 6.2$ mm 的节流孔和四个直径为 $\phi 5.5$ mm 的节流孔。上阀片通过盘形压片盖住 6 个 $\phi 6.2$mm 的节流孔，下阀片通过螺母压住 4 个 $\phi 5.5$ mm 的节流孔。因此，当无外力作用时，活塞上的节流孔均被阀片关闭，油液不能通过。

减振器的阻力大小主要决定于节流孔的大小和阀片的刚度。为了能调整阻力大小，上阀片由厚度为 0.4 mm 的钢片 2 ~ 3 片叠加在一起，下阀片由厚度为 0.5 mm 的钢片 5 ~ 7 片叠加在一起。增减钢片的数量，可以改变阀片的刚度，使阀片的开启大小改变，即可以改变油液通过的阻力。

② 缸筒的下部装有进、出油阀，它的主要作用是补充油液和压出油液。进、出油阀由进油阀和出油阀两个阀组成。进油阀由挡圈、弹簧、阀片、阀座组成。出油阀由阀片、盘形压片、压紧螺钉和阀座组成。

在阀座的外部均布个直径为 $\phi 6.5$ mm 的进油孔；在阀座的中部均布 6 个直径为 $\phi 2.7$ mm 的排油孔。用弹簧把阀片压在进油孔上，无负压力作用时阀片关闭进油孔。

排油阀片通过压紧螺钉和盘形压片把排油孔关闭。阀座与缸筒的连接有良好的密封。防止油液漏泄。

③ 缸筒的上部装有缸端密封部件，它的作用：一是活塞杆上下运动时起导向作用；二是防止油液外泄和灰尘进入，起密封作用。导向套上有斜孔，使外套筒口与缸筒之间的储油室 C 连通大气，同时把密封圈刮下来的油液回流到储油室，导向套用压盖压在缸筒上部。

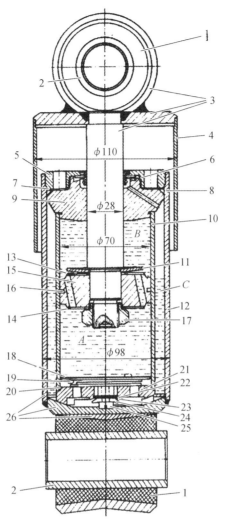

1—橡胶垫；2—衬套；3—活塞杆；4—防护套；5—压盖；6—密封圈；7—盘；8—O形密封圈；

9—导向套；10—缸筒；11—盘形压片；12—外套筒；13—上阀片；14—下阀片；

15—活塞；16—活塞环；17—螺母；18—挡圈；19—弹簧；20—阀片；

21—阀座；22—垫圈；23—排油阀片；24—盘形压片；

25—压紧螺钉；26—下连接装置。

图 2-12　E63.118 型液压减振器

④ 减振器的上、下连接部有连接衬套。在橡胶垫的作用，一是缓和上下方向的冲击，二是为了当安装位置前后左右有相对偏差时，能有一定的弹性补偿，减小活塞杆的整劲，减轻活塞杆的偏磨。减振器的工作油，对减振器阻力和使用耐久性起着重要的作用。应使用专用的减振器油，用量约 692 mL。

减振器工作时有压缩和拉伸两个行程。

a. 压缩行程：当减振器两端相对压缩时活塞向下移动（图 2-12），A 腔内的油被挤压，下阀片在压力油作用下关闭其节流孔，而压力油通过 6 个节流孔克服上阀片的弹性刚度，把上阀片顶开，进入 B 腔。A 腔的压力越高，阀片的开度越大，节流孔的开度也越大。由于被活塞挤出的油液的体积大于活塞在 B 腔内所形成的容积（固存在活塞杆），所以一部分油通过出油阀的孔，打开排油阀片流入储油室。

b. 拉伸行程：拉伸时活塞向上运动，B 腔内的油受压。同压缩时一样，上阀片关闭，下阀片打开。压力油进入 A 腔。由于流入 A 腔的油的体积小于活塞上移所形成的容积，所以 A 腔内会产生负压，负压力克服弹簧的作用力使阀片打开，吸入储油室 C 中的油液进行补充。

液压减振器使用两年后。要在专用试验台上进行性能试验，不合格的液压减振器应及时修理或更换。其试验方法和性能指标，要严格按照有关规定进行。

4）中心销总成及旁承

为了使捣固车顺利通过曲线，车体和转向架之间设有中心销及左右两个旁承，转向架可以绕中心销相对车体转动。

（1）中心销。

中心销设置在转向架的几何中心上，即横梁的中央。它是车体与转向架的连接销轴。

中心销的作用是保证捣固车的重量、纵向力（牵引力及制动力）、横向力的正常传递；车体在转向架上的安定和轴重的均匀分配；容许转向架进、出曲线时相对车体进行转动。因此，中心销既是承载装置，又是活动关节。

中心销的结构及安装不同于一般的车辆和机车，是根据捣固车的使用特点而设计的。

中心销的结构如图 2-13 所示，它由中心销、关节轴承、支承轴承、挡圈、压盖等组成。

轴承箱焊接在转向架横梁的中部，中心销轴上装有关节轴承和支承轴承，中心销末端用挡圈和螺母及开口销，使辅承在轴向固定。上部用压盖挡住关节轴承外圈。为了防止灰尘进入轴承内，装有防尘罩，轴承采用油脂润滑。

中心销的上半部分插入车体横梁上的孔内，顶部用压盖和螺栓固定，因此，车体和转向架是连接在一起的，在运输吊装时车体和转向架可以一起吊运。

关节轴承外围与箱体为过渡配合，所以当拆去压盖之后。中心销和轴承内圈一起可以吊出轴承箱，以便检修。

关节轴承保证中心销以轴承中心进行任一方向的摆动和转动，并且传递纵向和横向力。支承轴承主要传递中心销上的轴向载荷即车体重量。捣固车的牵引力（或制动力）和重量均由中心销传递。中心销安装轴承的部位直径较小，故不能传递较大的牵引力。这种中心销结构的优点是：捣固车能顺利地通过曲线半径较小的线路；并且能防止转向架的点头振动传给车体；提高了捣固车的运行平稳性。

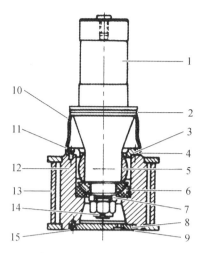

1—中心销；2—卡圈；3—压盖；4—卡圈；5—关节轴承；6—支承轴承；7—挡圈；
8—下盖板；9—油嘴；10—防尘罩；11—螺钉；12—轴承箱；13—横梁；
14—螺母及开口销；15—螺钉。

图 2-13　中心销

（2）旁承。

转向架的左右两个旁承，均采用橡胶减振平面摩擦式旁承，如图 2-14 所示，它由尼龙摩擦板、止推盘、橡胶弹簧及弹簧座等组成。

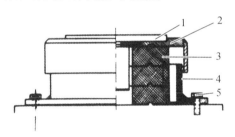

1—尼龙摩擦板；2—止推盘；3—橡胶弹簧；
4—弹簧座；5—螺钉。

图 2-14　旁承

当捣固车在曲线上运行时，车体会发生侧向倾斜，由于中心销能摆动，车体的重量一部分压在一侧旁承的尼龙摩擦板上，经止推盘、压缩橡胶弹簧，把部分重量传给构架。车架横梁与旁承的尼龙摩擦板接触，在转向架相对车体转动时，有较大的摩擦力矩以控制转向架在直线上的蛇行运动。

橡胶弹簧由 3 块环型橡胶块组成，能起到减振、缓和冲击的作用。

这种橡胶旁承当转向架相对车体转动或横向位移时，产生的复原力矩和复原力力图恢复转向架与车体的原来位置，以利于通过曲线后转向架的复原。

止推盘的中间有中心销，插在橡胶弹簧的中间，防止橡胶块之间错位。止推盘的外圈套在弹簧座上，当橡胶弹簧压缩时止推盘沿弹簧座移动。弹簧座用螺钉固定在构架侧梁上。

5）轮对及轴箱

轮对及轴箱是捣固车走行部件中最重要的部件之一。轮对及轴箱用来把全部载荷传给钢轨，并将来自轮对与钢轨间的黏着牵引力或制动力传到转向架上。

（1）轮对。

轮对是由一根车轴和两个相同的车轮组成，如图2-15所示。轮与轴采用过盈配合，使之牢固地结合在一起。

轮对承受着捣固车的全部重量，并在负重条件下以较高的速度引导车辆在钢轨上行驶，与钢轨相互作用产生黏着牵引力或制动力。另外轮对在运行中承受较大的冲击和动载荷，以及组装应力。因此，要求轮对有足够的强度。轮对有安装驱动齿轮的主动轮对和无驱动齿轮的从动轮对，如图2-15为主动轮对，从动轮对无中央驱动车轴齿轮箱。

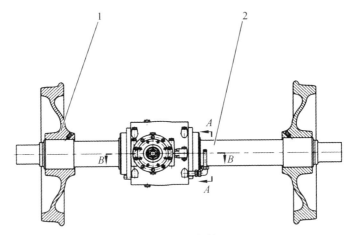

1—车轮；2—车轴。

图2-15　轮对

车轮有整体轮和轮箍轮两种，普拉塞公司生产的捣固车采用轮径为710 mm的整体辗钢轮；国产捣固车采用轮径为840 mm的轮箍轮。

整体辗钢轮是由钢锭经加热辗轧而成，并经过淬火热处理。

辗钢车轮最大的优点是强度高、韧性好，而且是一体式结构，运用中不会发生轮箍松弛和崩裂故障，适合重载和高速度运行；其次是重量轻，踏面磨损后可以车削，能多次镟修使用，维修费用较低。

轮箍轮由轮箍和轮心组成。如图2-16，从车轮的工作性质来看，这种结构形式比较合理。轮箍是与钢轨接触的部分采用平炉优质钢辗轧而成，强度高、耐磨性好；而中间轮心是用含碳量较低的A3钢铸造，韧性好、耐冲击。但是由于轮箍和轮心是组合式的，在运行中有可能会产生轮箍松弛和崩裂，威胁行车安全。

轮心和车轴连接的部分叫轮毂，与轮毂接触的部分叫轮辋，轮毂与轮辋之间的部分叫轮辐。轮辐一般向外稍偏，使车轮在垂直方向有些弹性，以减小运行时钢轨与车轮的作用力。

在轮毂上有一油孔，平时用螺钉堵住，卸车轮时，可用专用高压油泵将油液压入轮毂与轴颈接触处，即可退出车轮。

轮箍是用热套法装在轮心上的，轮箍装得过紧特别是冬天气温较低时容易发生轮箍断裂，而装得过松，在运用中有可能松动。因此，必须有专门的加热设备，由有经验的工人来套装。

轮箍与钢轨顶面接触部分称为踏面，与钢轨内侧面接触部分称为轮缘。踏面滚动圆直径为车轮的名义直径，左右两轮直径差不得大于 0.5 mm。

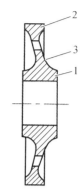

1—轮毂；2—轮辋；
3—轮辐。

图 2-16　轮心

轮缘和踏面是和钢轨直接接触的部分，为使轮对在钢轨上平稳运行，顺利通过曲线，降低轮箍磨耗，轮缘和踏面应有合理的外形。我国规定的车轮箍外形尺寸如图 2-17 所示。

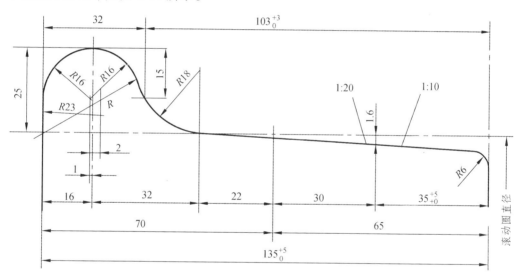

图 2-17　轮缘和踏面尺寸（单位：mm）

车在曲线上运行时，外轮沿外轨所走距离大于内轮沿内轨所走距离。由于内、外轮固定在一根轴上，如果两轮的踏面为圆柱形，势必引起内、外轮的滑行。而踏面具有斜度，当轮对在曲线上运行时，随着轮对向外偏离，外轮与外轨接触的直径大于内轮与内轨接触的直径，就能显著地减少车轮的滑行。

踏面具有斜度，轮对在直线上运行时，会因两轮以不同半径的圆周滚动，形成轮对的蛇行运动。这种运动对防止轮缘单靠，降低轮缘的磨耗是有利的。可是随着运行速度的提高，蛇行运动会使车的横向振动加剧。

斜率为 1∶20 的一段踏面是经常与轨面接触的，磨耗较快，使踏面形成凹陷，轮对在进入道岔和小半径曲线时可能产生剧烈跳动。为了避免这种情况，在斜度 1：20 的外侧有一段 1：10 的斜率，这一段仅在小半径曲线上才与钢轨顶面接触。

根据受力状态和作用的不同，车轴可以分为轴颈、轮座、轴身 3 部分；主动车轴的轴身部分还有安装驱动齿轮与轴承的部位。车轴采用优质碳素钢锻造成型，经热处理和机械加工制成。

车轴的轴颈用以安装滚动轴承，承受车辆重量，传递载荷。

轮座是车轴与车轮配合的部位，为了保证轮轴之间有足够的压紧力，轮座直径比轮毂孔径大 0.10～0.35 mm。轮座与轴身部分必须缓和过渡，不允许有任何凸肩存在，以免引起应力集中。轮座是车轴受力最大的部位，所以直径最大。

轴身为车轴的中间部分，从动轴中间部分为等截面。主动轴在安装驱动齿轮和轴承的部分直径较大。驱动齿轮为锥形齿轮，所以主动轴，要传递驱动扭矩和弯矩等，受力较大。

车轴受力很复杂，多数车轴的折损是由疲劳引起的，一般车轴的断裂发生在轴颈的圆肩部分、轮座的外缘部分和车轴的中央，因此，必须定期对车轴进行探伤检查。

（2）轴箱。

轴箱内安装滚动轴承，轴箱盖上连接液压减振器，轴箱的结构如图 2-18 所示。它由箱体、轴承、轴箱盖、密封件、压环、压盖等组成。

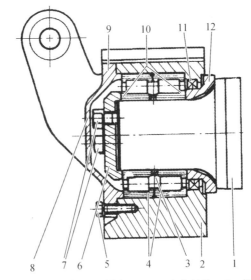

1—车轴；2—箱体；3—隔离环；4—滚柱轴承；5—螺钉；
6—前压盖；7—螺钉；8—锁定片；9—轴箱盖；
10—挡圈；11—油封；12—挡圈。

图 2-18　轴箱

轴箱的作用是：将轮对和构架连接在一起，把车体的重量传给轮对；润滑轴承，减少摩擦，降低运行阻力；防止尘土、雨水等异物侵入，保证捣固车的安全运行。

转向架采用八字形轴箱体，两侧设有装橡胶弹簧的导槽，其倾斜度 12°。后拖车的轴箱体两侧下部设有弹簧支座，在弹簧支座上设有导槽。

轴箱要承受车在运行中的垂直载荷和横向冲击力，因此，要求轴箱体有足够的强度。轴箱体用铸钢制成。箱体装有两个圆柱滚动轴承，其型号为 UD62.2610，轴承内圈两侧都有挡圈，外圈的里侧由箱体上的凸缘挡住，外侧由轴箱盖挡住，用以传递轴向力。

轴承的内圈与轴颈用过盈配合，装配时将轴承内圈和挡圈在油中加热到 100 ℃，膨胀后套在轴颈上，冷却后与轴颈紧固成一体。轴承外圈和滚柱连同保持架一起装在轴箱体内，外圈与箱体为滑动配合。

圆柱滚动轴承的滚柱与内外圈的滚道成线接触，承载接触面积较大，因而承受径向载荷能力较大，而且结构简单，工作可靠。为了防止轴箱内的润滑油脂向外泄漏和外面的尘土进入轴箱内污染润滑油脂，以免损坏轴承，箱体前端用轴箱盖完全密封，后端装有挡圈和橡胶骨架油封。

轴箱盖为铸钢件，外部有连接液压减振器的耳环，盖口凸缘插入轴箱孔内，用以止挡前轴承外圈，轴箱盖用螺栓固定在箱体上。

轴箱内的前压板、螺钉、锁定片都是用来固定前轴承内圈，防止轴箱脱出。这种箱体结构简单、运用可靠、维修方便。

6）液压支撑

捣固车的轨道横向水平检测装置和轨道纵向水平检测装置均与车体相连接，在捣固作业时，为了能准确地测出轨道水平偏差，车体和转向架与轨道间的距离必须保持不变。为此，在捣固作业时，轴箱与转向架构架之间、转向架与车体之间用液压油缸支撑住，消除它们之间的弹性自由距离。

（1）液压支撑的结构。

液压支撑设在前后两个转向架上。液压支撑油缸有车轴箱支撑油缸及车体支撑油缸两种。车体的支撑油缸是单作用液压油缸，其结构如图 2-19 所示，它由缸体、活塞、活塞杆、密封件、调整螺母等组成。

活塞由上下两部分组成，并由螺钉和压盖固定在活塞杆上，活塞中部装一道油封，活塞与活塞杆之间由 O 形密封圈密封；调整螺母是油缸的端盖，旋转调整螺母可以改变活塞的行程；螺钉是调整螺母的限位螺钉。

轴箱支撑油缸也是单作用油缸，油缸外形为圆形，其结构与车体支撑油缸基本相同，调整螺母的限位采用挡板。

轴箱支撑油缸体用螺栓固定在转向架的构架上，活塞杆向下朝向轴箱顶部，活塞杆端部有调整螺母，转动调整螺母可以改变活塞杆长度。

6 个轴箱支撑油缸分别安装在前转向架的二轴。后转向架的三、四轴的轴箱顶部所对应的构架上。

车体支撑油缸共有 2 个，均在后转向架的构架横梁上。旁承与中心销之间。

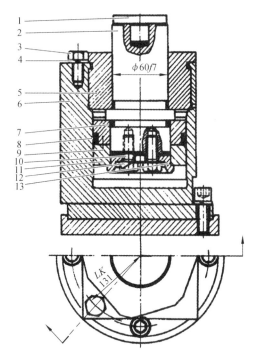

1—摩擦垫；2—活塞杆；3—螺钉；4—弹簧垫圈；5—调整螺母；6—缸体；7—O形圈；8—油封；
9—活塞上部；10—螺钉；11—活塞下部；12—锁紧片；13—压盖。

图 2-19　车体支撑油缸

轴箱支撑油缸和车体支撑油缸均为并联油路，由一个装在后司机室内的转阀来控制。当转阀置于作业位时，各支撑油缸均接通压力油液，活塞杆伸出。轴箱支撑油缸的活塞杆顶住轴箱体的顶部，使转向架构架上升，消除橡胶弹簧的弹性作用（液压减振器也不起作用）。车体支撑油缸的活塞杆顶住车体的横梁，使车体不能左右晃动，这样就使车体与转向架构架以及轮对形成一个整体，无论在任何轨道上，车体与轨道之间的距离不会变化。水于检测装置就能反映出实际的轨道状态。当转阀处于运行位时，切断压力油路，并使支撑油缸卸压，油缸活塞杆缩回，支撑油缸失去支撑作用。

（2）液压支撑的调整。

① 车轴箱支撑的调整。调整液压支撑时，捣固车必须停放在平直线路上。调整前首先要检查轴箱下边缘至下挡板之间的距离应为 12~15 mm。若其距离不符合上述要求，可以调整下挡板与导框连接处的垫片厚度（见图 2-20）。调整方法如下：

a. 接通支撑油缸的压力油路，使活塞杆伸出。

b. 向外旋转调整螺母，使转向架构架上升，直到轴箱下边缘与下挡板之间应有一张报纸可以顺利通过的间隙为止。

c. 将调整螺母继续转动 1/6 周。

d. 将构架上的定位板紧靠六角调整螺母的一边并固定住定位板，防止螺母自由转动。

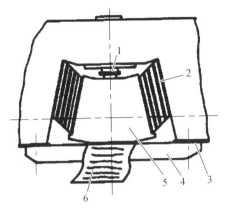

1—调整螺母；2—橡胶弹簧；3—调整垫；4—下挡板；5—车轴箱；6—报纸。

图 2-20　车轴箱支撑油缸的调整

② 车体支撑油缸的调整。调整方法如下（见图 2-21）：

a. 将调整螺母完全拧紧。

b. 支撑油缸接通压力油液。

c. 测量车架横梁至转向架之间的距离，如图 2-21（a）尺寸 X。

d. 切断支撑油缸的压力油。

e. 将调整螺母向外拧，直到车架横梁与转向架之间的距离为 $X+5$ mm 为止。

f. 当支撑油缸卸压后，车架与支撑油缸活塞杆顶部的距离为 Y，至少达到 20 mm，如图 2-21（b）所示。

g. 如果距离少于 20 mm，必须再适当地旋转调整螺母达到要求值为止。

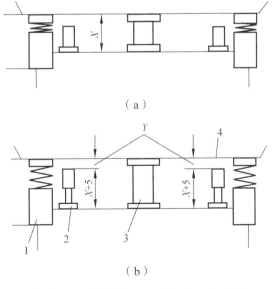

（a）

（b）

1—旁承；2—支撑油缸；3—中心销；4—车架。

图 2-21　车体支撑油缸的调整

7）基础制动装置

制动装置包括空气制动和基础制动两大部分。具体内容详见项目三的任务三。

任务三　认识捣固车车钩、缓冲装置

一、工作任务

通过对捣固车车钩、缓冲装置的知识学习，能承担以下工作任务：

（1）认识捣固车车钩、缓冲装置组成。

（2）掌握捣固车车钩的使用。

二、相关配套知识

车钩及缓冲器是其车辆的连接装置，也是传递牵引力，减轻对车体冲击的装置。它一般是成对安装，在捣固车前端和材料车尾端各安装一套。

1．车钩缓冲装置的组成与作用

车钩缓冲装置是捣固车的重要部件之一，由车钩和缓冲器两部分组成，车钩用于连接车辆和传递牵引力及冲击力，缓冲器则用来减少和缓和冲击。

2．车钩缓冲装置的结构

捣固车采用标准13号上作用式车钩，MX-1型橡胶缓冲器。车钩缓冲装置主要由车钩、冲击座、车钩托梁、钩尾框、钩尾销、缓冲器、从板、前后从板座、车钩尾框托板、提钩杆、链及磨耗板等组成。车钩缓冲装置结构如图2-22所示。

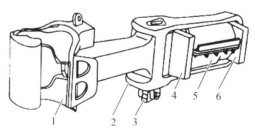

1—车钩；2—钩尾框；3—钩尾销；4—前从板；
5—缓冲器；6—后从板。

图2-22　车钩缓冲装置

3．车　钩

1）车钩的构造

13号车钩由钩体、钩舌、钩锁铁、钩舌推铁、钩舌销等零件组成，如图2-23所示。

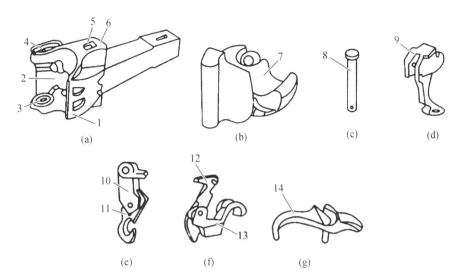

1—钩腕；2—钩腔；3—下钩耳及孔；4—上钩耳及孔；5—止锁销孔；6—钩肩；
7—钩舌；8—钩舌销；9—钩锁铁；10—上锁销杆；11—上锁销；
12—下锁销；13—下锁销杆；14—钩舌推铁。

图 2-23　13 号车钩及钩头零件

（1）钩体。

钩体由钩头、钩身、钩尾组成。钩头各部位的名称及用途如下：

① 钩腕。两车钩连接时，钩腕用以互相容纳对方车钩的钩舌，使两个钩舌彼此捏合。

② 钩腔。钩腔为钩头的内部空间，用以容纳并安装钩锁铁、钩舌推铁、上或下锁销和钩舌尾部零件。

③ 上、下钩耳及钩耳孔。钩耳及钩耳孔用于安装钩舌，在钩头上设有钩耳孔，以便插入钩舌销。

④ 钩肩。当车钩受到过大冲击力时，钩肩与冲击座相撞，可避免缓冲器破损。

（2）钩舌。

钩舌装在上、下钩耳之间，并可绕钩舌销回转。在钩舌尾部，铸有上、下牵引突缘，闭锁时与钩腔内的相应突缘平合，将牵引力和冲击力传给钩体。在钩舌尾部侧面，设有台阶，称为锁铁座，闭锁位置时，钩锁销支承在锁铁座上，以防止钩舌的转动。

（3）钩锁铁。

钩锁铁是控制车钩开锁、闭锁和全开三态作用的主要零件。钩锁铁背部有一空槽，槽内有一圆锁，供上锁销的钌子连挂用。正面有一与圆销轴线平行的凹槽，当钩锁铁充分上升时，该部位与钩腔内的台阶接触，并作为钩锁铁回转的支点。钩锁铁的下端有一椭圆孔，供插入下锁销的横轴用。

（4）钩舌推铁。

钩舌推铁横放在钩腔内，中部有一突起的圆柱，插在钩腔底壁的轴孔中。开锁时，钩锁铁上移，当其凹槽与钩腔内台阶接触时，钩锁铁下端右移，推动钩舌推铁的钩锁铁作用端，钩舌推铁以其圆轴回转，同时推出钩舌。其示意图如图 2-24 所示。

（5）上锁销和上锁销杆。

上锁销和上锁销杆用于上作用式车钩，上锁销杆顶部有定位凸缘，控制上锁销杆下落位置并防止杂物掉入钩腔内。上锁销杆下部有一突起部位，在闭锁位置时卡在钩腔内的台阶（防跳台）处，防止钩锁铁向上跳起。上锁销和上锁销杆采用活动连接，闭锁时二者成横形，有利于防跳。

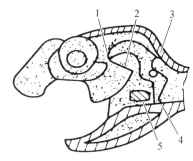

1—钩舌端；2—钩舌尾部；3—钩舌推铁轴；
4—钩舌推铁的钩锁作用端；
5—钩锁铁。

图 2-24　钩舌推铁推出钩舌示意图

（6）下锁销和下锁销杆。

下锁销和下锁销杆用于下作用式车钩，下锁销杆一端挂在钩头上，另一端与下锁销活动连接，中间卡装车钩提杆。下锁销的上端有一横轴，供插入钩锁铁下端的椭圆孔用。当提动车钩提杆时，下锁销便推起钩锁铁。在闭锁位置时，横轴沿椭圆孔斜向滑下，使下锁销的上端突起部位卡在钩腔内的防跳台处，起防跳作用。

2）车钩的三态作用

13 号车钩具有开锁、全开、闭锁 3 种作用位置，称为车钩的三态作用。

（1）开锁位置。

车钩处于闭锁位置时，提起钩提杆。上锁销或下锁销脱离防跳台，带动钩锁铁上移．直至钩锁铁的凹槽与钩腔的突起台阶接触为止。此时，若放下钩提杆，钩锁铁下端缺口处坐在钩舌推铁一端的口面上，使钩锁铁不至于落下，面呈开锁状态。车钩开锁位置如图 2-25 所示。

（2）全开位置

车钩处于闭锁或开锁位置时，用力提起钩提杆，上锁销或下锁销便脱离防跳台，带动钩锁铁迅速上升，当钩锁铁凹槽靠住钩腔突起台阶时，即以该处为支点回转，钩锁铁的下端提拔钩舌推铁的一端，使钩舌推铁转动。同时，钩舌推铁的另一端推出钩舌，使车钩呈全开状态。此时，放下钩提杆，钩锁铁便坐在钩舌尾部上。车钩的全开位置如图 2-26 所示。

（3）闭锁位置。

车钩处于全开位置时。向钩腔内推动钩舌，钩锁铁便由钩舌尾部上滑下，坐在钩舌尾部的钩锁铁座上，这样便挡住了钩舌，使其不能转动，呈锁闭状态。同时，上锁销下部突起部位或下锁销上部突起部位卡在钩腔内防跳台处，起防跳作用。车钩的闭锁位置如图 2-27 所示。

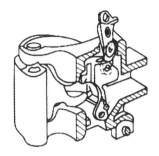
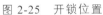

图 2-25 开锁位置　　　　图 2-26 全开位置　　　　图 2-27 闭锁位置

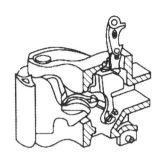

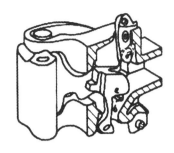

在整车落成后，必须按照铁道车辆用车钩、钩尾框（TB/T 456—2016）的有关规定，对车钩进行"开锁""全开""闭锁"三态作用及防跳性能检查。车钩处于闭锁位置时，提钩链应有 30～50 mm 的松余量。

3）车钩高度的调整

车钩中心距轨顶面高应为（880±10）mm，否则，车辆在运行时易造成脱钩事故，影响行车安全。因此，要经常对其进行测量和调整。

车钩高度调整不能随意加垫磨耗板，应按以下原则进行：

（1）车钩安装后，沿车钩纵向中心线，以 b 点为基准点，a 点之上翘或下沉量（即 a 点与 b 点的水平高度差）均不得大于 3～5 mm，如图 2-28 所示。

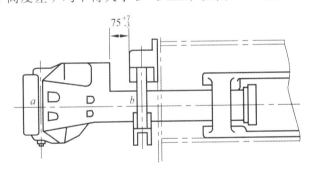

图 2-28 车钩调整示意图

（2）同车前、后车钩中心线高度差不得大于 10 mm。

（3）允许在冲击座和车钩尾框托板处同时或一处调整车钩中心线高，车钩尾框托板与牵引梁下翼缘间加垫板一块，其厚度不得大于 10 mm。冲击座处允许采用翻转车钩托梁或在车钩托梁与冲击座接触面间加一块尺寸为 60 mm×60 mm、厚度不大于 10 mm、中间带有 ϕ24 mm 孔的垫板等方法。

4）连挂与解体

捣固车需要牵引其他车辆或其他车辆需要牵引捣固车时，都需要连挂。在连挂状态，两钩舌中心线应在同一高度上，且两钩舌应可靠地钩住，锁销降下时车钩处于可靠的闭锁状态，牵引力通过车钩传递。

如果捣固车单机运行，或不与其他车辆连挂时就需要解体，解体时拉起提钩，通过提钩链提起锁销。两车钩分离后钩舌张开，这时车钩处于全开状态。

4. 缓冲器

缓冲器的作用是缓和衰减车辆在启动、制动及连接时产生的冲击力，以便提高车辆在运行时的平稳性，延长车辆的使用寿命。目前，我国列车常用的缓冲器是：客车用 1 号缓冲器，货车用 2 号、3 号和 MX-1 型橡胶缓冲器。其中 1 号、2 号和 3 号缓冲器均为弹簧摩擦式缓冲器，容量较小；MX-1 型橡胶缓冲器为橡胶弹簧缓冲式，容量大。捣固车采用的是 MX-1 型橡胶缓冲器。

1）结构组成

MX-1 型橡胶缓冲器的构造如图 2-29 所示。其头部为摩擦部分，由 3 个形状相同并各有倾角的楔块、压块及箱体组成，压块卡装在箱口处，可在箱体内往复移动，其表面均布有 3 个斜锥面，分别与 3 个楔块的倾角接触，压块形状如图 2-30 所示。

楔块的背部靠在箱口内壁上，下部与顶隔板相接触，其外形如图 2-31 所示。缓冲器后部为缓冲和复原部分，由橡胶片、顶隔板、中隔板和底隔板组成。橡胶片两面与平钢板硫化粘靠而成，共 9 片，由两块中隔板分隔成 3 层。底隔板压在与箱体卡合的底板上，其上的两个凸台装于底板上的两个装卸孔中。

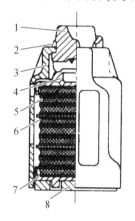

1—压块；2—楔块；3—箱体；4—顶隔板；
5—橡胶片；6—中隔板；7—底隔板；
8—底板。

图 2-29　MX-1 型橡胶缓冲器

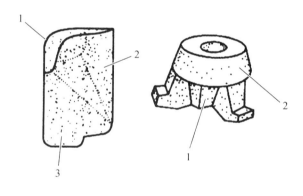

1—斜锥面；2—凸缘。

图 2-30　压块外形图

1—背部；2—斜面；
3—隔板座。

图 2-31　楔块外形图

2）作用原理

当 MX-1 型橡胶缓冲器受压时，压块的斜锥面沿楔块的倾角向内移动，同时产生摩擦，将冲击动能的一部分转变成热能而消失。另外，橡胶片受压后产生弹性变形也吸收一部分能量，使冲击得到缓和及衰减。当外力消失后，橡胶吸收的能量释放，各零件恢复原状。

任务四　认识捣固车司机室、材料车

一、工作任务

通过学习捣固车司机室的构成与材料车的相关知识，能承担以下工作任务：

（1）认知捣固车司机室、材料车的结构及组成。

（2）熟悉捣固车司机室面板上各键、灯的功能。

二、相关配套知识

1．司机室

前后司机室通过橡胶减振器，分别安装于主车架的前后端部。捣固车工作装置多，自动化程度高。作业或运行的所有操纵与仪表监控均集中分布在两个司机室内，其中前司机室主要是线路轨道几何参数自动或手动输入及运行操作，后司机室主要是作业操作、动力传动装置监控以及运行操作。

1）结构特点

（1）安全性。

司机室采用全金属焊接结构。四周侧墙，车顶和底架牢固地组成一整体，形成箱形结构，具有足够的强度和刚度。当遇意外冲击伤害，可借助于整体弹性与塑性变形得到缓冲，减少伤害。宽大的安全夹层玻璃，可防止碎石片飞出伤人。配置了大型的雨刮器、玻璃自动清洗器和除霜装置，确保雨天或寒冷天气的行车瞭望。室内空间尺寸、扶手.护杆的设计符合人机工程的要求。

（2）操作性。

司机室所有操作均为坐姿操纵，操作范围半径为 500 ~ 700 mm，显示面板与操作者的视线基本呈直视，可减少读数误差。部分仪表刻线盘采用色彩显示。操作元件由电气开关、气动开关和液动开关等组成，操纵省力轻便。配有弹性可调座椅，可以根据操作者的体形调节操作距离，提高操作效能。

（3）舒适性。

司机室具有良好的隔音、减振、防漏水性能。室内噪声不大于 80 dB。车顶通风天窗采用透明玻璃，可提高室内采光。配置了顶置式空调设备和空气加热器。夏季室温可保持 25 ℃，冬季为 23 ℃。

2）结　构

前后司机室结构尺寸和形状是不相同的，但基本构造是相似的，如图 2-32 和图 2-33 所示，由车顶 1、侧墙 2、前后壁 3、车门 4 和底架 5 等组成，采取分板块制造。先把面板按图样尺寸、形状折弯成型，然后在面板上直接焊接纵向梁和各框架

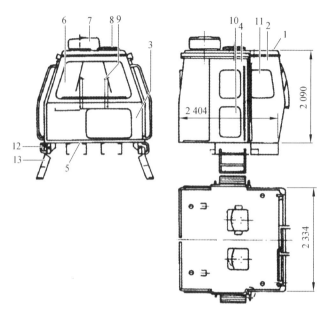

1—车顶；2—侧墙；3—前后墙体；4—车门；5—底架；6—前风挡玻璃；7—空调器；
8—天窗；9—雨刮器；10—车门玻璃；11—侧墙玻璃；12—扶手；13—梯子。

图 2-32　前司机室外形图

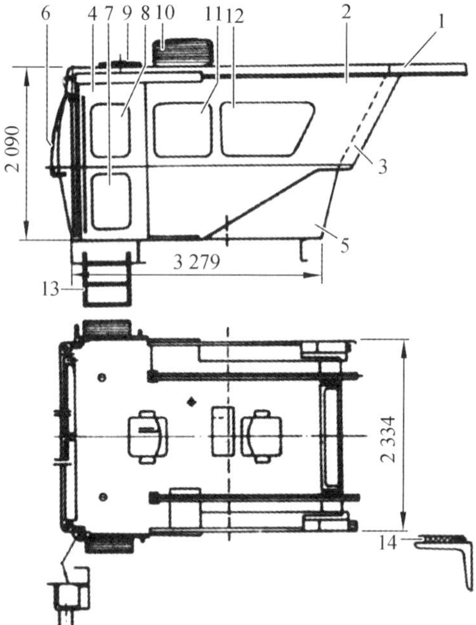

1—车顶；2—侧墙；3—前墙壁；4—车门；5—底架；6—雨刮器；7—车门玻璃；
8—车门活动玻璃；9—天窗；10—空调器；11，12—侧墙玻璃；
13—梯子；14—橡胶垫块。

图 2-33　后司机室外形图

横梁组成车顶部件。上述各部件预制完成后，进行整体拼装焊接成型。这种结构方式可以减少总体焊接产生的扭曲变形，所有部件焊接变形发生在单元体上，易于采取控制措施；有利于提高质量，把整体空间构架的仰焊和立焊，通过单元部件的翻转，变成平焊操作；可以采用模具化批量生产。

墙体结构见图 2-34。面板 1 与框架 2 的空间填充厚度 50 mm 阻燃泡沫塑料 3，内壁 4 为阳极氧化乳白亚光铝板网，是按声学原理研制的材料，穿孔率 40%，消声量为 4 ~ 8 dB。由于面板 1 是金属板材，铺设面积较大，当受到外部激振时易产生共振。橡胶板 5 在面板内表面粘贴不少于总面积的 50% 达到减振的目的。

3）控制仪表盘分布

捣固车的运行及作业的操纵手柄、按钮、开关及各种显示仪表均分布安装在前后司机室内，图 2-35、图 2-36 分别是 DCL-32K（即国产化 D09-32 的网络版）捣固车的前后司机室内操作台的分布图。

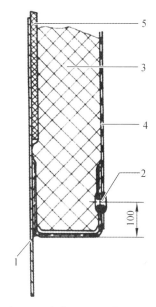

1—面板；2—框架；3—阻燃泡沫塑料；
4—内壁；5—橡胶板。

图 2-34　墙体结构图

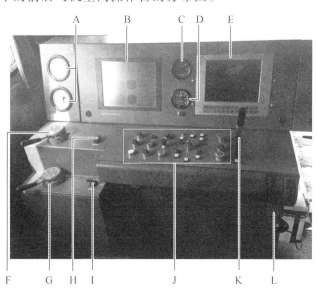

A—双针压力表；B—前行车显示器；C—发动机转速表；D—行车速度/里程表；E—运监显示器；
F—前行车大闸；G—前行车小闸；H—紧急制动按钮；I—主辅机转换开关；
J—前司机室面板；K—麦克风；L—前行车挂挡盒。

图 2-35　D09-32 前司机室操作台

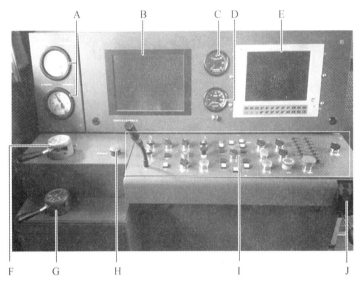

A—双针压力表；B—行车显示器；C—发动机转速表；D—走行速度/里程表；E—运监显示器；
F—制动系统大闸；G—制动系统小闸；H—紧急制动按钮；
I—后司机台面板；J—后行车挂挡盒。

图 2-36　D09-32 后司机室操作台

作业系统分二号位作业系统和一号位作业系统，二号位主要是前端作业输入，一号位主要是各种作业操作。二号位前端作业操作台如图 2-37 所示。一号位 B2 箱主要是作业装置的相关输入，包括常用开关按钮及按键输入，如图 2-38 所示。一号位 B19 箱主要是作业装置的相关输入，包括常用开关按钮及按键输入，如图 2-39 所示，其中显示模块是系统主控显示模块，网络系统各种操作均在此屏幕上操作。

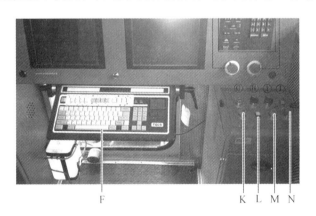

A—TGCS_CAN 显示器；B—前端作业显示器；C—前端作业输入键盘；D—前端偏移输入旋钮；
E—基本起道量给定旋钮；F—TGCS_CAN 键盘；G—停机按钮；H—前作业照明开关；
I—室内照明开关；J—记录仪启动开关；K—电喇叭开关；L—通话按钮；
M—风喇叭按钮；N—紧急停机按钮。

图 2-37　二号位作业操作台

1—距离修正电位器；2—调节作业速度的电位器；3—捣固头控制开关，在左位时手动提升，
中位和右位时捣固头自动控制；4—系统开始按钮；5—正常停机按钮；
6—作业位雨刷、喷水开关；7—作业怠速/作业转速开关；
8—作业显示屏。

图 2-38 一号作业位 B2 箱操作台

1—紧急停机按钮；2—夹持压力调节电位器；3—作业速度调节电位器；
4—液压系统总开关；5—气动总开关；6—作业电源开关；
7—麦克风；8—主控显示屏。

图 2-39 一号作业位 B19 箱操作台

2．材料车

材料车是捣固车的辅助车辆，是装载易损配件、油脂及工具的，它也是安装 A 点检测小车的基础。材料车采用平面框架式结构，牵引箱结构与主机前端相似。矩形管型材组焊成的人字形的中纵梁贯通整个车架，两侧边纵梁为槽钢，中纵梁（牵引梁）前端为变截面且伸出，并装有与主车架连接的关节轴承，便于与主车铰接。材料车车架的主要承载体就是中梁和边纵梁，并且它们在横向是结构对称的（见图 2-40）。

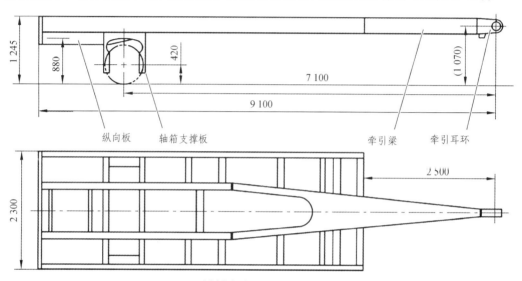

图 2-40　D09-32 材料车车架基本结构图（单位：mm）

车架上焊有车厢[M]板，采用东风 140 汽车金属车厢板，两侧可以放下，便于装货，车厢内铺木地板。材料车后部设有过道，两侧焊有车梯和扶手，中部焊有安装激光发射小车的支架，及其他辅助设施。

材料车后部安装有 A 点检测小车，用平行杆铰接在车架上。同样，材料车上焊有气缸支座，与垂直加载气缸、横向预加载气缸相铰接。

任务五　制动机试验步骤及要点

一、工作任务

通过学习制动机试验步骤及要点知识，能承担以下工作任务：

（1）掌握捣固车制动机试验步骤。

（2）明确捣固车制动机试验要点。

二、相关配套知识

1. 制动机性能试验目的

制动系统在大型养路机械中属于 A 类总成，是危及行车安全的重要装置。为保证捣固车机械制动系统技术状态良好，应按国铁集团有关检修规程、规则、规定对 YZ-1 型空气制动机进行定期检修和机能试验等工作。机能试验包括对 YZ-1 型空气制动机组成中各主要零部件的性能试验；YZ-1 型空气制动机综合的性能试验；以及大型养路机械制动系统的单机性能试验。对制动机主要零部件的性能试验及综合性能试验是在 YZ-1 型制动机试验台上进行的，而单机性能试验则在大型养路机械上进行。单机性能试验是综合检查、验收大型养路机械制动系统是否合格的依据。

在捣固车出库作业前，必须完成 YZ-1 型空气制动机综合的性能试验。本试验在捣固车起机后进行。

2. 试验前要求

对 D09-32 型连续走行捣固车的空气制动机进行性能试验，请认真阅读试验前的要求：

（1）制动机的主要阀类部件应按照技术文件及图纸要求在地面试验装置或制动机试验台上单件性能试验合格。

（2）制动机的全部零部件以及有关附件应全部在大型养路机械上安装完毕。

（3）试验中，观察制动机压力变化所用的压力表按有关规定进行校核并铅封。

（4）制动机的性能试验，列车管定压为 500 kPa。

（5）试验前，应确认柴油机附带的空气压缩机工作正常。

（6）试验中，使用"非操作端司机室大闸"或"非操作端司机室小闸"在缓解位对制动机进行缓解时，必须在制动机完全缓解后，才能进行下一步试验。

（7）双端操纵的大型养路机械制动性能检查时，各种性能均应在两个操纵端分别进行试验检查。

3. 制动机性能试验步骤及要点

1）供气系统性能试验

（1）压力调节器的压力控制检查。

空气压缩机启动后，总风缸压力逐渐上升。总风缸压力升至 720 kPa 时，压力调节器、压力控制器的排气口开启向外排风，总风缸压力不再上升。当用风后，总风缸压力下降。待总风缸压力降至 660 kPa 时，压力调节器、压力控制器的排气口关闭，停止向外排气，总风缸压力不再下降并开始回升，直到压力上升到 720 kPa 后又重复上述动作。

（2）空气干燥器的压力控制检查。

空气压缩机启动后，总风缸压力逐渐上升。总风缸压力升至（720±20）kPa 时，空气干燥器滤清筒下的排风口开启向外排气，总风缸压力不再上升。当用风后，总风缸压力下降。待总风缸压力降至（620±20）kPa时，空气干燥器滤清筒下的排风口关闭，停止向外排气，总风缸压力不再下降并开始回升，直到压力上升到（720±20）kPa后又重复上述动作。

（3）总风缸管系泄漏检查。

启动空气压缩机，待总风缸压力达到最高压力720 kPa后，停止空气压缩机转动。此时，观察总风缸压力变化，3 min内总风压力下降不得超过20 kPa。

2）小闸制动性能试验

（1）缓解状态下各压力值检查。将大闸手把放在缓解位，小闸手把放在运转位：

① 总风缸压力为720 kPa。

② 均衡风缸压力为500 kPa。

③ 列车管压力为500 kPa（允许与均衡风缸压力差不大于10 kPa）。

④ 制动缸压力为零。

（2）制动性能及制动压力泄漏量检查。

① 将小闸手把由运转位移至制动位，制动缸压力由零升至340 kPa的时间不大于4 s，制动缸最高压力为360 kPa。

② 制动缸压力升至最高后，将小闸手把从制动位移至保压位，测定制动压力泄漏量每分钟不大于10 kPa。

（3）缓解性能检查。制动缸压力达到最高压力后，将小闸手把由制动位移至缓解位，制动缸压力由360 kPa降至35 kPa的时间不大于5 s。

（4）阶段制动、阶段缓解性能检查。将小闸手把在保压位与制动位间移动，阶段制动作用应稳定。

（5）单缓性能检查。小闸制动后移回保压位，下压手把，制动缸压力应即刻开始下降，并能缓解至零；停止下压手把，制动缸压力停止下降。

3）大闸性能试验

（1）缓解状态下各压力值检查。将大闸手把放在缓解位，小闸手把放在运转位：

① 总风缸压力为720 kPa。

② 均衡风缸压力为500 kPa。

③ 列车管压力为500 kPa（允许与均衡风缸压力差不大于10 kPa）。

④ 制动缸压力为零。

（2）常用制动性能及制动缸泄漏量检查。

① 将大闸手把由缓解位移至制动位，均衡风缸压力由500 kPa降至360 kPa的时间为5~7 s。

② 制动缸由零升至最高压力340~380 kPa的时间为6~9 s。

③ 制动缸压力升至最高后，将大闸手把从制动位移至保压位，测定制动缸压力泄漏量每分钟不大于10 kPa。

（3）缓解性能及均衡风缸、列车管泄漏量检查。

① 将大闸手把从制动位移到缓解位，均衡风缸压力由零升至 480 kPa 的时间为 5 ~ 7 s。

② 列车管压力紧随均衡风缸压力上升，允许与均衡风缸压力差不大于 10 kPa。

③ 制动缸压力由最高值缓解至 35 kPa 的时间为 5 ~ 8 s。

④ 待完全缓解后，将大闸手把从缓解位移至保压位，测定均衡风缸压力下降每分钟不大于 5 kPa，列车管压力下降每分钟不大于 10 kPa。

（4）阶段制动性能及最大减压量检查。将大闸手把在制动位与保压位间移动，施行阶段制动。阶段制动作用应稳定，列车管减压量与制动缸压力值应符合表 2-1 中的规定。

列车管最大减压量为 140 kPa，此时制动缸的压力应达到最高值。

表 2-1　列车管减压量与制动缸压力值关系

列车管定压 500 kPa		
列车管减压量/kPa	40 ~ 50	100	140
制动缸压力/kPa	90 ~ 130	240 ~ 270	340 ~ 380

（5）大闸制动后的单独缓解性能检查。大闸制动后，手把移至保压位，下压手把，制动缸压力应即刻开始下降，并能缓解至零；停止下压手把，制动缸压力停止下降。

4）紧急制动性能试验

（1）缓解状态下各压力值检查。将大闸手把放在缓解位，小闸手把放在运转位：

① 总风缸压力为 720 kPa。

② 均衡风缸压力为 500 kPa。

③ 列车管压力为 500 kPa（允许与均衡风缸压力差不大于 10 kPa）。

④ 制动缸压力为零。

（2）紧急制动性能检查。

① 打开紧急制动阀，应产生以下紧急制动作用：

a. 列车管压力由 500 kPa 下降到零不大于 3 s。

b. 制动缸最高压力应限制在（450 ± 10）kPa，且安全阀动作。

c. 制动缸压力由零升至最高压力的时间为 6 ~ 9 s。

② 在操纵紧急制动阀产生紧急制动作用的同时，将大闸手把由缓解位移至保压位，待紧急放风阀紧急室内压力空气排尽后，关闭紧急制动阀，再移大闸手把回缓解位，实现紧急制动后的缓解，此时：

a. 均衡风缸充风至 500 kPa。

b. 列车管充风至 500 kPa。

c. 制动缸压力从 450 kPa 缓解至零。

任务六 捣固车整备检查步骤

一、工作任务

通过学习捣固车整备检查，能承担以下工作任务：

（1）能按要求完成出乘准备。

（2）能完成整备作业全部步骤。

二、相关配套知识

1．出乘作业

担当乘务工作的运行司机出乘前必须充分休息，班前 24 h 内休息时间不得小于 6 h，严禁饮酒。

出乘人员按时参加班组分工会，听取传达安全注意事项，明确本次出车的整体作业任务与要求，补充完善行车安全预响应措施，车队长编制一施工三方案和出车单，车间干部审核，出车前派发录音笔和视频存储 U 盘。出乘人员应按照"出车前准备工作时间不少于 1 h"的要求，至少提前 1 h 到岗。按规定整洁着装，佩戴司机姓名牌、星级铭牌等标识。在出车准备工作前由车队长开展班前安全教育和任务交底，交付司机自轮运转特种设备出车单。机班应携带工作证、铁路机车车辆驾驶证、岗位培训合格证，相关规章技术资料上岗。高速铁路还须配备 GSM-R 作业手持终端。

2．整备作业

整备作业就是出车前的准备工作，由机组人员在规定的时间内完成。整备作业的范围包括：燃油、机油、液压油等的补充，随车备品的准备，以及制动机等系统的性能试验。当班正副司机上车开启录音笔，按规定对录音文件进行语音报头。

列车检修人员携带检车工具列检锤和手电筒，根据分工开始进行车辆的静态及启动后的全面检查，静态检查包括：

（1）检查各照明灯、雨刮器完整，瞭望窗玻璃无破损；检查车钩、钩舌、钩耳无裂纹、钩舌销无弯曲；开口销良好，车钩开关灵活、三态（闭锁、开锁、全开）作用良好，车钩中心水平线到钢轨顶高度应为 815～890 mm，安装座螺栓无松动，检查制动软管无裂纹老化，卡子无松动、胶圈完整，折角塞门及制动软管安装牢固、无泄漏、防尘堵及安全链安全。

（2）检查各工作装置处于锁定位，锁定装置安装座螺栓无松动、焊缝无裂纹，安全链条悬挂有效。

（3）检查制动系统制动拉杆、闸瓦托作用良好；各穿销润滑充分、开口销完好，闸瓦缓解间隙 5～10 mm，闸瓦厚度不小于 17 mm，需要找时必须同一轴上全部更换；

检查轮对踏面无擦伤；检查车轴齿轮箱安装吊杆调节螺栓、减振座良好（见图 2-41），减振弹簧无断裂，螺栓紧固，开口销完好，车轴齿轮箱测量充足且无漏油；底座、油位螺堵、放油堵齐全。

图 2-41　检查车轴齿轮箱

检查传动系统力向节总成，化键轴总成润滑到位状态良好、螺栓无松动；安全托架牢固；分动箱、减速箱安装牢固、油量充足且无漏油；检查各走行马达安装牢固且处于脱离位。

（4）检查发动机机油油箱、液压油箱、燃油箱油量充足；发电机安装牢固、皮带松紧度符合规定。

燃油、各润滑油、液压油的整备

（5）检查各液压泵位置处于"离"位。

（6）检查车辆随机配备的安全备品、随车工具、灭火器、救援设备数量够、状态好。

随机配备的工具与备品如表 2-2 所示。

（7）检查拖车（即材料车）材料备品摆放牢固无偏载。

（8）检查驾驶室操纵台各仪表、风表、速度表、指示灯完好；挂挡盒、变矩器钥匙、作业主开关、作业风门开关等各类开关位置正确。

（9）做好主、从操纵阀风阀转换及非操纵端处理。

（10）检查 GYK、机车信号、列车无线调度通信设备检测合格证、车辆年检合格证齐全有效，GYK 数据版本正确。

按规定启动发动机（按启动步骤启动，此处略），再次确认各仪表、警示指示灯、照明、雨刷动态显示正常；开启 GYK 监控装置、列车无线调度通信设备及视频监控装置，司机按要求对 GYK 装置进行参数设置，GYK 参数设置应执行"一人输入一人复核"制度，并在视频监控装置上进行出勤指纹录入。负责人在视频监控下对司机进行酒精测试并做好登记，酒精测试具体实施细则按段相关标准执行。

表 2-2　DCL-32 型连续走行捣固车随机配备工具、备品

类别	序号	名称	数量	备注	类别	序号	名称	数量	备注
防护用品	1	信号灯	2	红、白、黄显示	检修工具	22	电烙铁	1	24 V、35 W
	2	信号旗	2	红、黄各 1 面		23	数字万用表	1	自动量程
	3	响墩	3			24	电路板加长板	1	带测量触点
	4	火炬信号	3			25	钢卷尺	1	2 m
	5	手电筒	5	带电池		26	游标卡尺	1	
	6	止轮器	2	铁鞋		27	水平测量尺	1	
	7	复轨器	1	每个机组配 1 套		28	铁锤	1	8 磅
	8	多级油缸顶升器	1	用于捣固装置应急提升		29	手摇抽油泵	1	
	9	安全帽	6			30	加油漏斗	3	不得混用
	10	雨衣	6			31	小加油壶	1	
消防用品	11	消防尖斧	1	GF285		32	挡圈钳	1	175 mm
	12	灭火器	2			33	管钳	2	450 mm×60 mm
检修工具	13	检查锤	1	0.3 kg		34	活动扳手	4	450 mm、375 mm、320 mm、250 mm 各 1 把
	14	带柄手锤	4	1 kg、3 kg 各 2 个		35	内六角扳手	1	1 套
	15	铜棒	1			36	双头开口扳手	1	1 套
	16	剪刀	1			37	梅花扳手	1	1 套
	17	电工刀	1			38	套筒扳手	1	1 套
	18	电工钳	1	180 mm		39	棘轮扳手	4	350 mm、220 mm 各 2 把
	19	剥线钳	1	180 mm		40	套丝工具	1	1 套
	20	钢丝钳	2	160 mm		41	丝锥工具	2	1 套
	21	尖嘴钳	1	160 mm		42	一字螺丝刀	6	3 mm×150 mm、3 mm×200 mm、126 mm×50 mm、613 mm×150 mm、8 mm×200 mm、9 mm×250 mm 各 1 把

类别	序号	名称	数量	备注	类别	序号	名称	数量	备注
检修工具	43	十字螺丝刀	6	3 mm×150 mm、3 mm×200 mm、6 mm×150 mm、6 mm×200 mm、8 mm×200 mm、9 mm×250 mm 各 1 把	检修工具	53	千斤顶	4	2 t、10 t 各两个
	44	扁锉	1	300 mm		54	手拉葫芦	2	5 t
	45	圆锉	1	250 mm		55	撬棍	6	500 mm 两根、1 200 mm 4 根
	46	半圆锉	1	250 mm		56	安全绳	4	1 m、3 m 各 2 根
	47	三角锉	1	200 mm		57	枕木头	4	500 mm
	48	钢锯弓	1	300 mm	随车工具	58	油管堵头	1	1 套
	49	扁錾	1	200 mm		59	油管堵帽	1	1 套
	50	尖錾	1	200 mm		60	熔断器	30	6A、8A、10A 各 10 个
	51	冲子	2			61	轨温表	1	
	52	冲头	4						

总风缸压力达到 600 kPa 以上，制动管压力达到（500±20）kPa 时松开手制动机并确认（见图 2-42、图 2-43），按要求对车辆两端 GYK 监控装置进行信号自检、常用自检、紧急自检、键盘自检。

图 2-42　检查总风缸、制动管压力

图 2-43　松开手制动机并确认

3．YZ-1 型空气制动机性能试验

本环节空气制动机性能试验即任务四，可按任务四步骤进行，也可按以下步骤进行试验。

（1）漏泄试验。

① 待制动系统充风后（约 1 min），将自动制动阀手柄置于保压位（见图 2-44），保压 1 min，列车管下降不超过 10 kPa。

图 2-44　自动手柄置于保压位

② 用自动制动阀施行 50 kPa 的列车管减压，保压 1 min，列车管压降不超过 10 kPa。

③ 用单独制动阀施行 340 kPa 的制动，保压 1 min，制动缸压降不超过 10 kPa。

④ 总风泄漏检查：总风压力达最高压力后，风泵停转检查总风泄漏，3 min 内，总风压降不超过 20 kPa。

（2）待制动系统充满风后，用自动制动阀施行 50 kPa 的减压，机组中所有机械应产生制动作用，制动缸压力达 400 ~ 700 kPa（见图 2-45）。

图 2-45　制动缸压力 400～700 kPa

（3）待制动系统充满风后，用自动制动阀施行 140 kPa 的减压，机组中所有机械不应发生紧急制动作用，制动缸压力升为 340～360 kPa，时间为 6～9 s；制动缓解时，制动缸压力降至 40 kPa 的时间不大于 8 s。

（4）待制动系统充满风后，拉紧急制动阀进行紧急制动。列车管自定压下降至零的时间不大于 3 s，制动缸压力应升至 420～460 kPa，制动缸升压时间不大于 9 s。

（5）用单独制动阀施行制动，制动缸压力由零升至 340 kPa 的时间不大于 4 s，最终压力为 360 kPa；缓解时，制动缸压力缓至 40 kPa 的时间不大于 5 s。

（6）用旁路制动开关施行制动，制动缸压力由零升至 340 kPa 的时间不大于 4 s，最终压力为 360 kPa；缓解时，制动缸压力缓至 40 kPa 的时间不大于 5 s。

（7）均衡风缸压力由零升至 480 kPa 的时间为 5～8 s。

（8）检查液压制动性能正常。

（9）检查驻车制动性能正常。

制动机试验过程中，副司机应下车检查各轮对制动缓解情况，闸瓦间隙及活塞行程，确认状态良好。换室操纵时机车应制动保压 300 kPa 及以上。整列整备好后，进行全列车组制动机试验。整备完毕后，符合出车条件，司机应使自轮运转设备保持制动状态。闸缸压力不少于 300 kPa，副司机撤除防护及铁鞋防溜。防溜撤除后应确认铁鞋、停车警示牌、手制动警示牌指示状态正确，并向班组负责人汇报，及时填写防溜使用登记簿及司机手册。至此，已完成捣固车的整备检查，捣固车已可出库作业。

 复习思考题 >>>

1. 对照捣固车照片，指出其各部分的名称。
2. 简述捣固车整备检查全流程。
3. 用简图分别表达出 D09-32 型连续式捣固车低速走行、高速走行系统的传动线路。
4. 简述捣固车转向架的作用与组成。
5. 简述捣固车的制动机试验步骤及要点。

项目三 捣固车驾驶 ▶▶▶

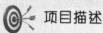 **项目描述**

通过上两个项目的学习，我们对捣固车有了比较全面的了解，并根据项目 2 的内容，完成了出车前的检查。下一步，我们将驾驶捣固车到达作业地点，准备下一阶段的捣固车作业。在本项目中，我们将在对柴油发动机、动力传动系统、制动系统、轨道车运行控制设备（GYK）系统、机车综合无线通信设备（CIR）系统学习、掌握的基础上，完成第一次驾驶出车。

拟实现的教学目标

1. 能力目标
（1）能正确识别捣固车柴油发动机的各部分。
（2）能厘清捣固传动系统的工作路线与原理。
（3）能利用制动系统来完成对捣固车的制动。
（4）具备根据 GYK 系统来规划行程的能力。
（5）熟悉 CIR 系统运用与维护。

2. 知识目标
（1）掌握捣固车柴油发动机的性能与组成。
（2）掌握捣固车传动系统的组成及工作特点。
（3）掌握捣固车制动系统的组成及工作原理。
（4）掌握捣固车 GYK 系统的组成及工作原理。
（5）掌握捣固车 CIR 系统组成及工作原理。

2021 年 7 月，郑州经历了历史上最大的暴雨袭击。暴雨过后，在郑州工务机械段领导要求下，维修二车间党支部书记郭鹏第一时间带领车间骨干到新乡西基地值班，整备设备，为抢险工作做准备。7 月 26 日，车间接到参加郑太高铁抢险施工后，郭鹏由新乡西迅速赶到郑州东动车所，仅用了两个小时时间，就完成了维修二车间抢险人员集结。经过一天两夜的运行，捣固车在 28 日凌晨安全到达焦作西站后，短暂调整，便投入到郑太高铁水害抢险施工中。7 月 30 日，他又带领维修二车间参加了京广线卫辉站抢险施工，经过 3 天连续奋战，圆满完成抢险任务。8 月 3 日，他们再次参加了西陇海关帝庙至巩义东间抢险施工，在施工一线他们成立了车间党员突击队，发挥党支部的战斗堡垒作用，督促党员发挥先锋模范作用，到哪里都是冲锋在前。郭鹏带领车间干部职工出色地完成了此次任务。

在这个案例中，承担着铁路养护工作的捣固车司机驾驶着捣固车奔赴一个又一个目的地进行维修施工。如何安全迅速地驾驶捣固车抵达抢险维修点是我们身为大机人所必须掌握的一项基本工作技能。

任务一　捣固车柴油发动机认知

一、工作任务

通过学习捣固车道依茨柴油发动机，能承担以下任务：
（1）了解捣固车道依茨柴油发动机性能。
（2）掌握捣固车道依茨柴油发动机各组成系统的结构。

二、相关配套知识

1．概　述

柴油发动机是一种压燃的往复式内燃机，它的基本工作原理是使燃油直接在发动机的气缸中燃烧，将燃油的化学能转变成热能，从而生成高温高压的燃气，因燃气膨胀，推动活塞运动，通过曲柄连杆对外做功，将热能转变为机械能。

我国早期引进的 D08-32 型捣固车采用的是德国道依茨公司生产的 B/FL413F 系列中的 F12413F 型柴油机。目前 D08-32 型捣固车，采用的是德国道依茨公司生产的 B/FL513 系列 F12L513 型柴油机，D09-32 型捣固车和 D08-475 型道岔捣固车采用的是 F12L513C 型柴油机。

B/FL513 系列柴油机是在 B/FL413F 系列柴油机基础上的进一步发展和改进。B/FL513 系列柴油机采用新型的燃烧过程，自然吸气式非增压柴油机缸径增大 3 mm，由此保证了在低活塞平均速度和低转速情况下可提供输出较高的有效功率，以及相应的高可靠性和较低的燃油消耗。

道依茨风冷柴油机（见图 3-1）具有外形尺寸小、重量轻、经济性能好、使用可靠、适应性强、安装简单、维护保养方便、容易实现机种变形等优点。尤其是在高温、严寒、干旱等气候条件恶劣的地区使用，都有很好的适应性，实践证明是先进优良的动力装置。

（a）B/FL413F   （b）B/FL513C

图 3-1   道依茨风冷式柴油机

2. 道依茨风冷柴油机机型代号

道依茨风冷柴油机机型代号中的 B 代表采用了增压器的柴油机，不标则表示自然吸气；C 代表增压柴油机的进气管道上安装有中冷器。气缸数前面的 F 代表适于车辆使用的四冲程高速柴油机，气缸数后面的 F 代表气缸直径加大；气缸数前面的 L 代表风冷却方式，气缸数后面的 L 代表加大冲程。

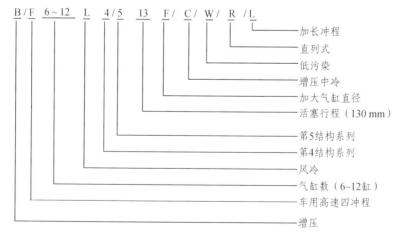

气缸的排列方式分直列式和 V 形两种，机型代号中的 R 代表直列式排列，不标注

表示 V 形排列。风冷柴油机的燃烧形式也有直喷式和两级燃烧式两种，直喷式柴油机用于功率要求较高的设备，两级燃烧式柴油机用于对排放要求较严格的设备，在机型代号中，两级燃烧式用 W 表示，直喷式则不表示。

3．道依茨 BFL513C 型柴油机性能

道依茨 BFL513C 型柴油机由曲轴连杆机构、配气机构、冷却系统、润滑系统、燃油供给系统、电气系统等组成，如图 3-2 所示，其特点为：

（1）高速四冲程、V 形结构、气缸排列夹角是 90°。

（2）直接喷射式斜筒形或 ω 形燃烧室。

（3）采用龙门式曲轴箱及每缸一盖结构，曲轴连杆机构为多支承 3 层合金滑动轴承。

（4）并列连杆和带有 3 道密封环的油冷活塞。

（5）自动调节风量的前置静叶轮压风式水平轴流风扇。

（6）带旋转装置的顶置气门及适应高速运转的配气机构。

（7）有喷油自动提前器的供油系统。

（8）装有火焰加热器并带辅助加温装置的冷启动系统。

（9）后置式斜齿轮驱动机构。

（10）由压油泵、回油泵两组机油泵组成的可以在倾斜路面上工作的湿式油底壳强制循环润滑系统。

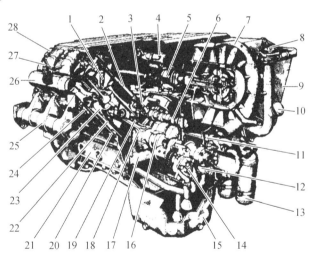

1—喷油器；2—推杆；3—挺柱；4—喷油泵；5—风扇传动箱；6—配气凸轮轴；7—冷却风扇；
8—呼吸器；9—机油散热器；10—加油口盖；11—减振器；12—机油压油泵；
13—机油滤清器；14—机油回油泵；15—油底壳；16—曲轴；17—主轴承盖；
18—连杆；19—活塞油冷喷嘴；20—缸体螺栓；21—曲轴箱；22—气缸体；
23—活塞；24—气缸盖；25—排气管；26—进气管；
27—火焰加热塞；28—气门盖。

图 3-2　道依茨 BFL513C 型柴油机构造

道依茨 BFL513C 型柴油机的主要技术性能如表 3-1 所示。

表 3-1　BFL513C 型柴油机的主要技术性能

气缸数		12
气缸排列		V 形 90°
缸径×行程/mm		125×130
气缸容积/L		20.074
持续功率（按 DIN6270）/kW		245
间断作业	功率（按 DIN6270）/kW	256
	转速/(r/min)	2 300
车用	功率（DIN70020）/kW	282
	转速/(r/min)	2 300
最大扭矩/N·m		1 335
转速/(r/min)		1 400
最低怠速/(r/min)		600
最低燃油消耗率/[g/(kW·h)]		208
压缩比		16.7

4．道依茨 BFL513C 型柴油机润滑系统

柴油机润滑系统的功用是把清洁、带压力和温度适宜的润滑油送至各个传力零件的摩擦表面进行润滑，使柴油机的各个传力零件的摩擦表面进行润滑，使柴油机的各个传力零件能正常地工作。润滑系统有润滑作用、密封作用、净化作用、冷却作用、防锈作用等功能，是发动机上比较重要的组成结构，关系到发动机能否正常工作。

道依茨 BFL513C 型柴油机的润滑系统由压油泵、回油泵、机油散热器、机油粗滤器、机油精滤器、各种阀门（包括带温度调节器的旁通阀、主油道压力阀等）以及管道组成。

道依茨 BFL513C 型柴油机润滑系统的特点：

（1）机油压力比较稳定。

在柴油机工作转速范围内，机油压力比较平稳，一般为 200～400 kPa。油压比较稳定的原因是柴油机的主油道内设有限压阀，同时机油泵的流量比较大，限压阀的压力选择得较低，通过分流一部分机油来达到稳定油压的目的。

（2）采用高速齿轮式机油泵。

机油泵的作用是升高机油压力，强制地将机油压送到柴油机各摩擦表面去，使机油在润滑系统中循环，齿轮式机油泵工作可靠、结构简单。

当柴油机在标定转速 2 500 r/min 时，回油泵转速为 3 500 r/min，压油泵转速为 3 281.25 r/min，相应的最高线速度为 7.5 m/s，机油流量为 140 L/min。

（3）对机油品质要求高。

柴油机用机油是在高温（一般为 120 ~ 130 ℃）、大负荷、高速度的条件下工作，因此，机油质量的好坏对柴油机使用寿命影响极大。

由于热负荷高，机油温度又较高，油底壳的机油容量（约 20 L）小而机油的循环量却很大（约 137 L/min），因此应采用热安定性好、黏温变化小的高质量机油。机油的更换周期为 100 ~ 120 h。

选择机油的原则：一是黏度适当；二是冬季和夏季不同，南方和北方不同。冬季，选择黏度小的机油；夏季，选择黏度较大的机油，才能保证良好的润滑，减少机油消耗，如表 3-2 所示。

表 3-2　不同季节使用的机油

季节	环境温度	B/FL513 系列
夏季	< 25 ℃	11 号中增压机油
	> 25 ℃	14 号中增压机油 40CD
冬季	− 30 ~ 0 ℃	11 号中增压机油 30CD 寒区中增压机油
	− 30 ~ + 30 ℃	严寒区中增压机油

注：40CD、30CD 是美国 API 分类标准的 CD 级柴油机油。11 号、14 号中增压机油是兰州炼油厂生产的机油牌号。

（4）采用全流式粗滤器与分流式精滤器。

机油粗滤器为全流式并联，可更换滤芯的纸质滤清器，能去除机油中较大颗粒的机械杂质，流通阻力较小。安装在机油散热器与主油道之间，其过滤精度为 5 ~ 15 μm。离心式精滤器就是风扇液力耦合器罩盖，安装在机油泵的并联油路上，能够较彻底地除去机油中的机械杂质和氧化生成的胶化物。净化后的机油由此进入液力耦合器泵轮，经涡轮再流回油底壳。

（5）密封良好。

广泛采用耐油、耐温性能好的橡胶密封元件，拆装简单，密封可靠，但对橡胶元件的品质要求较高。除此之外，还大量使用多种牌号的密封胶，有效防止机油泄漏，确保风冷柴油机特别是散热片部位的清洁。

（6）内油道结构。

采用内油道结构，并大量地集中到附件托架及单独装配到曲轴箱体的挺柱座上。主油道油管与挺柱座油管是采用压入无缝钢管得到的，这样可有效地防止油管的漏损，使曲轴箱体加工大为简化，同时铸件的成品率提高，但附件托架、挺柱座的加工、铸造较为复杂。

（7）多种润滑方式并存。

根据各处润滑强度和要求的不同，分别采用了压力、间歇、飞溅3种供油方式，并广泛采用内油道，达到了合理的润滑。如曲柄连杆机构的零件，特别是主轴承和连杆轴承；承受的负荷很大，而且又是交变载荷，相对运动速度也很大，因此需要强烈的压力润滑；活塞与气缸壁之间润滑不能过强，以免过多的润滑油进入燃烧室，因此采用飞溅润滑；配气机构受载较轻，采用了间歇润滑；增压器与喷压泵的转速和负荷均较高，采用压力润滑；连杆小头、活塞销、传动齿轮等则采用了飞溅润滑。

5. 道依茨 BFL513C 型柴油机燃油供给系统

柴油机燃油供给系统的功用是按照柴油机工作过程的要求，定时、定量地顺序地向各缸燃烧室内供油，并使燃油良好雾化，与空气形成均匀的可燃性混合气，并自行着火燃烧，把燃油中含有的化学能转变为机械功，以实现柴油机在功率、扭矩、启动及怠速等方面的要求，使柴油机能连续、正常地工作。

道依茨 BFL513C 柴油机的燃油供给系统如图 3-3 所示，由燃油箱、输油泵、喷油泵、调速器、喷油提前器、喷油器、柴油滤清器等组成。

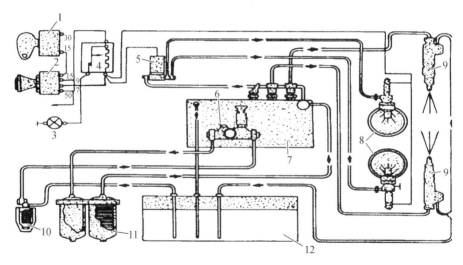

1—带钥匙的开关；2—加热启动开关；3—加热指示灯；4—加热电阻；5—电磁阀；
6—输油泵；7—喷油泵；8—火焰加热塞；9—喷油器；10—燃油粗滤器；
11—两级燃油滤清器；12—燃油箱。

图 3-3　燃油供给系统工作示意图

（1）喷油泵。

喷油泵采用德国博世（Bosch）集团的 PE-P 型泵。该泵为直列柱塞泵，由高压泵凸轮轴直接驱动。低压柴油泵供油压力为 0.2 MPa，高压泵供油压力为 17.5 MPa。

PE-P 型高压泵主要由 12 个单元柱塞泵、油量调节机构、传动机构及泵体等组成。喷油泵由曲轴后端斜齿轮驱动，传动平稳，供油准时正确。

（2）调速器。

喷油泵配有德国博世生产的 RQV 型机械式调速器，调速器装在喷油泵一端，与高压泵的凸轮轴相连接。它的功用是根据柴油机工况自动调节供油量，限制柴油机在一定转速范围内工作，并起稳定转速的作用。

柴油机工作时，负荷往往发生很大变化，如捣固车运行到上坡道，负荷增加，此时，如不及时增加柴油机的供油量，则会造成转速下降；反之，当负荷减小时，如供油量不及时减小，则转速急剧上升，很容易造成飞车事故。柴油机在工作过程中，在负荷变化的情况下，只依靠操作者调节供油量来保持稳定运转是不可能的。为此，必须安装调速器，当负荷发生变化时，能够自动调节供油量，以保持柴油机在一定转速内运转。RQV 型调速器是机械离心式全程调速器。它可以控制柴油机在规定转速范围内任意转速下稳定运转。

（3）喷油提前器。

为了保证柴油机在各种转速下都有最佳供油提前角，在喷油泵传动系统中设置了喷油提前器。喷油提前器是按照柴油机转速变化自动调节喷油时间的装置。

发动机在工作中，如果采用一个固定不变的提前角供油，就会出现高速性能好，低速性能差，或者保证了低速性能，就会出现高性能不良的矛盾。因为，喷油提前角与发动机的转速有关。严格地说，应该每个转速都有其适当的提早供油角度。喷油提前器的作用就是使喷油角度随发动机转速上升而提前，保证高速时点火不致延迟，使燃烧完全；低速时提前角减小，可改善启动性能和低速稳定性。

BFL513C 柴油机采用机械离心式喷油提前器。其调节角度为 0 ~ 7° 曲轴转角，提前作用转速为 1 200 ~ 2 650 r/min，调节开始速度为 1 100 ~ 1 300 r/min。

（4）喷油器。

BFL513C 柴油机的喷油器为长形孔式喷油器，喷油器又称为喷油嘴，它将高压油泵来的燃油以雾状形态喷入燃烧室，使燃油在燃烧室与空气形成良好的混合气，结构如图 3-4 所示。

来自高压油泵的高压柴油经过缝隙式滤清器进入喷油嘴的油孔，通过接合座油孔进入针阀体的汇油槽。当油压达到（23.5 + 8）MPa 时，针阀克服弹簧的张力开启，燃油喷入燃烧室。针阀开启程度受到接合座下端面限制。从针阀偶件颈部漏泄的油经喷油嘴体上的回油孔回油。

喷油嘴用叉形压板、装在缸盖安装孔中。在实际使用中的柴油常常混入不少灰尘和杂质，这对供油系统中的精密配合件十分有害，影响供油系统正常工作。因此，进入高压油泵的柴油必须经过滤清器过滤。

（5）柴油滤清器。

柴油滤清器有粗滤器和精滤器两种，粗滤器为金属网式，可以清洗后重复使用，其结构为杯式。

柴油精滤器为串联复式滤清器，柴油首先经过第一级毛毡芯滤清，然后通过油道进入第二级纸滤芯，二次滤清后的柴油进入高压油泵。

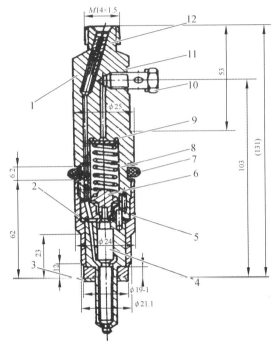

1—喷油嘴体；2—紧帽；3—密封垫圈；4—喷油嘴偶件；5—接合座；6—推杆；7—密封圈；
8—弹簧；9—调整锤；10—回油空心螺栓；11—垫圈；12—缝隙式滤清器。

图 3-4　喷油嘴

6．道依茨 BFL513C 型柴油机冷却系统

柴油机工作时，气体燃烧的最高温度可达 2 000 ℃ 左右，使直接与燃烧气体接触的零件如活塞、气缸盖、缸套、气门等强烈受热，如果不采取冷却措施，将会产生一系列严重后果：

（1）在高温下零件的刚度和强度显著下降，以致发生变形和破裂。

（2）零件受热后要膨胀，温度越高，膨胀量越大，以致破坏零件之间的正常配合间隙。如温度过高时出现活塞在缸套中卡死的现象。

（3）润滑油在高温下容易氧化变质，使黏度下降，润滑条件恶化，摩擦和磨损加剧。

（4）气缸内温度过高，新鲜气体受热膨胀，比容增加，使吸入气缸内的新鲜气体重量减少，功率降低。

由此可见，不进行冷却，柴油机就根本不能进行正常工作。但是，冷却过度，柴油机在过冷的情况下工作时，也将产生下列不良后果：

（1）气缸内温度过低，不利于可燃混合气的形成和燃烧，使燃油消耗量增加。

（2）机油黏度大，机件运转阻力增加，因而减少了柴油机的输出功率。

（3）传走的热量增加，转变为机械功的热量减少，造成过高的散热损失。

（4）燃烧后废气中的水蒸气和硫化物在低温时易凝结成亚硫酸，造成零件腐蚀，因此，气缸长期在低温下工作时也很容易被磨损。

综上所述可知，保持温度正常，是保证柴油机良好工作的一个重要条件。温度正常和温度反常（过热和过冷）也是柴油机工作中始终存在的一对矛盾，冷却系统就是要解决这个矛盾，使柴油机始终保持在正常温度下工作。

如图 3-5 所示，道依茨 BFL513C 系列风冷柴油机的冷却系统主要由冷却风扇、机油散热器、中冷器、液压油散热器、排气节温器（或电控节温器）、各种挡风板及缸套、缸盖上的散热片等组成。风扇水平安装在曲轴箱上部气缸排 V 形夹角中间，利用风扇外壳，安装在附件托架上。气缸盖、气缸套、中冷器、机油散热器、前后挡板和顶盖板等组成风压室，冷却风扇产生的冷空气储积在风压室内，并建立起一定的风压室压力。风压室压力按各部件通道阻力的大小分配不同的风量，保证各部件都能得到可靠的冷却。

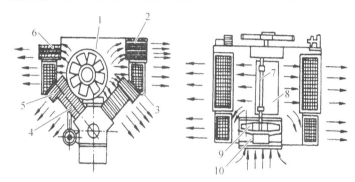

1—风压室；2—液压油散热器；3—机油散热器；4—气缸套；5—气缸盖；
6—中冷器；7—传动轴；8—喷油泵；10—冷却风扇静叶轮。

图 3-5　发动机冷却系统的组成与冷却空气流通图

冷却系统采用了节温器自动调节风量的液力传动高效风扇作为主要冷却手段，并且，为增加散热面积，提高散热效率和确保冷却系统工作可靠，在缸盖、缸套上布置了精心设计的大面积散热片，并布置了冷却空气导流装置、温度监测警报系统等。气缸盖和气缸套迎风面无导流装置，而在背风面设有挡风板，用以调节冷却强度和风量分配。

冷却风扇吸入的冷却空气，经冷却系统中各散热器后，带走散热片上的热量，散发到大气中。冷却空气在柴油机上的流通状况可以从图 3-5 中看出，热气自由地由柴油机两侧排出，或沿一定的排气道排出，以避免排出的热气重新被吸入，形成热循环。道依茨风冷柴油机冷却空气流通路线如下：

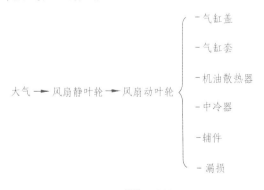

冷却风扇为液力传动轴流式压风风扇。图 3-6 为冷却风扇总成，设计有前置式静叶轮导流装置。前置静叶轮起导流作用，避免冷空气直接吹向风扇叶片，提高风扇效率；同时减少叶轮出口圆周速度的动能，以提高风压力。

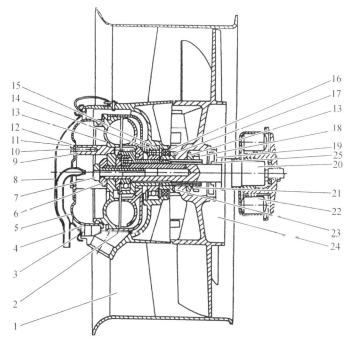

1—风扇静叶轮组合件；2—液力耦合器；3—护罩密封圈；4—滤清器密封圈；5—滤清器罩；
6—耦合器垫；7—驱动轴紧固螺钉；8—风扇护罩；9—定位螺栓；10—螺钉；11—垫圈；
12—滤清器压圈；13—中间环；14—弹性卡圈；15—轴承；16—油封；17—中间套；
18—垫圈；19—自紧油封；20—驱动轴；21—螺母；22—橡胶柱；
23—上密封圈；24—动叶轮；25—油封弹簧。

图 3-6　冷却风扇总成

风扇的传动采用了液力耦合器、胶辊联轴器、钢片法兰盘弹性联轴器等挠性元件，从而解决了柴油机转速变化时，由于风扇转动惯量大，造成风扇传动系统的断轴、打齿等问题。

冷却风扇的传动采用的液力耦合器，与温控阀配合使用可以根据发动机的热状态自动地调节转速。当负荷增加时，排气温度升高，温控阀开度增大，进入液力耦合器的油量增多，风扇转速增高，风量增加，冷却强度增强；反之，当负荷减小时，冷却强度随之减弱。自动调节系统能够根据发动机负荷的变化，自动调节冷却风量，使柴油机始终保持在最佳的热状态。在小负荷时减少驱动风扇消耗的功率，还能提高柴油机的经济性。

风扇液力耦合器如图 3-7 所示，由泵轮、涡轮、外壳和传动轴组成。

在泵轮与涡轮之间注机油，机油是从主油道，流入泵轮与涡轮之间的。当泵轮旋转时，充注在泵轮内的机油顺泵轮内腔做旋转运动，同时随泵轮一起做圆周运动。从泵轮中出来的机油进入涡轮，并顺着涡轮的内腔继续做旋转运动，从而带动涡轮也随着一起旋转传递力矩。涡轮的转速根据充注油量的大小而改变，但其转速总是小于泵轮转速。

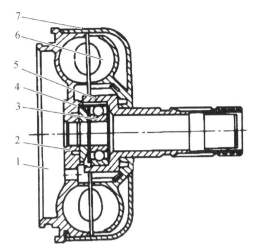

1—泵轮；2—压圈；3—轴承；4—轴承挡圈；5—传动轴；
6—涡轮；7—外罩。

图 3-7　液力耦合器

任务二　捣固车动力传动系统认知

一、工作任务

通过学习捣固车动力传动系统及制动系统，能承担以下任务：
（1）认识捣固车动力传动系统组成。
（2）掌握捣固车传动系统各组成的结构及工作特点。

二、相关配套知识

1．概　述

动力传动系统是指将动力系统（源动机）的运动和力转化为所需的运动方式、力及速度，并传递给最终的走行机构。传动的方式有很多，像常见传动方式有：机械传动、液力机械传动、液压传动和传动等。其传动性能各有优缺点，在实际应用中，则需要根据车辆工作性质和要求的不同选择不同的传动方式。

为了保证线路运输的高效性，铁路大型捣固车是在"天窗"内占用封闭区间进行线路维修作业。同时，为了减少线路封闭后的辅助作业时间，要求捣固车能迅速到达或离开作业地段，所以捣固车必须具有高速行驶的功能。捣固车作业过程中，既要完成进行起道、拨道动作，又要把捣固装置间断式下插道床里。因此，需要具备很大的作业走行动力，同时还要进行频繁的启动和停车。当然，D08系列捣固车是步进式，这里的启动和停车是对于整车而言；D09系列等连续式捣固车，作业过程中需要频繁启动和停车的则换成了作业小车。但总而言之，作业时对动力传动系统的要求是：作业走行速度低，改变走行方向容易，操纵简单。

可想而知，某一种传动系统很难满足高、低速走行两种工况的要求，因此，捣固车具有高、低速走行两套传动系统。高速走行时用到的传动方式为液力机械传动，作业走行时则需要切换为静液压传动。

1）高速走行动力传动系统

（1）D08-32型捣固车。

图3-8所示是D08-32型捣固车的动力传动系统，D08-32型捣固车的高速走行是液力机械传动，即在机械传动系统中加入液力变矩器，使发动机输出的功率通过液力变矩器再传入机械传动系统，大大改善了机械传动的性能。

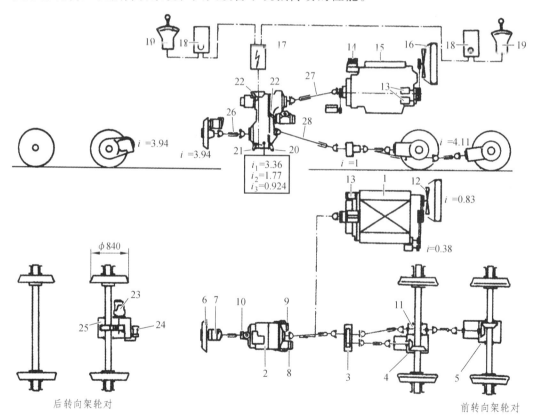

1—柴油机；2—液力机械变速箱；3—分动箱；4、5、25—车轴减速箱；6—减速箱；7、23—油马达；
8、9、10—油泵；11—过桥传动轴；12—液压油冷却风扇；13—发电机；14—空气压缩机；
15—机油散热器；16—液压油散热器；17—电气接线盒；18—控制总开关；
19—变速操纵盒；20、21—走行离合器操纵杆；22—油泵离合器操纵杆；
24—齿轮离合气缸；27、28—传动轴。

图3-8　D08-32型捣固车动力传动系统

液力机械传动与机械传动相比较具有以下特点：

① 能在一定范围内根据行驶阻力的变化，自动进行无级变速，低速时大扭矩，高速时小扭矩，因此，能使发动机经常在选定的工况下工作，能防止发动机过载熄火。这不仅提高了发动机的功率利用率，而且减少了换挡次数。

② 变矩器利用液体作为传递动力的介质，输出轴和输入轴之间没有刚性的机械联系，大大降低了动力传动系统的冲击载荷，提高了机件的使用寿命。根据载重汽车的统计，液力机械传动和机械传动相比，发动机寿命增长 47%，变速箱寿命增长 400%。

③ 由于变矩器具有一定的变速能力，故对同样的变速范围，可以减少变速箱的挡位数。

④ 起步平稳，并可得到任意小的行驶速度，加速迅速、均匀。

⑤ 在任何挡位都可以进行制动，操纵简单，可以实现远程操纵，减轻了司机的疲劳，有利于行车安全。

但与机械传动相比，液力机械传动的缺点是结构复杂、传动效率低。

D08-32 型捣固车的高速走行动力传动系统由液力机械变速箱、分动齿轮箱、传动轴、车轴减速箱、轮对等结构组成。

从图 3-8 中我们看到 D08-32 型捣固车的动力传动系统中包含有许多离合器结构，离合器是传动系统中连接和中断动力的常见结构，驾驶人员需要通过离合器操纵机构使相关离合器结合或断开，才能进行不同工况下传动路线的切换。

捣固车的高速走行有两种工况，即自行高速走行工况和拖挂高速运行工况。自行高速走行时，捣固车传动系统需转换为高速自行工况，具体操作过程：首先把后司机室内的走行工况气动转换手柄置于高速走行位，则齿轮离合气缸（24）动作，脱开辅助作业走行油马达（23）的离合器；作业走行离合器操纵杆（21），使作业走行油马达（7）与变速箱脱开，油泵离合器操纵杆（22），使作业油泵与变速箱连接的离合器脱开（机械式离合器）；走行离合器操纵杆（20）使走行离合器接合，使动力能够传给分动箱；选择前进方向的司机室进行驾驶。驾驶时把开关钥匙插入控制总开关（18），接通变速操纵盒（19）的控制电路，当变速手柄放在前进一挡位时，动力换挡变速箱内的前进离合器和一挡离合器接合，则柴油机的动力传动路线为：传动轴→液力变矩器→变速箱→输出传动轴→分动箱→传动轴→车轴齿轮箱。这里需要注意的是，传递过来的动力会经分动齿轮箱分为两路，通过传动轴分别传到前转向架的 1 轴和 2 轴车轴减速箱，驱动轮对前进。

长距离转移工地时，捣固车连挂在列车尾部，在机车牵引下，捣固车被拖挂高速运行。这时捣固车必须可靠地处在拖挂运行工况，需要切断车轮反传过来的扭矩，通过走行离合操纵杆（20），使输出传动轴与变速箱的走行离合脱开，必要时离合器手柄加锁固定。

D08-32 型捣固车自行高速走行时，最大允许运行速度为 80 km/h。挂在列车后部拖挂运行时，最大允许运行速度为 100 km/h。前后司机室均有制动操纵机构和换挡操纵盒，在改变行驶方向时不用调头转向，只要改变司机室即可。

（2）D09-32型捣固车

图 3-9 所示是 D09-32 型连续式捣固车动力传动系统。D09-32 型连续式捣固车高速走行同样采用液力机械传动，D09-32 型捣固车高速走行动力传动系统由液力机械变速箱、分动齿轮箱、传动轴、车轴减速箱、轮对等组成。

动力传动系统图

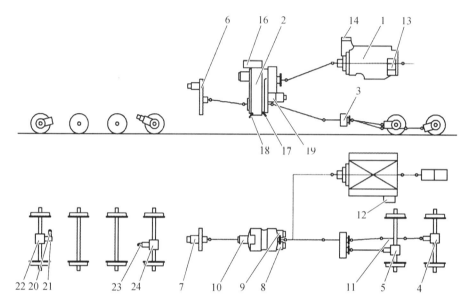

1—柴油发动机；2—三速带变扭器的动力换挡变速箱；3—分动齿轮箱；4，5—车轴齿轮箱（前转向架）；
6—减速齿轮箱；7—用于作业驱动的液压马达；8—用于右捣固驱动、外镐夹实内镐张开的三联液压泵；
9—用于空调、夯拍驱动、左捣固驱动的三联液压泵；10—用于作业回路（14 MPa）的双联液压泵；
11—中间驱动轴；12—发电机（2 个：28 V DC 55 A；28 V DC 120 A）；13—发电机
（1 个：28 V DC 55 A）；14—空气压缩机；15—作业走行液压泵离合器；
16—换挡控制箱；17—末级驱动离合器（气动操纵）；18—液压作业
驱动离合器（手动操纵）；19—液压泵离合器（手动操纵）；
20—用于附加的作业驱动液压马达；21—附加的液压
作业驱动离合器（气动操纵）；22—车轴齿轮箱；
23—作业走行驱动泵；24—工作小车车轴齿轮箱；
25—工作小车走行液压马达。

图 3-9　D09-32 型捣固车动力传动系统

高速走行动力传动系统
工作过程演示

D09-32 型连续式捣固车高速走行系统的传动线路为：

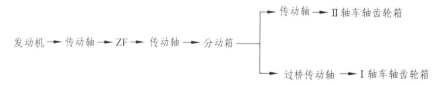

如图 3-10 所示，发动机经传动轴连接液力变矩箱，液压泵分别通过离合器安装在液力变矩箱的箱体上；如图 3-11 所示，液力变矩箱的输出端通过离合器经传动轴与分动箱相连接；如图 3-12、3-13 所示，分动箱的两个输出端分别通过传动轴②与前转向架的Ⅱ轴车轴齿轮箱、通过传动轴③与Ⅰ车轴齿轮箱相连接，驱动整车高速运行，最高自行速度可达 90 km/h。

1—传动轴；2—液力变矩箱；3—液压泵。

图 3-10　传动轴、液力变矩箱、液压泵安装位置

1—离合器；2—传动轴。

图 3-11　液力变矩箱与传动轴、分动箱的连接

1—分动箱；2、3—传动轴。

图 3-12　分动箱与两个传动轴连接

1，2—传动轴。

图 3-13　分动箱通过两传动轴分别与Ⅰ、Ⅱ轴车轴齿轮箱连接

　　液力变矩箱的型号为 4WG-65Ⅱ，由带有自动锁闭离合器的液力变扭器和多速动力换挡变速箱组成，换挡变速箱可实现三级变速，1 挡速比 = 3.36；2 挡速比 = 1.77；3 挡速比 = 0.92。该变速箱上设有 3 个取力口，如图 3-14、图 3-15 所示，分别通过离合器安装了 2 台三联泵和 1 台双联泵，这 3 台液压泵可为整车提供液压动力源。其中一个离合器为常闭，无控制操纵杆；另外两个均可通过操纵杆控制。当捣固车被连挂时，通过操纵杆使离合器脱开的液压油泵不工作，未断开的三联泵可为空调运转提供动力。

1—液压泵；2—离合器；3—操纵杆。

图 3-14　液力变矩箱的液压泵

1，2—液压泵。

图 3-15　液力变矩箱的液压泵

在变速箱的末级分别装两个离合器，分别为液压作业驱动离合器（见图 3-16）和末级驱动离合器（见图 3-17），当高速走行时，液压作业驱动离合器处于脱开状态，工作走行装置不参与工作，而末级驱动离合器处于闭合状态；当捣固车被连挂时，液压作业驱动离合器和末级驱动离合器都处于脱开状态，以保证工作走行装置和液力变矩箱不参与工作；当捣固车作业时，液压作业驱动离合器处于闭合状态，同时切断来自动力换挡变速箱的动力，而末级驱动离合器处于闭合状态，工作装置的动力通过传动轴、分动箱等直接驱动Ⅰ、Ⅱ轴走行。

1—操纵杆；2—离合器。

图 3-16　动力换挡变速箱的液压作业驱动离合器和控制机构

1—控制气缸；2—离合器。

图 3-17　动力换挡变速箱的末级离合器和控制气缸

车轴齿轮箱是走行传动系统的最后一环，它的作用是将传动轴传来的动力降低转速增大扭矩，驱动轮对转动。分动箱是用一对圆柱直齿轮将输入动力分两路输出的，其中一路经传动轴（图3-13中②）传递到前转向架的Ⅱ轴车轴齿轮箱（图3-20中的②）；另一路经传动轴（图3-13中的①）、过桥（图3-19中的②）、万向联轴器（图3-18中的①）、传动轴（图3-19中的④）传递到前转向架的Ⅰ轴车轴齿轮箱（图3-20中的①）。

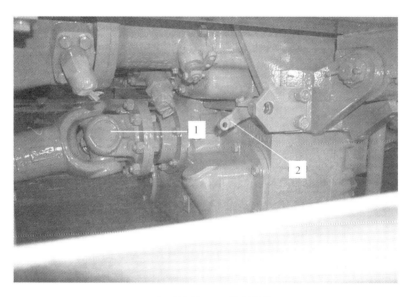

1—万向联轴器；2—控制机构。

图3-18　分动箱输出轴端与控制杆接头

1—车轴齿轮箱；2—过桥；3—扭力板；4—传动轴。

图3-19　Ⅰ轴车轴齿轮箱

1—扭力板；2—车轴齿轮箱。

图 3-20　Ⅱ轴车轴齿轮箱

　　捣固车在高、低速走行时都通过前转向架Ⅰ、Ⅱ轴车轴齿轮箱传递动力，因此前转向架Ⅰ、Ⅱ轴车轴齿轮箱称为主传动车轴齿轮箱。主传动车轴齿轮箱为一级螺旋锥齿轮减速，其速比为 3.09。如图 3-19、图 3-20 所示，为平衡车轮转动时由于牵引力对主传动车轴齿轮箱产生的反扭矩，每个主传动车轴齿轮箱上都安装有扭力板，通过减振垫与转向架上的支座相连。减振垫的弹性要适当，弹性过大会因车轴齿轮箱的旋转角度过大而影响传动轴的正常工作；弹性过小会因转向架的振动而引起扭力板受力过大，容易损坏减振垫。因此，要定期检查减振垫的弹性，调整减振垫的压紧力。

　　2）作业走行传动系统

　　捣固车捣固作业时，为避免捣固镐头下插时撞击轨枕，需使捣镐头对准轨枕空间，因此捣固车需要向前或向后稍微移动。所以捣固车在作业中要频繁起步、制动或换向，这就要求走行操作要简单灵活。

　　液压传动与液力机械传动相比有以下特点：

　　① 能实现无级变速，且转速调节范围大，并能实现微动，还能在相当大的转速范围内保持较高的效率。

　　② 利用液压传动系统本身，可以实现液压制动。

　　③ 体积小、质量轻、惯性小、动作灵敏，可以高速启动和快速换向。

　　④ 能在低速下稳定运转，能实现过载保护，操作和换向非常方便。

　　液压传动的这些特点使其能够满足捣固车作业过程中对走行的要求，所以现在的大型捣固车作业走行都采用液压传动。下面我们对多种型号的捣固车作业走行动力传动路线进行分析。

（1）D08-32 型捣固车。

作业走行时，首先把运行作业工况的转换开关置于作业位（见图 3-8），经气缸使油马达（23）的离合器接合，操纵杆（21）使油马达（7）与变速箱的离合器接合；操纵杆（22）使作业油泵离合器接合。此时必须摘掉控制总开关的钥匙，切断动力换挡变速箱的换挡控制阀电信号，则变速箱内的液压离合器均脱开，亦使齿轮与轴脱开，切断柴油机的功率传递。因此，柴油机的动力仅传递给液压泵而不再传递给液力变速箱。

当踏下作业走行控制踏板时，电磁换向阀动作，两台油马达同时接通压力油。作业走行的两台油马达各为独立的开式油路，节流调速。在作业中如果一台马达出问题，另一台油马达仍然可以工作。作业走行速度为 3 ~ 8 km/h，根据线路坡度可以调节走行速度。调节时以车轮转动不打滑时的速度为好。

油马达采用丹弗斯公司（DANFOSS）生产的 OMV 型摆线齿轮油马达（国产型号为 BM-E），这是一种低速大扭矩油马达，具有启动特性良好，低速转速稳定，调速平稳等优点。减速箱（6）为一级直齿轮减速，减速比为 3.94，油马达装在减速箱体上，直接与主动齿轮连接。作业走行时，液力机械变速箱内的三、四挡输出离合器和制动器都离开，而手操纵杆（21）和操纵杆（20）接合，从减速箱（6）输出的扭矩，经过传动轴（29）驱动液力机械变速箱内的输出轴直接输出，再经过传动轴（28）输入到分动箱。因此，油马达（7）的动力传动路线是：减速箱（6）→传动轴→动力换挡变速箱的输出轴→传动轴→分动箱→传动轴→车轴齿轮箱，这里分动箱同样是输出两路动力驱动前转向架轮对前进。

另外，在捣固车作业走行时，油马达（23）驱动后转向架的一根轴，增加轮周牵引力。油马达（23）安装在车轴齿轮箱体上，该车轴齿轮箱为一级直齿轮减速。捣固车处在作业工况时，用齿轮离合气缸推动车轴齿轮箱内的主动齿轮与车轴齿轮啮合。

早期引进的 D08-32 捣固车的车轴齿轮箱都采用相同的螺旋锥齿轮减速，而油马达是经过橡胶联轴器与气动齿轮离合器连接，如图 3-21 所示，气缸动作时，通过拨叉 3 使滑动内齿轮与外齿轮结合或是离开。

外齿轮通过轴承和轴承内圈装在花键轴的端头轴颈上，以保证内外齿轮的同心度，使离合器工作可靠。拨叉装在拨叉轴上。当气缸活塞杆动作时，推动摇臂转动拨叉轴，使滑动内齿轮移动，当内外齿轮全接合或离开时，摇臂同时触动限位开关，发出离合器工作状态的信号。

（2）D09-32 型捣固车。

D09-32 型连续式捣固车的作业走行系统由三部分组成：作业主驱动系统、材料车辅助驱动和工作小车辅助驱动。其中，主机采取闭式静液压驱动，工作小车采取开式静液压驱动。D09-32 型连续式捣固车作业走行时，ZF 的传动路线同样被切断，柴油机的动力通过离合器直接传递给液压泵，再通过马达驱动捣固车作业走行。

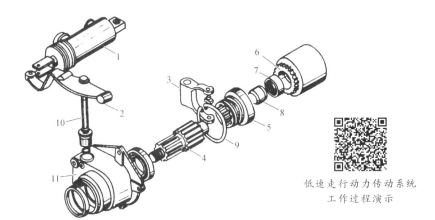

1—气缸；2—摇臂；3—拨叉；4—花键轴；5—内齿轮；6—外齿轮；7—轴承；
8—轴承内圈；9—孔用挡圈；10—拨叉轴；11—箱体。

图 3-21　气动齿轮离合器

作业走行时，主机的驱动路线为：

```
                              ┌─ 马达 ─→ 减速箱 ─→ 万向传动轴 ─→ Ⅰ轴、Ⅱ轴车轴齿轮箱
                              │
发动机 ─→ 双变量柱塞泵 ─┤
                              │
                              └─ 马达 ─→ 材料车车轴齿轮箱
```

作业主驱动系统是把双变量柱塞泵的动力从液压马达传到减速箱，经万向轴传递至后续的动力传动系统。为提高牵引性能和坡道的作业能力，整车驱动增加有辅助驱动装置，安装在材料小车上，通过材料车车轴上的液压马达直接驱动材料车轴齿轮箱。

如图 3-22 所示，D09-32 型连续式捣固车作业主驱动系统主要由液压马达、作业驱动减速箱、传动轴等结构组成。作业驱动减速箱为一级圆柱齿轮减速，其速比为 3.79。液压马达产生的动力经减速箱减速后通过传动轴、离合器、分动箱、驱动前转向架Ⅰ、Ⅱ轴车轴齿轮箱低速走行。

1—液压马达；2—作业驱动减速箱；3—传动轴。

图 3-22　D09-32 型连续式捣固车的传动轴

D09-32 型连续式捣固车材料车辅助驱动由液压马达、气缸挂挡装置及车轴齿轮箱等组成。如图 3-23 所示，液压马达直接安装在齿轮箱箱体上；如图 3-24 所示，在箱体另一侧与液压马达对应的位置，装有气缸和挂挡机构，气缸推动挂挡机构动作。当挂挡机构闭合时，马达通过齿轮箱驱动轮对转动。当捣固车高速运行或被连挂时，挂挡机构脱开，液压马达不参与工作。该车轴齿轮箱为一级圆柱齿轮减速，其速比为 3.94。

1—液压马达；2—齿轮箱。

图 3-23　液压马达和齿轮箱安装位置

1—气缸；2—挂挡机构。

图 3-24　小型齿轮箱

如图 3-25 所示，D09-32 型连续式捣固车的工作装置均安装在工作小车上，为实现工作小车与主车之间的相对运动，工作小车上也装有辅助驱动轮对，由电磁换向阀控制马达的转向,实现步进驱动。如图 3-26 所示,其结构和工作原理与材料车辅助驱动系统基本相同,唯一不同的是在液压马达与车轴齿轮箱之间加装了一个小型齿轮箱。另外,为平衡车轮转动时由于牵引力对车轴齿轮箱产生的反扭矩,材料车辅助驱动和工作小车辅助驱动都装有如图 3-26 所示的扭矩支座和连接板。

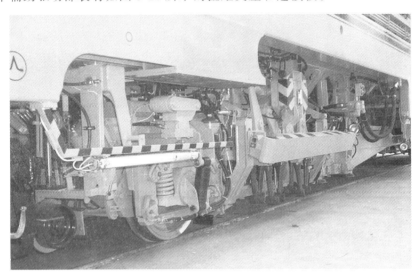

图 3-25 工作装置安装在工作小车上

1—液压马达;2—联轴器;3—保险绳;
4—扭矩支座;5—注油口。

图 3-26 转矩支座和连接板

2. 液力变矩器和动力换挡变速箱

液力变矩器是一种以液体作为工作介质的能量转换传递装置,即液力传动装置。它将发动机传来的机械能,通过能量输入部件,转变为液体的动能;再经能量输出部件，把液体的动能转换为机械能输出，输出的动力通过变速箱减速后经机械传动系统传递给车轮。

1）液力变矩器

（1）液力变矩器的结构与工作原理。

液力变矩器由泵轮、涡轮、导轮等组成，它们的工作原理可以简单地理解为离心水泵和水涡轮的组合，所不同的是：取消了两者之间的连接管道，增加了一个导轮。液力变矩器内充满工作油液，液力变矩器不工作时，工作油液处于静止状态，不能传递任何能量。

如图 3-27 所示，液力变矩器工作时，发动机经传动轴带动泵轮旋转，并将发动机的力矩施加于泵轮，泵轮转动时，泵轮内的叶片带动油液一起做圆周运动，并迫使油液沿叶片间通道，由小半径向大半径方向流动。液体在泵轮中受到叶片给予的作用力，便产生加速运动，而泵轮又受到液流的反作用力，使泵轮产生扭矩，这个泵轮扭矩与柴油机驱动扭矩保持平衡。工作油液经泵轮叶片的作用在离开泵轮时获得一定的动能和压力能，从而实现了将发动机的机械能转变为油液的液能。

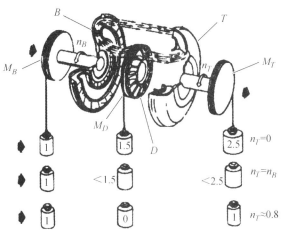

液力变矩器
工作原理

图 3-27　液力变矩器工作原理示意图

由泵轮流出的高速油流，经过由罩轮形成的无叶片区段射向涡轮叶片，对涡轮叶片产生冲击力和推动力，使涡轮旋转，其旋转方向与泵轮的旋转方向相同。液体推动力产生涡轮扭矩时，即将液能转变为机械能输出。

液流从涡轮出口流出后，便进入导轮。由于液流通过导轮叶片时，进、出口处速度的大小和方向发生变化，因而引起液流动量矩的变化，动量矩的变化使液流对导轮产生一个作用力矩，而导轮对液流产生一个反作用力矩 M_D，这一力矩作用于涡轮，则使变矩器起到增距的效果。而如果单向联轴器把导轮松开，导轮随液流一起空转，则导轮的反作用力矩 M_D 等于 0，相当于工作在液力耦合器状态。

液流从导轮流出后，重新流入泵轮。重复上述液体的能量变换过程，变矩器即可持续地运转工作。在液力变矩器中，泵轮、涡轮和导轮的工作过程，彼此互相联系，前一轮子的出口液流状态决定后一工作轮入口液流状态。液流与工作轮叶片间的相互作用，完成能量和扭矩的变化与传递。

（2）液力变矩器的工作特性。

捣固车在高速工况下的使用条件变化较大，诸如线路坡度、线路质量、牵引重量等，这就要求捣固车的轮周牵引力和车速能有较大的变化范围，且能保证及时地适应不同的运行情况。车辆的牵引力和车速的关系曲线称为牵引特性曲线。以牵引力为纵坐标，牵引速度为横坐标绘制出来的理想的牵引力特性曲线呈双曲线型。

当液力变矩器泵轮转速不变时，其转矩变化不大。涡轮转速则视外载荷的大小而变化，其转矩可以在很大范围内变化。当涡轮不转时，转矩最大，随着涡轮转速的增高，转矩则逐渐下降。液力变矩器的这种外特性正是大型养路机械等车辆所需求的。

W396 型液力变矩器的驱动功率 $N_B = 300\ \mathrm{kW}$ ，最大输入转速 $n_B = 2\ 500\ \mathrm{r/min}$ ，涡轮输出力矩 $M_I = 2\ 500\ \mathrm{N \cdot m}$ 。

在液力变矩器中涡轮轴上阻力矩的变化不能透过变矩器而影响发动机，我们将这种特性称之为不可透特性；反之称为可透特性。把涡轮因负荷增大而涡轮转速下降时，转速比也随之下降而使发动机的负荷增大，称为正透；反之称为负透。

W396 型液力变矩器具有正透性，因此，要求多台机械连挂运行时，各车换挡要同步进行，否则在低挡位换高挡位时，若其中某台机械换挡滞后，将会被高速运行的车轮拖动，出现动力反传现象，使发动机转速突然升高，引起飞车事故。

另外在运行中，如果从高速挡换到低速挡，特别是跳挡时，变矩器的正透特性也会使发动机转速突然增大到危险的地步，所以从高速挡换到低速挡时，要适当地施加制动，使车辆减速。

（3）液力变矩器工作油液的补偿及冷却系统。

液力变矩器的工作油液不仅是传递动力的介质，而且还是液力元件冷却、润滑和机械变速箱的控制系统的工作油液。

捣固车变矩器采用国产 8 号液力传动油，它是低黏度馏分润滑油经深度精制、脱蜡后制成的，具有较小的黏度比和较低的凝点，可以保证机械的低温启动性能。其主要理化性能如下：

密度　　　　860 kg/m³；

黏度　　　　（7.5 ~ 9）× 10⁻⁴ m²/s；

黏度比　　　不大于 3.6；

闪点　　　　不低于 150 ℃；

颜色　　　　红色透明。

在使用中严禁与其他国内外液力传动油混合使用。

在液力变矩器内工作油液压力较低时，会发生气蚀现象，产生大量气泡，影响叶轮的正常工作，为了避免气蚀造成不良后果，需要采用补偿油泵，使工作油液以一定的压力进入变矩器中,以防止循环圆内压力过低而产生气蚀。此外,由于在变矩器中有功率损失,因而油液就被不断加热。补偿油泵的另一个作用是不断将工作液体从变矩器中引出,进行冷却。

液力传动油的补偿系统是液力变矩正常工作必不可少的重要组成部分,它具有以下功用:

① 补偿液力变矩器的泄漏,保证变矩器内始终充满工作油液,并具有一定的压力,防止液力变矩器性能下降。

② 带走液力变矩器因功率损失而产生的热量,使变矩器能持续运转。

③ 向控制系统和润滑系统供油。

液力变矩器在工作中,工作油液温度应保持在 80~110 ℃,短时间内允许达到120 ℃。

在各油路的不同位置设有油压力检测点,接上压力表可以检查各点的压力,测试时油温在 80~95 ℃为好。

2)动力换挡变速箱

W360 型和 W396 型变矩器所配的动力换挡变速箱是一样的。变矩器和变速箱连接成一体,变速箱由变速机构和电液换挡控制系统组成。

4WG-65 Ⅱ 型动力换挡变速箱有四挡,使变速箱有前进和后退各四挡,其对应挡的速比相同。在捣固车上前进和后退的一挡没有使用,把二、三、四挡改为一、二、三挡使用,可实现三级变速,变速箱在不同挡位的机械传动比,一挡速比:6.429;二挡速比:3.358;三挡速比:1.768;四挡速比:0.923。

对应于不同的挡位,有不同的牵引力和运行速度。根据牵引特性曲线,可以计算出在不同线路坡度上以不同速度行驶时的牵引质量,表 3-3 是普拉塞公司提供的在不同线路坡度上不同行车速度时的牵引质量。

表 3-3　不同牵引质量和坡度上的运行速度

自重（53 t）+ 牵引质量	线路坡度/‰							
	0	5	10	15	20	25	30	35
	运行速度/（km/h）							
自重（53 t）	90	74	52	47	44	30	26	25
牵引质量 /t　20	82	60	46	26	25	24	23	15
40	76	58	45	25	24	22	12	10
60	70	50	30	24	20	10		
80	63	47	25	23	10			
100	58	42	22	12				

（1）齿轮离合器。

动力换挡变速箱工作可靠，结构紧凑，在各挡位都可以全功率换挡，工作寿命长、故障少。变速箱上有 3 个取力口，安装 3 台液压油泵，作为捣固作业时的液压动力源。液压油泵直接安装在变速箱上，油泵轴通过齿轮离合器与变速箱的轴连接。

齿轮离合器的结构如图 3-28 所示，它由齿轮、内齿圈、滑环、拨叉、花键轴、滚珠等组成。齿轮离合器结构简单，手动操纵拨叉即可实现内齿圈与齿轮间的结合和脱离，普遍用在捣固车的传动系统上。在非作业工况，把油泵齿轮离合器松开，以避免油泵工作。捣固车高速自行时，捣固车作业走行油马达的离合器脱开、与动力输出传动轴离合器结合。捣固车拖挂运行时，为了避免来自车轮的动力传入变速箱，必须把动力输出轴与变速箱的齿轮离合器脱开。

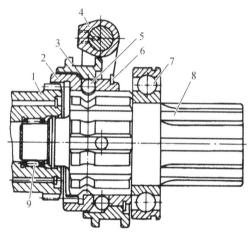

1—齿轮；2—内齿圈；3—滑环；4—拨叉；5，7—滚珠；
6—连接槽；8—花键轴；9—滑键。

图 3-28　齿轮离合器

（2）电气控制系统。

动力换挡变速箱的电气控制系统，由挡位选择器、继电器、转速传感器、频压转换器、电子微型组件等组成，控制电压为 24 V。

电气控制系统对液力机械变速箱进行换挡控制和安全保护，具有以下控制保护功能：

① 挡位选择器选择某挡位时，通过控制电路使相应的电磁阀通电，实现换挡操纵。

② 根据涡轮转速自动地控制闭锁电磁阀的动作，现实液力变矩器闭锁离合器的闭锁和分离。

③ 运行中捣固车进行制动时，制动风压达到 0.25 MPa 时，自动切断电磁阀控制电路，使换挡液压离合器分离。因此，变速箱在任一挡工作都无须退到空挡位就可以对车辆进行制动，简化了操纵过程。

④ 液力变矩器的液压系统油压和油温过高以及滤清器堵塞报警时，自动地切断电磁阀的控制电路，使变速箱脱离传动。

⑤ 油压走行油马达的驱动离合器未松开，及其他保护装置未到正确保护位置时，控制电路不通，使变速箱不能换挡。

⑥ 车速在零位时，才能进行换向操纵。

⑦ 用钥匙开关使其中一个挡位选择器工作。

⑧ 涡轮转速下降到 1 400 r/min 以下时，才能换入低挡位。

（3）挡位选择器。

两个 SG-6S 型挡位选择器分别装在前后司机室的操纵盘上，因此，在前后司机室里都可以进行换挡操纵，其他电器集中装在 B28 控制箱内。

SG-6S 型挡位选择器由微动开关、齿轮变位机构、手柄等组成，如图 3-29 所示。

当操纵手柄放置在某挡位时，齿轮变位机构将对应的微动开关闭合，接通电磁阀的控制电路，电磁阀动作。

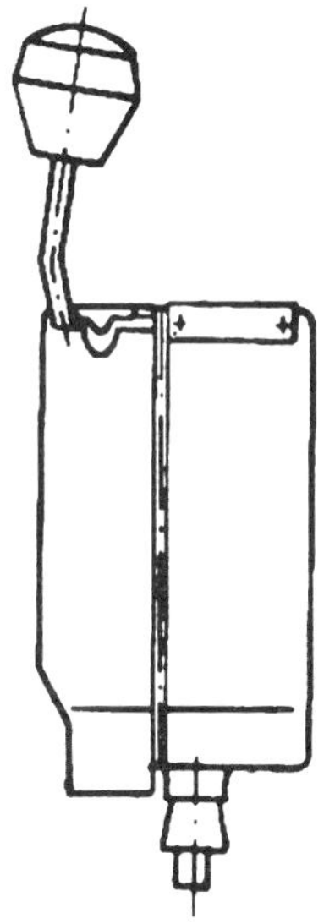

3．分动箱、车轴齿轮箱及传动轴

图 3-29　挡位选择器

捣固车高速运行时前转向架为主动转向架，前转向架的两个轮对均为主动轮对。柴油机动力经液力变速箱减速以后，还需要经过一系列传动机构，才能到达主动轮对。轮对是由车轴齿轮箱直接驱动的，而液力变速箱输出的一路动力需要经过分动箱，把动力分为两路，才能同时驱动转向架上的两个轮对。因此，液力变速箱至车轴齿轮箱之间装有分动齿轮箱，液力机械变速箱输出的动力经过分动齿轮箱传递到两个车轴齿轮箱。

1）分动齿轮箱

分动齿轮箱的作用是将液力机械变速箱输出的转矩，通过传动轴分别传递给主动转向架的两个主传动车轴齿轮箱，驱动轮对转动。捣固车的分动箱，用一对圆柱直齿轮将输入动力分两路输出，传递到前转向架的两个车轴齿轮箱，这种分动箱结构简单、造价低。

分动齿轮箱位于液力机械变速箱与主传动车轴齿轮箱之间，通过支承座和橡胶减振器固定在车架的副梁上，传动速比为 1∶1。分动齿轮箱使用 SAE90 齿轮油，容量为 1.8 L。

分动齿轮箱由齿轮传动轴、轴承座、轴承、法兰盘、箱体和密封件等部分组成，其结构如图 3-30 所示，箭头所指为转矩传递方向。

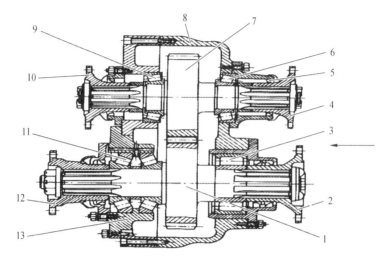

1—齿轮传动轴Ⅰ；2，4，10，12—法兰盘；3，6，9，11—轴承；5—密封件；
7—齿轮传动轴Ⅱ；8—箱体；13—轴承座。

图 3-30　分动齿轮箱结构图

2）车轴齿轮箱

车轴齿轮箱是走行传动系统的最后一环，它的作用是将传动轴传来的动力降低转速增大扭矩，使轮对转动。捣固车前转向架的Ⅰ、Ⅱ轴车轴齿轮箱在高低速走行时都通过它传递功率，且高速走行时传递功率较大，故称为主传动车轴齿轮箱。后转向架或材料小车的走行动力为液压马达，仅在作业低速走行时传递功率，故称为辅助驱动车轴齿轮箱。

（1）主传动车轴齿轮箱。

主传动车轴齿轮箱为一级螺旋锥齿轮减速，D08-32 型捣固车主传动车轴齿轮箱传动比为 1：4.11，D09-32 型捣固车主传动车轴齿轮箱传动比为 1：3.73。主传动车轴齿轮箱传递功率大，小锥齿轮轴较长，需要安装多个轴承，结构如图 3-31 所示。

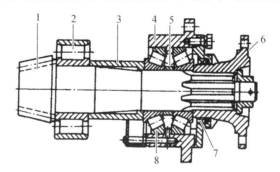

1—小锥齿轮轴；2—滚柱轴承；3—隔离套；4—轴承套；5—隔环；
6—连接盘；7—油封；8—前端锥形轴承。

图 3-31　小锥齿轮轴

如图 3-32 所示，小弧形齿锥齿轮输入轴的前端，通过花键与法兰盘相连，法兰盘又经过传动轴与分动箱的输出轴连接在一起；小弧形齿锥齿轮输入轴的后端，与车轴上压装着的大弧形齿锥齿轮相啮合，带动车轴旋转。小锥齿轮轴的前端轴承用飞溅润滑困难，故采用压力润滑，在车轴齿轮箱内装有润滑油泵，润滑油经外部油管送到前端轴承处进行润滑。其润滑油泵由装在车轴上的凸轮驱动，车轴转一周，油泵工作一次。

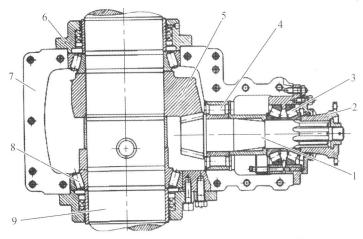

1—小弧形齿锥齿轮输入轴；2—法兰盘；3，4，8—轴承；
5—大弧形齿锥齿轮；6—端盖；7—箱体；9—车轴。

图 3-32　主传动车轴齿轮箱结构

（2）辅助传动车轴齿轮箱。

后期引进捣固车的辅助传动车轴齿轮箱改为一级直齿轮减速，速比是 3.94，其结构如图 3-33 所示。油马达装在箱体上，小齿轮装在花键轴上，通过气缸推动拨叉，使小齿轮与大齿轮结合或者分离，齿轮啮合和分离状态由装在箱体外部的接近开关根据拨叉移动的不同位置发出电信号，在司机室控制盘上显示。

这种直齿轮减速的车轴齿轮箱结构简单、造价较低。大齿轮与车轴采用过盈配合，热装配。辅助传动轴齿轮箱使用 SAE-90 齿轮油，容量约 6.5 L。

（3）车轴齿轮箱的常见故障与分析。

车轴齿轮箱的技术状态，直接影响到车辆的行车安全。车轴齿轮箱的损伤形式主要有箱体裂损、齿轮裂损、齿轮箱过热、挂脱挡机构工作不正常等。

① 箱体裂损。车轴齿轮箱的箱体是铸钢件，由于铸造质量不良存在夹渣、砂眼、疏松等缺陷，以及铸造时产生的内应力，在齿轮箱运用中引起裂纹和破损。齿轮箱箱体裂损后将造成漏油或尘土侵入。

② 齿轮裂损。车轴齿轮箱内的齿轮在工作中除承受很大的作用力外，还经受因轮对跳动而产生的冲击作用，特别是牵引主动齿轮和从动齿轮的工作负荷更大。齿轮裂损是齿轮损坏的主要形式，运用情况表明，大、小齿轮的损坏，约有 90% 是由于疲劳裂损引起的，而仅有 10% 是属于极限磨损引起，并且，齿轮的裂纹一般都产生于齿根部。

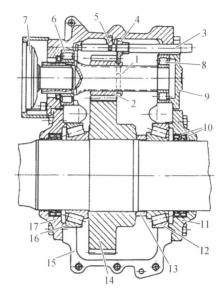

1—花键轴；2—小齿轮；3—拨叉杆；4—二定位弹簧；7—油马达；6，8，12，16—轴承；
9，11，17—轴承盖；13—二间隔环；14—大齿轮；15—箱体。

图 3-33　直齿轮车轴齿轮箱

影响齿轮传动寿命的因素较多，如：

a. 齿轮加工的准确度。磨削时应注意齿根部的圆弧过渡，防止应力集中。

b. 轮齿工作表面的硬度。

c. 齿轮的润滑条件。

d. 齿轮啮合的准确性。

e. 齿轮的材质及热处理质量。

③ 齿轮箱过热。车轴齿轮箱在运用过程中，由于润滑不良和滚动轴承的损伤，将引起齿轮箱温度上升。当齿轮箱轴承部温度超过环境温度的 45 ℃ 时，就判为齿轮箱过热，需开箱检查。

④ 挂、脱挡机构工作不正常。大型养路机械的挂、脱挡机构控制车辆运行速度的转换。若挂、脱挡机构工作不正常，不仅不能实现运行速度的转换，而且，有可能使啮合齿轮的轮齿咬合、折损，齿轮箱发生损伤，不能正常工作。

发生挂、脱挡机构工作不正常的主要原因有：

a. 组成零、部件发生裂损、变形、弹性衰弱。

b. 拨叉两侧面磨损过大，拨叉头部的带孔紧固螺栓或定位销松动、脱出。

c. 拨叉相对于挂挡齿轮上拨叉槽的安装位置不正。

d. 挂挡离合器的接合、分离功能不正常。

⑤ 车轴齿轮箱平衡杆。车轴齿轮箱体是用滚动轴承支承在车轴上，车轮转动时，由于受轮对牵引力的反扭矩作用，齿轮箱有向下转动的趋势，因此，车轴齿轮箱必须用平衡杆来支撑，不能转动。

锥齿轮传动的车轴齿轮箱采用如图 3-34 所示的平衡杆，平衡臂装在车轴齿轮箱的轴端部，另一端用销轴与拉杆连接，拉杆上装有减振垫与转向架横梁上的支座连接。

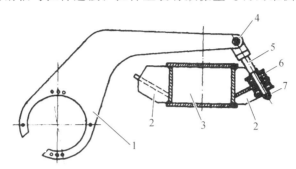

1—平衡臂；2—支座；3—转向架横梁；4—销轴；
5—拉杆；6—螺母。

图 3-34　平衡杆

当车轴齿轮箱转动时，其转动扭矩通过平衡臂变为拉杆的拉力或者压力，再经减振垫传递给转向架横梁。

直齿轮减速的车轴齿轮箱的平衡杆系中取消了平衡臂，直接用拉杆与齿轮箱连接，结构简单、安装方便。

减振垫的弹性要适当，弹性过大会因车轴齿轮箱的旋转角度过大而影响传动轴的正常工作；弹性过小，会因转向架的振动而引起平衡杆受力过大，容易损坏减振垫。因此，要定期检查减振垫的弹性，调整减振垫的压紧力。

3）传动轴

发动机、液力机械变速箱、分动箱、车轴齿轮箱之间用传动轴连接，组成传动系统，实现功率传递。由于各传动部件所处的位置不同，所以在传动系统中使用的传动轴有 3 种不同的结构形式。

发动机与液力机械变速箱之间距离固定，故采用定长万向传动轴；动力经过前转向架的二轴处采用过桥传动轴；其他地方由于传动部件之间的位置和距离要发生变化，故采用长度可伸缩的万向传动轴。

长度可伸缩的万向传动轴的结构如图 3-35 所示，它由两端的万向节及中间轴组成。

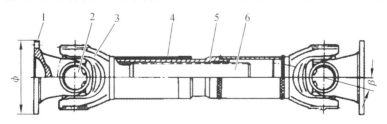

1—连接盘；2—十字轴；3—叉形头；4—防尘罩；
5—花键套；6—花键轴。

图 3-35　可伸缩万向传动轴

万向节为刚性异步式，它由连接盘、十字轴、轴承、叉型头等组成。这种万向节结构简单，传递扭矩大。

万向传动轴的主动轴作等角速度转动时，被动轴作周期性的不均匀转动。每转一周，被动轴两次超前和两次落后于主动轴，故称异步式万向轴。主动轴与被动轴的交角 ρ 越大，则被动轴的转速越不均匀，因而引起的冲击振动和附加扭矩也越大，所以单个万向节的工作是不理想的，故在两万向节之间加一中间轴。

中间轴用无缝钢管焊接，并装有可伸缩的花键轴。中间轴采用无缝钢管，可以减轻质量，并在直径相同的条件下，空心轴允许有较高的临界转速。

万向传动轴在高速重载下工作，所以要求新组装的万向传动轴必须经过动平衡试验，以提高转动平稳性和可靠性。定长万向传动轴的中间轴无花键轴，两叉型头焊在一根钢管上，结构更加简单。

过桥传动轴装在筒形的轴承箱内，两端有花键连接盘，筒形轴承箱通过弧形板与车轴齿轮箱连接。有的过桥传动轴上还装有运行速度传感器齿轮。

（1）传动轴的常见故障。

万向传动轴传递较大的动力扭矩，其损伤形式主要有裂损、变形等。

① 裂损。由于传动轴所受动载荷的作用，产生的应力较大，致使传动轴易于产生裂纹，甚至折断。产生传动轴裂损的主要原因有：

a. 连接焊缝处，因焊接热应力产生裂纹。

b. 花键轴、花键套的材质不良，引起传动轴折断。

c. 所受扭矩过大。

d. 传动轴安装位置不合适。

e. 传动轴不平衡量过大。

② 弯曲变形。传动轴受力较大，易于产生弯曲变形，从而引起传动轴转动时的不平衡跳动，传动不平稳，噪声增大。

（2）传动轴的检修。

① 传动轴的定期检修要求：

a. 传动轴转动时无异常，出现异常时应更换。

b. 传动轴各部出现裂纹及变形时，应更换传动轴总成。

c. 传动轴连接螺栓、螺母应紧固牢靠，防松装置应作用良好。

d. 发动机每运转 100 h，应向传动轴的万向节头加注钙基润滑油脂。

e. 传动轴防护装置出现裂纹时，应焊补修复。

② 传动轴的分解检修要求：

a. 将传动轴从传动系统中分离，解体并清洗其总成。

b. 探伤检查花键轴、花键套、万向节叉、十字轴及连接焊缝，发现裂纹时应更换相应零、部件或总成。

c. 花键轴套上花键部分的径向圆跳动不得大于 0.15 mm，其他部分径向圆跳动应不大于 l mm，变形超过限度时应调校。花键轴、套配合侧隙大于 0.3 mm 及花键齿面严重拉伤时，应更换传动轴。

    d. 万向节叉两轴承孔轴线与传动轴轴线的垂直度误差不得大于 $\phi 0.3$ mm。

    e. 滚针轴承、轴承盖、油封等损伤时应更换。

    f. 十字轴润滑油道应保持畅通；轴承安装面径向磨耗量超过限度要求时应更换。

    g. 滚针轴承与十字轴及万向节叉轴承孔的配合间隙应符合限度要求，超过时更换部件或总成。

    h. 防尘罩应完好，变形、腐蚀时更换。安装防尘罩时，两只卡箍收口应互为 180°。

    i. 重新组装传动轴时，在花键轴、套间应注入适量的润滑脂。

    ③ 传动轴组装后应进行动平衡试验：

    a. 在转速为 3 000 r/min 时，传动轴每侧的不平衡量应不大于 1 290 g·mm。

    b. 用来校正不平衡量在轴管两端所焊的平衡片数目，每端不多于 3 片。

    c. 平衡后，在两端的万向节叉与花键轴、套上做标记，以便拆装时保证原来的相对位置。

    d. 传动轴往车上安装时，伸缩端应位于动力输入端；拆下的连接螺栓、螺母及锁定片应更换，应选用 10.9 级高强度螺栓，螺母符合 DIN980 要求。螺栓紧固扭矩符合规定要求。即：M14 螺栓紧固扭矩为 170 N·m，M16 螺栓紧固扭矩为 270 N·m。

    e. 传动轴万向节叉凸缘与其他配合凸缘结合面间隙符合限度要求。

    f. 传动轴检修过程中不允许锤击轴身。

    g. 传动轴防护装置出现裂纹时焊补修复。

任务三　捣固车制动系统认知

一、工作任务

通过学习捣固车动力传动系统及制动系统，能承担以下任务：
（1）认识捣固车制动系统组成。
（2）掌握捣固车制动系统各组成的结构和功用。

二、相关配套知识

1. 概　述
捣固车行车制动系统主要包括空气制动系统和基础制动装置两大部分。
空气制动系统通过各种空气阀之间的配合使制动缸增压或缓解，制动缸增压则为基础制动装置提供制动力，制动缸缓解则使基础制动装置取消制动。

捣固车除空气制动外，捣固车在作业时和停车时还分别会用到液压制动和手制动，这3种制动方式都要通过基础制动装置把制动力作用到车轮上，达到制动的目的。

基础制动装置结构复杂，包含了从制动缸活塞杆至闸瓦的各种零件。基础制动装置是利用杠杆原理，把制动气缸或是制动油缸的推力、手制动机所产生的拉力，经过各杠杆和拉杆的作用，扩大数倍，再传到闸瓦上，使闸瓦压紧车轮，进行制动。

2．空气制动系统

目前，大型养路机械所采用的空气制动机主要有两种，一种是国内自行开发生产的YZ-1型空气制动机，另一种是引进产品上安装的DB-60型空气制动机。YZ-1型空气制动机占装机总量的绝大多数，而DB-60型空气制动机相对数量较少。

YZ-1型空气制动机在各种大型养路机械上的使用，其原理都是一致的。我们以YZ-1型空气制动机在D08-32型捣固车上的运用为例，来讨论和学习YZ-1型空气制动机的组成、作用原理、主要性能和综合作用等知识。

1）YZ-1型空气制动机的组成

从图3-36中可以看到，以柴油机为动力的压缩机产生具有一定压力的压缩空气，压缩空气经冷却、过滤、压力调节后储存在储风缸中备用。前后司机室各有一套空气制动系统的操纵机构，也就是常说的大闸和小闸。司机根据需要操纵大闸或小闸，则储风缸中的总风就会经过一系列空气通路使制动缸充气或排气，从而实施制动和缓解的控制。

2）YZ-1型空气制动机的作用原理

YZ-1型空气制动机的作用原理框图如图3-37所示。

YZ-1型空气制动机的控制过程为：

（1）控制全列车运行。空气制动阀（用作自动制动阀）→均衡风缸→中继阀→列车管压力变化→分配阀→制动缸。

YZ-1型空气制动机在控制全列车运行时，用作自动制动阀的空气制动阀实施均衡风缸的压力控制；中继阀根据均衡风缸的压力变化，使列车管的压力产生相应变化；分配阀响应列车管的压力变化，产生制动和缓解的控制。

（2）控制单机运行。空气制动阀（用作单独制动阀）→分配阀→制动缸。

YZ-1型空气制动机在控制单机运行时，用作单独制动阀的空气制动阀实施作用管的压力控制，再通过分配阀均衡部去控制制动缸的压力变化，从而实现制动与缓解作用。

自动制动阀俗称大闸，单独制动阀俗称小闸。自动制动阀操纵控制须通过均衡风缸压力的变化转变成列车管压力的相应变化，再去控制制动缸的压力变化。而单独制动阀操纵控制是直接去控制制动缸压力的变化，因此，单独制动阀的制动也称为直接制动，自动制动阀的制动则称为间接制动。

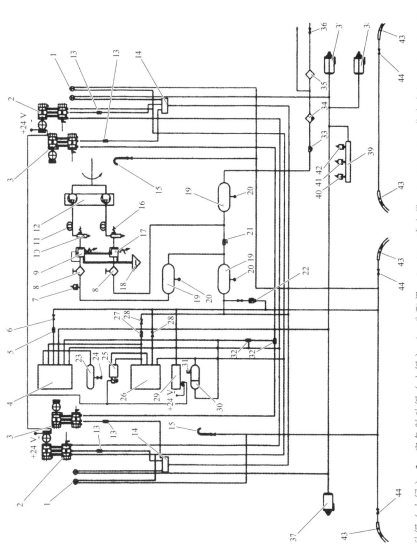

1—压力表；2—空气制动阀（大闸）；3—空气制动阀（小闸）；4—分配阀；5，27—滤尘器；6，28，36—截止塞门；7，40，41，42—压力继电器；
8—防冻液泵；9—压力调节阀；10—集尘器；11—冷却管；12—空气压缩机；13—调压阀；14—分配块；15—紧急制动阀；16—高压安全阀；
17—压力控制器；18—消音器；19—储风缸；20—放水塞门；21—顺序阀；22—无动力装置；23—工作风缸；24—放水塞门；25—电空器；
26—中继阀；29—紧急放风阀；30—双室风缸；31—安全阀；32—三通双向阀（校阀）；33—顺序阀；34—油水分离器；35—油雾器；
37，38—制动缸；39—分配块；40，41，42—压力继电器；43—制动软管；44—截断塞门。

图 3-36 D08-32 型捣固车 YZ-1 型空气制动机原理图

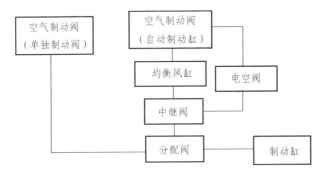

图 3-37　YZ-1 型空气制动机作用原理框图

3）YZ-1 型空气制动机的主要技术性能

（1）自动制动性能（列车管压力 500 kPa）。

① 均衡风缸压力自零充至 480 kPa 的时间为 5~7 s。

② 均衡风缸压力自 500 kPa 减压至 360 kPa 的时间为 5~8 s。

③ 常用全制动时制动缸最高压力为 360 kPa（允许在 340~380 kPa 范围内）。

④ 常用全制动时制动缸升压时间为 6~9 s。

⑤ 常用全制动后制动缸压力由最高值缓解至 35 kPa 的时间为 5~8 s。

⑥ 紧急制动时列车管压力由定值排至零的时间小于 3 s。

⑦ 紧急制动时制动缸最高压力为（450±10）kPa。

⑧ 紧急制动时制动缸升至最高压力的时间为 6~9 s。

（2）单独制动性能。

① 全制动时制动缸的最高压力为 360 kPa。

② 制动缸压力自零升至 340 kPa 的时间不大于 4 s。

③ 制动缸压力自 360 kPa 降至 35 kPa 的时间不大于 5 s。

4）YZ-1 型空气制动机的综合作用

制动机的综合作用是指，根据自动制动阀（大闸）与单独制动阀（小闸）手把位置的变换来确定的制动机各主要部件之间的相互关系和作用规律。学习综合制动作用，要在熟悉制动机所属主要部件的构造、工作原理的基础上进行，并结合制动机实际操纵，学习和掌握制动机操纵的基础知识，为学习大型养路机械牵引车辆或单机运行的操纵及故障分析打下基础。

YZ-1 型空气制动机的综合作用，分为自动制动作用、单独制动作用、自动制动后的单独缓解、紧急制动作用等状况，下面就制动机组成中的主要部件在这些状况下如何协调制动与缓解的动作情况进行分析。

（1）自动制动作用。

自动制动作用，是把单独制动阀（小闸）放在运转位，操纵自动制动阀（大闸）手把在各工作位置时的综合作用，共有缓解、制动、保压和运转 4 个作用位。该作用用于大型养路机械牵引其他车辆时操纵整个列车的制动、保压与缓解。

① 缓解位。该位置是大型养路机械运行（作为牵引动车或单机运行）中，自动制动阀（大闸）手把常放位置，是向列车管充风、缓解列车制动及保证单独制动阀（小闸）正常运用的位置。

在缓解位时，各主要阀类部件的作用如下：

a. 自动制动阀（大闸）：如图 3-38 所示，自动制动阀（大闸）手把放在缓解位时，调压阀管与均衡风缸管连通，使减压后的压力为 500 kPa 的压力空气经自动制动阀（大闸）的作用柱塞、转换柱塞充入均衡风缸，均衡风缸压力上升。同时，不输出联锁电信号。

b. 电空阀：电空阀输入端从中继阀前的总风管引出，输出端是与接通中继阀上总风遮断阀的遮断风管相连，电空阀电磁线圈受自动制动阀（大闸）的电联锁信号控制。如图 3-39 所示，由于缓解位时大闸不输出联锁电信号，电空阀处于失电状态。电空阀的下阀口关闭、上阀口开启，连通遮断风管风压排大气的通道，则中继阀内的向列车管充风的通道不会被关闭。

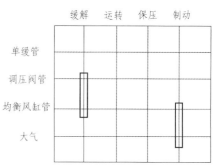

图 3-38 大闸各作用位气路通断情况

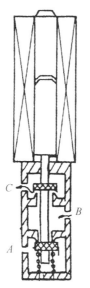

A—接总风；B—接遮断风管；C—接大气。

图 3-39 电空阀无联锁信号

c. 中继阀：如图 3-40 所示，由于均衡风缸压力上升，中继阀处于充气缓解位，总风经开启的供气阀阀口进入列车管和模板活塞右侧。待列车管压力上升至均衡风缸压力相等，且达到定值（500 kPa）时，供气阀关闭，总风不再进入列车管，中继阀回复到保压位。

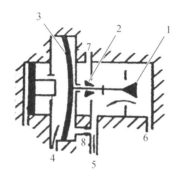

1—供气阀口；2—排气阀口；3—模板活塞；4—均衡风缸管；5—列车管；
6 总风管；7—排气口；8—缩孔。

图 3-40　中继阀充气位

d. 分配阀：如图 3-41 所示，分配阀主要由作用部、均衡部、增压阀和主阀体组成。列车管的增压使分配阀作用部处于充气缓解位。作用部主阀在其上侧列车管压力作用下向下移动，并通过其上肩推动滑阀一起下移，直至主阀下底面碰到主阀体，作用部主阀下移，将使各通道动作如下：

打开列车管向工作风缸充风通道，列车管经开放的充风孔向工作风缸充风，直到工作风缸压力与列车管定压相等；打开容积室排大气通道，容积室的压力空气经作用部缓解通路从排气口排出，使均衡阀下移。均衡阀下移，使制动缸压力空气经均衡杆轴向中心孔和径向孔以及均衡部排气口排入大气。制动机呈缓解状态。另外，分配阀中的增压阀在增压阀弹簧和列车管压力作用下处于下部关闭位。

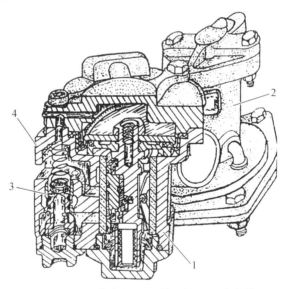

1—作用部；2—均衡部；3—增压阀；4—主阀体。

图 3-41　分配阀主阀结构图

e. 紧急放风阀：该阀处于充气缓解位。如图 3-42 所示，列车管向放风阀上侧紧急室充风，直到紧急室压力与列车管定压相等。由列车管进入紧急放风阀的压力空气除一路进入紧急室外，还有一路从阀下体的暗道进入放风阀导向杆的下方，以抵消作用在放风阀上侧的列车管压力（背压），并与放风阀弹簧一起使放风阀处于关闭状态，截断列车管的排风通路。

同时，放风阀导向杆下部的传递杆与微动开关脱离，微动开关内的常开联锁断开，不输出联锁电信号，使电空阀处于失电状态，保证中继阀供风源的开通。

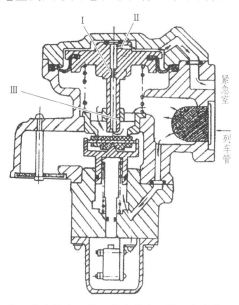

Ⅰ—轴向缩孔；Ⅱ—横向缩孔；Ⅲ—中心孔。

图 3-42　紧急放风阀充气缓解位

f. 安全阀：容积室上的安全阀处于关闭位置。容积室内压力空气排大气，安全阀阀口不能打开，安全阀不动作。

② 制动位。该位置是在列车运行中，操纵列车正常停车或调节速度时的工作位置。自动制动阀（大闸）手把在该位置停留时间的长短，控制着列车管从最小常用制动减压量到最大常用制动减压量间的各种不同常用制动减压量，也即控制着制动缸的不同压力。

在制动位时，各主要阀类部件的作用如下：

a. 自动制动阀（大闸）（见图 3-38）：自动制动阀（大闸）手把放在制动位时，均衡风缸管压力空气经转换柱塞、作用柱塞左端及端盖排风堵排入大气，均衡风缸压力下降。同时，连通外接电路，输出联锁电信号。

b. 电空阀：如图 3-43 所示，自动制动阀（大闸）

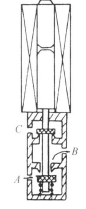

A—接总风；B—接遮断风管；
C—接大气。

图 3-43　电空阀有联锁电信号

输出联锁电信号，故电空阀处于得电状态，连通总风缸压力空气进入遮断风管的通道。

c. 中继阀：由于总风遮断阀呈关闭状态，切断了列车管的供风源。同时因均衡风缸减压，中继阀的排气阀阀口开启，列车管压力空气经排气阀排向大气，如图 3-44 所示，直至与均衡风缸压力一致，中继阀转呈制动后的保压位。

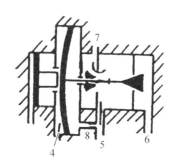

1—供气阀口；2—排气阀阀口；3—模板活塞；4—均衡风缸管；5—列车管；
6—总风管；7 排气口，8 缩孔。

图 3-44　中继阀排气位

d. 分配阀：列车管压力逐渐降低，使得分配阀作用部主阀上移，处于制动位，主阀下移，将使各通道动作如下：

开通了工作风缸向容积室充风的通路，容积室压力上升。而均衡部由于均衡阀下侧容积室压力上升，均衡阀上移，一方面阻断了制动缸排大气的通路，另一方面使总风缸压力空气经开放的均衡阀口进入制动缸，制动缸压力上升，制动机呈制动状态。另外，增压阀上部增压阀弹簧和列车管压力仍大于下部容积室压力，增压阀处于关闭位。

e. 紧急放风阀：如图 3-45 所示，紧急放风阀处于常用制动位，紧急室压力以接近列车管的减压速率回流至列车管，使紧急室压力与列车管压力达到同步下降，紧急活塞呈悬浮在中间状。放风阀在下部放风阀弹簧作用下，仍关闭排风阀口，同时，放风阀导向杆与微动开关不接触，故断开外接电路，不输出联锁电信号。

f. 安全阀：虽然容积室内压力空气压力上升，但达不到安全阀开启的调定压力，故安全阀阀口处于关闭位置。

③ 保压位。保压位是保持列车管压力不变的工作位置。根据手把操纵顺序的不同可分为制动前保压位和制动后保压位，可操纵列车实现阶段制动和阶段缓解。

在保压位时，各主要阀类部件的作用如下：

a. 自动制动阀（大闸）：自动制动阀（大闸）手把放在保压位时，各通路均被切断，微动开关闭合，给电空阀输出联锁电信号。

b. 电空阀：电空阀接受自动制动阀（大闸）输出的联锁电信号的控制，总风缸压力空气进入中继阀遮断风管。

c. 中继阀：中继阀处于保压状态，如图 3-46 所示。由于总风遮断阀呈关闭状态，切断了列车管的供风源，故列车管的泄漏不能得到补充。

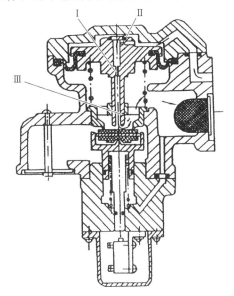

Ⅰ—轴向缩孔；Ⅱ—横向缩孔；Ⅲ—中心孔。

图 3-45　紧急放风阀制动位

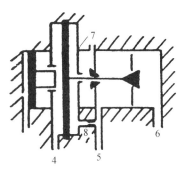

1—供气阀口；2—排气阀口；3—模板活塞；
4—均衡风缸管；5—列车管；
6—总风管；7—排气口；
8—缩孔。

图 3-46　中继阀保压位

d. 分配阀：由于列车管压力停止上升或下降，使得分配阀作用部处于保压状态，工作风缸停止向容积室充风。与容积室连通的均衡活塞下侧压力不变，均衡活塞上侧的制动缸压力与均衡活塞下侧的压力达到平衡，制动缸压力也处于保压状态。由于容积室压力得到保压，此时，分配阀均衡部能自动补偿制动缸压力空气的泄漏。分配阀的增压阀仍处于下部关闭位。

e. 紧急放风阀：由于列车管停止减压或升压，紧急活塞在弹簧反力作用下又恢复到充气缓解位，放风阀和其下部的电联锁状态也同上述的缓解位。

④ 运转位。运转位也是保持列车管压力不变的工作位置，根据手把操纵顺序的不同也可分成制动前运转位和制动后运转位。

在运转位时，各主要阀类部件的作用如下：

a. 自动制动阀（大闸）：各通路均被切断，无电联锁信号输出。

b. 电空阀：电空阀状态与保压位相反，电空阀处在失电状态，中继阀遮断风管通大气。

c. 中继阀：中继阀处于保压状态。由于总风遮断阀呈开启状态，故列车管压力泄漏能得到自动补偿。

d. 分配阀：分配阀各部分的位置与气路通断状况与保压位完全一致。制动缸压力空气的泄漏同样可通过分配阀均衡部得到补偿，以保持制动缸压力不发生变化。

e. 紧急放风阀：紧急放风阀也处在充气缓解位，与保压位完全相同。

通过以上对 YZ-1 型空气制动机自动制动作用的分析可知，制动机各主要零部件的工作状态在缓解位与制动位时刚好相反，而运转位和保压位是处在缓解和制动的中立状态，但由于运转位和保压位的电联锁状态正好相反，使得运转位有列车管泄漏的自动补风功能，而保压位则没有自动补风功能。

（2）单独制动作用。

单独制动作用，是把自动制动阀（大闸）放在缓解位，操纵单独制动阀（小闸）手把在各位置时的综合作用，如图 3-47 所示。该作用用于单独操纵大型养路机械的制动、保压和缓解。

自动制动阀（大闸）在缓解位时，分配阀处于充气缓解状态；容积室压力空气经作用部排气口排大气，但容积室与均衡活塞下侧的连通被梭阀所切断，而单独制动阀（小闸）的作用管通过梭阀与均衡活塞下侧连通，达到单独制动和缓解的目的。

① 缓解位。该位置是单独操纵大型养路机械缓解的作用位置。

在缓解位时，单独制动阀（小闸）与分配阀的作用如下：

a. 单独制动阀（小闸）：将单独制动阀（小闸）手把放在缓解位，由于作用柱塞左移，作用管压力空气经单独制动阀（小闸）的作用柱塞、转换柱塞排入大气。

b. 分配阀：分配阀均衡活塞下侧的压力空气经外接的单缓管和梭阀与作用管连通，再经单独制动阀（小闸）排入大气，于是均衡活塞下移，均衡活塞杆的顶面孔口露出，制动缸压力空气经均衡活塞杆轴向中心孔和径向孔，从均衡部排气口排入大气，达到单独缓解的目的。

② 制动位。该位置是单机运行时，在正常情况下调节速度或停车使用的位置。

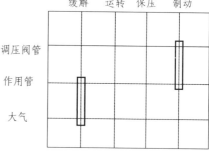

图 3-47 小闸各作用位气路通断情况

在制动位时，单独制动阀（小闸）与分配阀的作用如下：

a. 单独制动阀（小闸）：将单独制动阀（小闸）手把放在制动位，经调压阀调整后的压力为 360 kPa 的总风缸压力空气进入作用管，作用管压力上升。根据单独制动阀（小闸）在制动位停留时间的长短，可获得 0～360 kPa 间的各种不同的作用管压力。

b. 分配阀：作用管压力上升，经梭阀和单缓管通均衡活塞下侧，推动均衡活塞上移，其均衡活塞杆顶面接触均衡阀并顶开均衡阀，切断制动缸排大气的通路，总风经开放的均衡阀口进入制动缸，并经缩堵孔进入均衡活塞上侧，制动缸压力上升，达到单独制动的目的。

③ 中立位（保压位、运转位）。该位置是使作用管压力保持一定的工作位置，也分成制动前的中立位和制动后的中立位。

在中立位时，单独制动阀（小闸）与分配阀的作用如下：

a. 单独制动阀（小闸）：把单独制动阀（小闸）手把放于中立位（由于不利用单

独制动阀的电联锁功能，保压位与运转位的气路通断状况是一模一样的，这两个位置的作用也一致。但在正常运行时，习惯上都将手把放在缓解后的运转位，以缩短手把从缓解位移到制动位的时间），切断了作用管排大气的通路（制动后的中立位），也切断了调压阀管压力空气进入作用管的通路（制动前的中立位），作用管的压力保持与手把转换到中立位前的状态一致。

b. 分配阀：作用管的压力保持不变，也即分配阀均衡部均衡活塞下侧的压力保持不变。制动缸压力停止上升。

单独制动阀（小闸）手把置于中立位（保压位、运转位）时，YZ-1 型空气制动机的所有气路均被截断。

（3）自动制动后的单独缓解。

自动制动后的单独缓解是指用自动制动阀（大闸）操纵列车制动后，通过下压单独制动阀（小闸）来单独缓解牵引动车，而不影响全列车其他车辆的制动作用。

自动制动后，容积室压力空气经梭阀和单缓管通至分配阀的均衡活塞下侧，由于梭阀的作用，切断了单独制动阀（小闸）作用管与分配阀均衡部的连通，因此，无法用单独制动阀（小闸）来缓解自动制动阀（大闸）的制动。此时，通过下压自动制动阀（大闸）手把，顶开其上单独缓解阀，将与分配阀均衡部均衡活塞下侧连通的单缓管压力空气通过自动制动阀（大闸）中的单独缓解阀阀口、阀体排风口排入大气，容积室的压力也随之下降，分配阀均衡部均衡活塞在上侧制动缸压力的作用下带动均衡活塞杆下移，开放制动缸排风通道，使制动缸压力空气从分配阀均衡部排风口排入大气。在此过程中，由于列车管压力没有上升，故整个过程并不影响到列车其他制动机的制动作用，而只缓解了牵引动车的制动，从而达到单独缓解的目的。

（4）紧急制动作用。

紧急制动作用是大型养路机械在运行途中遇有紧急情况危及行车安全时所施行的操纵。YZ-1 型空气制动机的紧急制动一般都不是由自动制动阀直接控制的，而是通过操纵紧急制动阀直接排列车管内的压力空气来实现的。

① 紧急制动。紧急制动作用一般都是运行途中发生的。此前，不论是连挂运行还是单机运行，自动制动阀（大闸）手把应放在缓解位，单独制动阀（小闸）手把应放在运转位。

在紧急制动时，各主要阀类部件的作用如下：

a. 自动制动阀（大闸）：手把放在缓解位，总风以 500 kPa 的调整压力向均衡风缸管充风。施行紧急制动操纵后，应同时将自动制动阀（大闸）手把移到保压位，待过一定时间的保压后，再按需要将手把移回到缓解位，缓解紧急制动。

b. 单独制动阀（小闸）：手把放在运转位，切断各气路的连通。

c. 紧急制动阀：如图 3-48 所示，施行紧急制动时，向下拉动紧急制动阀手把（或按下紧急制动按钮），紧急制动阀状态由（a）切换为（b），则下方列车管压力空气经开启的阀口、阀体上的排风口排入大气。

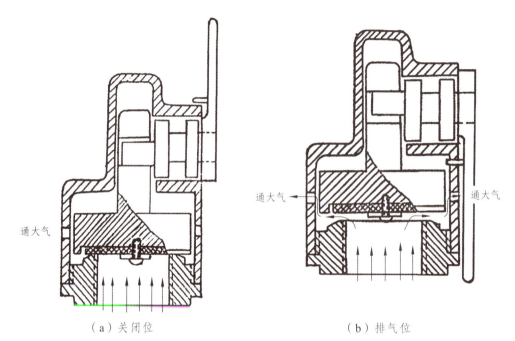

（a）关闭位　　　　　　　　　　　　（b）排气位

图 3-48　紧急制动阀

d. 紧急放风阀：如图 3-49 所示，列车管压力急剧下降，紧急室压力来不及逆流到列车管，紧急活塞失去平衡，下移并压下放风阀，开放列车管排风阀口，进一步加速列车管的排风。同时，紧急放风阀输出压力信号，去控制总风遮断阀动作，直到压力信号消失。

e. 中继阀：因列车管减压，中继阀处于充气缓解状态，供气阀开启。但总风遮断阀呈关闭状态，切断列车管的供风源，中继阀虽处于充气缓解位，但是列车管还是得不到充风，保证了紧急制动作用的产生。

f. 分配阀：分配阀作用部很快到达常用制动位，工作风缸迅速向容积室充风，容积室压力上升。

增压阀上移开放总风与容积室的通路，容积室压力继续上升，直至安全阀动作。安全阀使容积室压力保持在 450 kPa，制动缸压力也将迅速上升到 450 kPa，产生紧急制动作用。

g. 安全阀：容积室的压力保持 450 kPa 的压力，

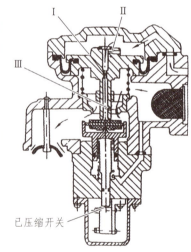

Ⅰ—轴向缩孔；Ⅱ—横向缩孔；
Ⅲ—中心孔。

图 3-49　紧急放风阀紧急制动位

也即保证紧急制动时制动缸的最大压力为 450 kPa。待紧急室压力排空后（大于 15 s），紧急放风阀排气口关闭，中继阀内总风遮断阀转呈开启状态，总风经遮断阀口、供气阀阀口进入列车管，列车管压力上升，紧急制动作用将在较短的时间内得到自行缓解。

② 紧急制动后的单独缓解。紧急制动后的单独缓解与自动制动后的单独缓解类似，只需下压自动制动阀（大闸）手把就能实现单独缓解。所不同的是紧急制动后的单缓时间比常用制动后的单缓时间长，且制动缸压力不能完全缓尽。这是因为紧急制动后，分配阀的增压阀发生作用，总风将通过增压阀向容积室补风，以提高容积室的压力，当下压手把单缓时，因增压阀没有复位，出现了一面单缓排气，一面总风补充的现象，故单缓的时间将要延长，制动缸压力不能缓尽。

3．液压制动系统

捣固车作业时为了能够迅速准确地使捣固镐头对准轨枕空间，要求捣固车制动灵敏、制动力大、缓解快，为此，捣固车在捣固作业时用液压制动代替空气制动。

如图 3-50 所示，作业制动有三套相同的液压制动回路，每套液压制动回路由二位四通电磁阀、单向减压阀、手动开关阀和制动油缸组成，回路动力为油泵和蓄能器油路联合输出的 14 MPa 压力油。

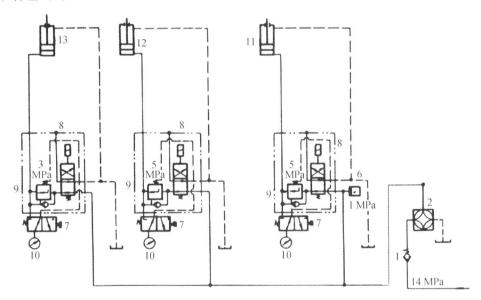

1—单向阀；2—分配阀；6—压力继电器；7—手动开关阀；8—二位四通电磁阀；
9—单向减压阀；10—压力表；11，12，13—制动油缸。

图 3-50　液压制动回路

三套制动油缸液压回路并联，制动油缸的大腔油路上串联单向减压阀，连接前、后转向架制动油缸的单向减压阀的设定压力为 5 MPa，连接拖车制动油缸的单向减压阀的设定压力为 3 MPa。

为了能够正确地调整制动油压力，在单向减压阀的出口油路上接有手动开关阀和压力表。按下手动开关按钮时，压力表沟通制动油缸大腔油路，即可测出制动油压力。

二位四通换向阀不动作（零位）时，压力油通制动油缸大腔，活塞杆伸出，推动基础制动装置使车轮制动，所以捣固车在非作业走行时，处于制动状态。

在制动油缸的活塞杆伸出时带动制动风缸活塞杆伸出，使风缸内弹簧压缩。当踩下作业走行踏板时二位四通电磁阀换向，使制动油缸大腔和油箱沟通，活塞杆借助风缸弹簧的作用力缩回，制动缓解，压力继电器的动作压力为 1 MPa，当制动及支撑油缸回路中油液压力超过 1 MPa 时，压力继电器动作，在后司机室内控制盘上的指示灯发亮，告知操作人员，作业工况转换完毕、可以进行作业操纵。

4．手制动机

手制动机以人力作为制动的动力来源，用手来实施操纵控制。构造简单、费用低廉，作为一种辅助的制动装置使用，可在车辆停留中防止移动，或者空气制动机失效时暂时用手制动机代替。一般车辆上都会装有手制动机。

手制动机安装在后驾驶室内，顺时针转动为制动，逆时针转动为缓解。如图 3-51 所示，使用手制动机时，将摇把向外拉出，顺时针旋转，通过内部的锥齿轮传动引起车下的螺杆转动、丝杆螺母移动，从而拉动杠杆，使基础制动装置产生制动作用，使用完毕后，将摇把向内推并用弹簧卡锁定，一般在停车时使用手制动以防溜车。

图 3-51　手制动机

5．基础制动装置

1）基础制动装置的构造及作用原理

捣固车的前后转向架及拖车上,分别安装 3 套各自独立的基础制动装置,如图 3-52 所示。

基础制动装置除了与制动气缸相连接外还与液压制动油缸相连接，在后转向架的基础制动装置上连接手制动机。捣固车在高速运行时由空气制动部分来推动基础制动装置，在捣固作业时由液压油缸来推动基础制动装置，停车或无动力时用手制机来推动基础制动装置。

x

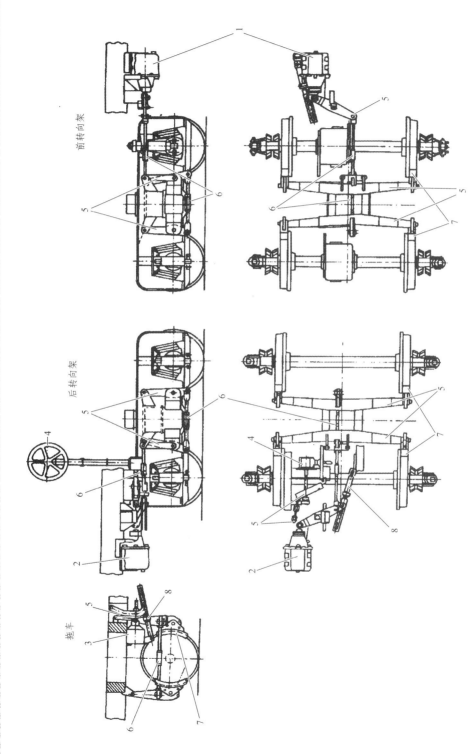

前转向架

后转向架

拖车

图 3-52 捣固车的基础制动装置

1—前制动风缸；2—后制动风缸；3—拖车制动风缸；4—手制动机；5—制动梁；
6—下拉杆；7—闸瓦；8—液压制动缸。

（1）单闸瓦式基础制动装置。

前后两个转向架采用结构相同的单闸瓦式基础制动装置。单闸瓦式基础制动装置如图 3-53 所示，它主要由制动缸杠杆、上拉杆、移动杠杆、固定杠杆、下拉杆、制动梁、闸瓦架和闸瓦等组成。

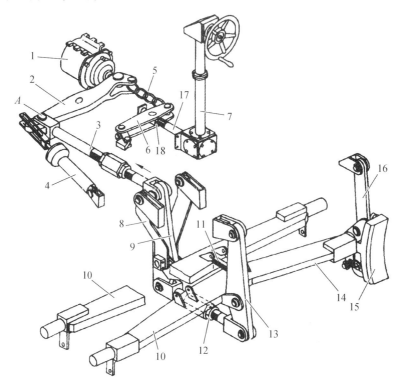

1—制动风缸；2—制动缸杠杆；3—上拉杆；4—制动油缸；5—链条；6—手制动杠杆；
7—手制动机；8—吊板；9—移动杠杆；10—制动梁；11—弹簧；12—下拉杆；
13—固定杠杆；14—闸瓦架；15—闸瓦；16—吊架；
17—丝杆；18—丝母。

图 3-53　单闸瓦式基础制动装置

制动缸杠杆水平安装在车架上，中间为铰接支点，左端与上拉杆和制动油缸连接，右端与制动风缸和手制动机的链条连接。移动杠杆的上端与上拉杆连接，下端与下拉杆连接，中间与吊板和左端制动梁铰接，吊板的上端与转向架连接。固定杠杆的上端与转向架上的固定吊耳连接，中间与右端制动梁铰接，下端与下拉杆连接。制动梁的两端安装闸瓦架，闸瓦通过插销固定在闸瓦架上，并对准车轮踏面，闸瓦架用吊架与转向架上的吊耳连接。

当制动风缸活塞伸出时（或者制动油缸活塞伸出），制动缸杠杆以支点销轴为中心转动，上拉杆拉移动杠杆以中间销轴为中心转动（如箭头所指方向），则下拉杆就推动固定杠杆连同右端制动梁使闸瓦压在车轮上。尔后下拉杆再不能轴向移动，则移动杠杆的下端变为支点，使移动杠杆开始以下端为中心转动，拉左端制动梁克服弹簧的作用力使闸瓦压到另一车轮上，实现制动。

当进行手制动时，转动手轮，通过齿轮传动机构使丝杆旋转，则套在丝杆上的螺母移动，带动杠杆，用链条拉动制动缸杠杆进行制动，其各杆件的动作同上。

当制动缓解时，活塞缩回。杠杆上的作用力消失，杠杆和拉杆恢复原来的位置，闸瓦及制动梁在弹簧的作用下离开车轮，实现缓解。

（2）双闸瓦式基础制动装置。

材料小车采用双闸瓦式基础制动装置。双闸瓦基础制动装置结构如图3-54所示。

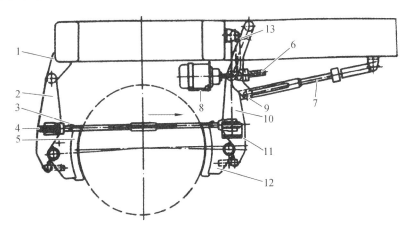

1—吊耳；2—固定杠杆；3—拉杆；4—左侧制动梁；5—闸瓦；6—右侧制动梁；7—制动油缸；
8—制动风缸；9—吊杆；10—移动杠杆；11—横拉杆；12—闸瓦托。

图 3-54　双闸瓦基础制动装置

车轮上的左右两个闸瓦托与移动杠杆和固定杠杆连接，左侧制动梁的两端连接左右两个车轮的左侧固定杠杆。右侧制动梁的两端连接车轮右侧的移动杠杆，拉杆连接左侧制动梁和右侧横拉杆。制动风缸活塞直接作用在右制动梁的中间，吊杆的上端与支架支点连接，中间与右制动梁铰接，下端与制动油缸活塞连接。

当制动风缸活塞伸出时，推动制动梁和移动杠杆向右移动（箭头方向），移动杠杆上的横拉杆带动拉杆向右移动，则拉动固定杠杆使左侧闸瓦压到车轮踏面上。尔后拉杆再不能移动，故横拉杆与移动杠杆的铰接点变为支点，此时移动杠杆就以该支点为中心转动，使右侧闸瓦压向车轮的踏面进行制动。

在制动风缸活塞伸出时，吊杆也同制动梁而转动，吊杆的下端连接点在制动油缸活塞上的槽内滑动，因此，液压制动缸不影响风制动缸的动作。

当制动缓解时，制动力消失。各杆件回到原来的位置，闸瓦离开车轮。拉杆的中间有调整螺母。转动螺母可以改变拉杆的长度，即可调整闸瓦间隙。液压制动缸活塞在无制动作用时伸出来，当进行液压制动时，活塞缩回，拉动吊杆转动，使右侧制动梁向右移动，其他杆件的动作同风制动。

2）基础制动装置的主要零件

（1）杠杆。

杠杆是基础制动装置中用以传递和改变制动力的大小和方向的零件。在基础制动装置中利用杠杆原理，扩大制动缸的作用力，其扩大的倍数称为制动倍率。杠杆承受较大的弯矩，故其断面为矩形，中间尺寸较大，两端稍窄成鱼腹形。杠杆根据安装部位不同，有不同的作用和名称，如与制动缸相连的杠杆叫作制动缸杠杆，一端固定不动的称为固定杠杆。

（2）拉杆。

拉杆是连接两杠杆的零件，仅起力传递作用，而不能改变力的大小和方向。拉杆的结构如图 3-55，它由叉形连接头、调整螺母、锁紧螺母组成。两端叉形头焊接在螺杆上，一端螺杆为正螺纹，另一个螺杆为反螺纹。装在长形的调整螺母内，转动调整螺母即可改变拉杆的长度，达到调整活塞行程的目的（即调整闸瓦与车轮踏面间的间隙），当闸瓦间隙调整好后再把锁紧螺母拧紧。

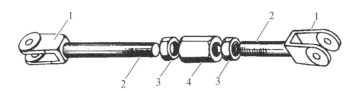

1—叉形头；2—调整螺杆；3—锁紧螺母；4—调整螺母。

图 3-55　拉杆

拉杆的叉形头与杠杆连接。上拉杆与杠杆采用关节轴承连接，如图 3-56 所示，销轴用槽形螺母固定，端部安装油嘴，给关节轴承加注润滑油脂。

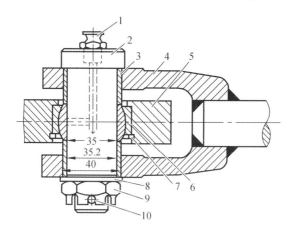

1—油嘴；2—销轴；3—衬套；4—叉形头；5—上拉杆；6—关节轴承；
7—挡圈；8—垫圈；9—槽形螺母；10—开口销。

图 3-56　关节轴承连接

叉形头上的销轴孔内压装磨耗衬套，以便磨损后更换，这样可以延长拉杆的使用寿命。下拉杆与杠杆采用销轴连接，如图 3-57 所示。

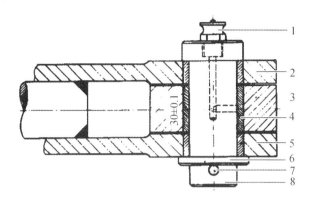

1—油嘴；2—叉形头；3—杠杆；4，5—衬套；
6—挡圈；7—开口销；8—销轴。

图 3-57　销轴连接

（3）制动梁。

制动梁将杠杆扩大后的制动力传递到闸瓦托上，把闸瓦压向车轮踏面进行制动。制动梁断面为矩形，两端安装闸瓦托，中间与杠杆连接。两个制动梁相背安装，用 4 个弹簧相连，当制动力消失后，在弹簧拉力的作用下，使闸瓦离开车轮，制动缓解。

（4）闸瓦。

制动时闸瓦与车轮踏面接触，把制动力施加到车轮上。闸瓦采用铸铁制造。闸瓦通过插销装在闸瓦托上，磨损后更换方便。闸瓦的最大磨耗量为 25 mm。

任务四　GYK 系统认知

一、工作任务

通过学习相关知识，能承担以下工作任务：
（1）掌握 GYK 系统基本构成和工作原理。
（2）掌握 GYK 主界面屏幕显示及按键功能。
（3）熟悉 GYK 系统基本操作和操作注意事项。

二、相关配套知识

1．GYK 系统概述

轨道车运行控制设备的技术标准规范统一控制模式，统一运用管理，轨道车运行控制设备的组成、技术要求、系统功能、显示界面，制定了轨道车 5 种控制模式，使轨道车型号、控制模式在一定程度上到达严格的统一。

GYK 只存储少量基本数据，按照速度分级控制，根据机车信号信息，以进入闭塞分区后 700 m 处为目标点，计算产生控制曲线，防止轨道车超速或越过关闭的信号机，监控轨道车安全运行。

2．GYK 基本构成和原理

1）基本构成

GYK 包括装设于轨道车上的主机、人机界面（DMI）、机车信号机、接收线圈、速度传感器、压力传感器、制动装置（电磁阀）、熄火装置、故障隔离装置、警惕按钮、轴温监测装置接口（可选）。GYK 基本构成，如图 3-58 所示。

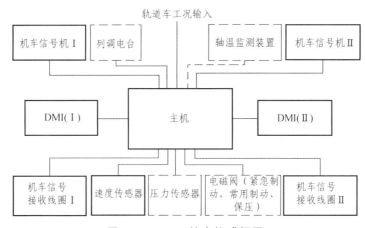

图 3-58　GYK 基本构成框图

2）控制原理

根据轨道车运行和作业特点，GYK 具有 5 种监控模式：正常监控模式、调车模式、目视行车模式、区间作业模式、非正常行车模式。

轨道车在区间正常运行时采用速度分级控制：根据机车信号信息，以进入闭塞分区后 700 m 处为目标点，计算产生控制曲线，防止轨道车超速或越过关闭的信号机。

轨道车在区间作业和限速区段采用速度连续控制（区间作业、临时限速、路票等）：以轨道车计划停车地点或限速区段起点为目标点，计算产生连续的速度控制曲线，防止轨道车越过设定的停车点或超过限速区段的限制速度。当轨道车速度达到控制模式曲线时，GYK 对轨道车实施常用制动、熄火及紧急制动，防止轨道车"两冒一超"。

3．GYK 主界面屏幕显示及按键说明

GYK 主界面屏幕显示（DMI）如图 3-59 所示。

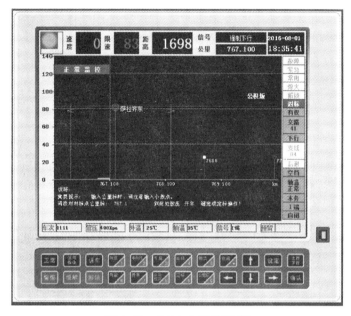

图 3-59　GYK 主界面屏幕

1）屏幕最上方数据窗口

（1）信号灯状态显示窗口。显示作业车当前的机车信号状态，有绿 5、绿 4、绿 3、绿 2、绿、绿黄、绿黄 2、黄、黄 2、黄 2 闪、双黄、双黄闪、红黄闪、红黄、红、白灯 16 种信号灯显示。

（2）速度窗口。显示作业车当前的实际运行速度。

（3）限速窗口。显示作业车当前运行位置控制模式常用制动或紧急制动的限速值。

（4）距离窗口　显示作业车前方目标距离。

（5）信号窗口。显示接收信号为"上行"还是"下行"。人工切换时，显示"强制上行"或"强制下行"。

（6）公里标窗口。显示当前作业车运行位置的公里标。

（7）日期和时间窗口。显示当前的系统日期及时间。

2）状态窗口

屏幕右边的状态窗口显示系统状态信息。状态有效时显示红底白字或绿底黑字，状态无效时显示白底灰字。由上到下依次显示为：

（1）故障：当系统及模块故障时，显示"故障"。

（2）紧急：紧急制动时，显示"紧急"。

（3）常用：常用制动时，显示"常用"。

（4）熄火：熄火动作时，显示"熄火"。

（5）解锁：解锁成功后，显示"解锁"，4 s后自动熄灭。

（6）对标：重新设定公里标后，显示"对标"；按【开车/7】键响应后熄灭。

（7）控制权：DMI具有操作权时，显示"有权"，无操作权时，显示"无权"。

（8）交路：交路输入后，显示所输入的交路号。

（9）上/下行：车次输入后，显示所输入交路的上/下行。

（10）支线：支线输入有效后，显示所输入的支线号。

（11）工况1：GYK Ⅰ端的作业车工况切换至前进时，显示"前进"；切换至后退时，显示"后退"。Ⅱ端与之相反。

（12）工况2：作业车排挡处在空挡时，显示"空挡"。

（13）轴温：轴温正常时，显示"轴温正常"；轴温监测装置故障时，显示"轴温故障"。

（14）本务：本务时显示"本务"；非本务时显示"补机"。

（15）Ⅰ端：DMI接主机Ⅰ端屏显时，显示"Ⅰ端"；DMI接主机Ⅱ端屏显时，显示"Ⅱ端"。

（16）闭塞方式：有GYK基本数据时，自动监测数据中的自闭或半自闭区段，显示"自闭"或"半自闭"无GYK基本数据时，可手动按压【半自闭/2】键2 s切换，显示"自闭"或"半自闭"。

3）主窗口

屏幕中间的窗口为主窗口，显示范围为4 km。靠左侧1/4处的竖直线将窗口分为两部分，左侧显示作业车位置1 km范围的实际运行速度曲线，右侧显示作业车位置前方3 km以内的模式控制曲线。

具体说明如下：

（1）限制速度曲线：以（红色）曲线方式显示当前区段的常用制动模式曲线和前方3 km以内的限制速度情况，并在曲线上方用数字标注目标速度。

（2）实际速度曲线：以（绿色）曲线方式显示列车当前运行速度和刚走行1 km范围的速度曲线情况。

（3）站中心及站名：以坐标方式（垂直蓝线）显示前方3 km以内所有站的站中心位置，并用汉字标注对应车站的名称。

（4）作业车位置：主窗口左侧1/4处有一条垂直分隔线（黄色线），显示一个作业车图标，表示当前作业车位置，图标的长度与输入的编组计长成正比。

（5）道岔：以坐标（垂直蓝线加进、出标记）形式显示虚拟进、出站的道岔位置。

（6）前方站：屏幕的右上方以汉字显示前方站的名称。

（7）公里标：屏幕的下方有一条横白线，显示公里标的变化及走行情况。

（8）控制模式：屏幕的左上方以字符图标（红底黄字）的方式显示控制模式。

4）显示信息

屏幕的最下方显示以下信息：

（1）车次：以数字（最高 7 位）方式显示车次号。

（2）管压：以数字（最高 3 位）方式显示列车管风压。

（3）外温：以数字（最高 3 位）方式显示环境温度。

（4）轴温：以数字（最高 3 位）方式显示最高轴温。

5）按键功能说明

按键为带背光按键，在光线变暗时，按键上的字可自动透光。按键共 24 个，0～9 及小数点共 11 个键为复合键，复合键在参数修改状态作数字键用，在其他状态时作为功能键用，其他按键为单功能键。DMI 按键布置图，如图 3-60 所示。

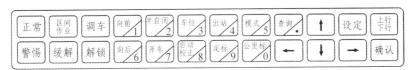

图 3-60　DMI 按键布置图

【正常】键：按压该键，弹出"作业车位置设定"窗口。

【区间作业】键：按压该键，弹出"区间作业状态选择"窗口。

【调车】键：按压该键，弹出"调车状态选择"窗口。

【警惕】键：报警时按压该键，可终止当前语音报警。

【缓解】键：按压该键，进行制动后的"缓解"操作。

【解锁】键：按压该键，进行控制曲线开口操作；与其他键组合进行某些特定的解锁操作。

【向前/1】键：先按压【车位/3】键，3s 内按压【向前/1】键，调整滞后误差。工况无效时在停车状态长按该键切换工况到前进，否则无效。

【半自闭/2】键：按压该键，进入或退出半自闭区间。无地面数据时按键有效，已经调用 GYK 基本数据时，按键无效。

【车位/3】键：与其他键组合使用进行某些特定操作。

按压【车位/3】+【向前/1】键，调整滞后误差。

按压【车位/3】+【向后/5】键，调整超前误差。

有支线提示时，按压【车位】+【半自闭/2】键，调出"输入支线号"界面。

大机趋势：按压【车位/3】+【车位/3】键，更改大机公里标趋势；只有大机具备此项功能，其他作业车无此项功能。

停车时：

有权端按压【车位/3】+【开车/7】键，变为无权端。

无权端按压【车位/3】+【开车/7】键，变为有权端。

无权端按压【车位/3】+【模式/5】键，实现屏幕保护。

无权端按压【车位/3】+【定标/9】键，弹出"控制设备状态查询"界面。

【出站/4】键：双黄或双黄闪灯时按压，进入侧线出站状态。其他灯时按压进入正线出站状态。

【模式/5】键：按压该键，弹出"作业车模式选择"界面。

【向后/6】键：先按压【车位/3】键，3 s 内按压【向后/6】键，调整超前误差。工况无效时在停车状态长按该键切换工况到后退，否则无效。

【开车/7】键：按压该键，执行公里标对标操作。

【自动校正/8】键：当距离误差正负 500 m 以内时，可在地面公里标位置按压【自动校正/8】键，进行公里标取整校正。

【定标/9】键：按压该键，显示当前位置的公里标和目标距离。

【公里标/0】键：在一定条件下输入对标公里标和趋势，按【开车/7】键，执行对标操作。已经调用 GYK 基本数据时，不能修改公里标趋势。

【查询/.】键：按压该键，弹出"查询操作"窗口；输入公里标时，若已输入数字，按压该键表示"."；没输过数字按压表示"-"，用于负号输入。

【设定】键：按压该键，弹出"参数设定"窗口，进行参数设定；另按压该键退出当前窗口返回到主界面。

【上行/下行】键：按压该键 2 s，进行接收信号载频切换操作：有 3 种状态：强制上行/强制下行/自动。"自动"时表示接收信号载频按照 GYK 基本数据的信号制式设定。

【确认】键：按压该键，参数设定或修改有效，保存退出；与其他键组合使用进行某些特定操作。

【←】【↑】【→】【↓】键：在参数设定或查询状态，按压这些键，可以改变光标的位置。在输入数字时，【←】键为退格键。

在主界面按压【↑】键 2 s 以上弹出"非正常行车确认"窗口。

在主界面按压【←】键或【→】键可以调整音量大小；按压【↑】键或【↓】键可以调整显示器亮度。

任务五　CIR 系统认知

CIR 系统认知

任务六 捣固车运行驾驶

一、工作任务

通过学习捣固车运行驾驶的相关知识，能承担以下任务：

（1）掌握捣固车运行前的各项准备工作。

（2）掌握捣固车的运行驾驶及停机停放。

（3）掌握捣固车的连挂运行相关内容。

二、相关配套知识

1. 运行前的准备工作

1）常规检查准备

（1）按照捣固车保养制度或手册的要求对捣固车各部进行润滑保养，保证捣固车处于良好的润滑状态。

（2）捣固车出现的故障要及时排除，严格杜绝带故障运行和作业。

（3）对捣固车进行必要的擦拭，清除各个部位的油污，以保持良好的清洁。擦洗捣固车时应避免随意使用带有腐蚀性的化学清洗剂。

（4）对捣固车的外露且容易松动脱落的螺钉、螺栓、螺母、销等紧固件进行检查，以保证机械各部件保持良好的紧固状态，利于安全行车和作业。

（5）检查空气制动系统（见图 3-61）、手制动装置、液压制动系统各部件的状态及性能，不符合规定的要及时调整。

图 3-61 空气制动手柄及仪表

（6）检查所有工作装置、检测装置的安全锁定机构，保证锁定机构处于可靠状态，如图 3-62 所示。

图 3-62 工作装置、检测装置的安全锁定机构

（7）检查各油箱或油池的油位及其他液面高度，做到及时补充或更换，各车型所需油量有所不同，以各车型操作手册为准。检查项目包括：

① 发动机机油油位。夏季使用 14 号中增压机油或 40CD，冬季使用 11 号中增压机油或 30CD。

② 动力换挡变速箱油位。使用 8 号液力传动油。

③ 分动齿轮箱油位。使用 18 号双曲线齿轮油 GL-5 级 90 号。

④ 车轴齿轮箱油位。使用 18 号双曲线齿轮油 GL-5 级 90 号。

⑤ 作业液压走行驱动减速箱油位。使用 18 号双曲线齿轮油 GL-5 级 90 号。

⑥ 液压油箱油位。

⑦ 柴油箱油位。

⑧ 空气回路注油器油位。

⑨ 捣固装置润滑油箱及导向柱润滑油杯油位。

⑩ 蓄电池电解液液面。

⑪ 空气回路防冻装置液面。

⑫ 空调器制冷剂液面。

（8）检查各电器装置、气动管路、液压管路的连接状况，对脱落、泄露进行处理。

（9）检查前后端部车钩缓冲装置，车钩的三态作用应良好。

（10）对转向架及走行部的各零、部件的状态进行外观检查，应无明显的缺陷、裂纹及变形。

（11）基础制动装置各连接销、开口销应完好，制动杠杆和制动梁无严重损伤和变形。

（12）闸瓦无裂纹、严重磨损，闸瓦间隙均匀，其值在 3 ~ 10 mm 内。使用中的闸瓦如果在其薄弱的地方小于 12 mm 厚时，必须更换。

（13）检查主、辅车转换阀置于主动位。

（14）检查万向传动轴无裂纹，连接螺栓无松动。

（15）检查必备的随机工具，随机关键备件。要求齐全，状态或功能良好。

（16）检查捣固车随机配备的行车安全备品和装置。要求时刻处于良好状态，如运行监控装置、信号旗、火炬、响墩、信号灯、复轨器、灭火器等，严格按照铁路有关安全行车规章办理。

（17）对于闲置已久或新启用、经过大修的捣固车，严格按照铁路有关设备管理规章，进行功能、状态检查或试验。

2）机械准备

（1）检查各控制开关及手柄等。

① 空气制动系统处于规定的工作模式。

② 动力换挡变速箱末级离合器手柄转至垂直 ON 位，并锁定。

③ 作业液压泵驱动离合器处于脱开位置。

④ 手制动装置处于制动位置。

⑤ 作业气动塞门处于断开位。

⑥ 所有液压作业系统均处于泄压位。

⑦ 所有电路断路器处于接合位，即下位。

⑧ 前后司机室变速箱控制主开关处于切断位，变速箱的速度挡选择器处于空挡位置。

⑨ 前后司机室空调器或空气加热器处于切断停机状态。

⑩ 作业控制主开关处于断开位。

⑪ 前后司机室内发动机调速手柄处于低位，即怠速位。

（2）材料车上备品摆放牢固，不影响司机运行中的瞭望。装载质量小于 2 000 kg，且无偏载。

3）启动发动机

（1）较长时间未启动发动机的捣固车，在启动发动机时需在后司机室进行操作，因为各显示仪表在后司机室内，便于观察各显示参数或信号。

（2）打开整车电源主开关，下列各仪表电源已接通，显示相应的参数，如图 3-63 所示。

① 发动机转速表指针处于"0"位。

② 速度里程表速度指针处于"0"位，里程显示原来的累计数。

③ 动力换挡变速箱油压表指针处于"0"位。

④ 动力换挡变速箱温度表指针处于"0"位。

⑤ 发动机油压表指针处于"0"位。

⑥ 发动机温度表指针处于"0"位。

⑦ 柴油箱油位指示表显示与当前油箱油位的对应值。

⑧ 电压表指针处于绿区，不低于 20 V。

⑨ 电流表指针处于左侧放电状态。

⑩ 发动机工作计时表保持原来数字不转动。

⑪ 末级离合器脱挡指示绿灯亮。

⑫ 主驱动和辅助驱动脱开指示绿灯亮。

⑬ 当储风缸压力低或无风时，总风压力报警指示灯亮。

⑭ 如果发动机油压报警指示红灯亮，表明机油压力偏低。

⑮ 如果动力换挡变速箱油压报警指示红灯亮，表明润滑油压力偏低。

⑯ 如果某锁定机构未锁定到位，则相应指示灯和总灯亮。

⑰ 故障报警蜂鸣器发出报警声（确保报警蜂鸣器转换开关不在断开位）。

前司机室内相应指示灯和仪表显示同样信号。

（3）插入发动机启动电压开关并右旋，接通发动机系统控制电源；确认在发动机周围无妨碍启动的人和物品后，按下电喇叭按钮，鸣笛一长声，发出启动发动机的信号。这里要注意，只有当变速箱操作手柄处于空挡位和主作业开关在关闭位时，才有可能启动发动机。

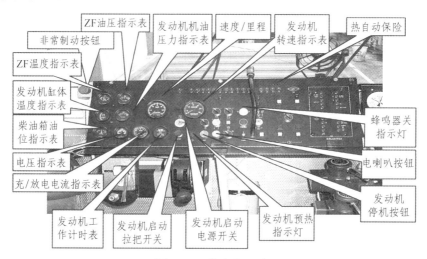

图 3-63　仪表显示台

（4）将发动机油门手柄提拉（或下压）至大约全负荷油门的 1/4 位置上。

（5）将发动机启动开关拉起至启动位置，发动机一启动，立即松开启动开关。

连续启动时间不得超过 10 s。为了保护蓄电池，在多次启动过程中，要有 1 min 的间隔。

在温度接近或低于零度时应当使用火焰加热塞。启动过程为：将启动开关拉起至低于启动位置的预热位并保持，待预热指示灯发亮后即刻拉启动开关至启动位，发动机着火后，立即松开启动开关。

万一发动机预热启动没有启动起来或排出灰白色烟雾，须将启动开关再恢复到预热位补充加热。补充加热不得超过 3 min，连续启动时间不超过 15 s。只有当部分着火能带动发动机旋转时，连续启动时间才可为 20～25 s。如果发动机第一次启动没有转起来，为了保护蓄电池，到下一次启动前应休息 2 min。

（6）发动机一开始运转，就通过发动机油门控制手柄，使发动机在中等转速运转，短时间内预热到使用状态。

（7）发动机启动后，确认下列显示信号是否正常，如有异常，则应立即停机检查。

① 发动机转速表指针处在与油门控制手柄位置相对应的转速值。

② 速度里程表速度指针处于"0"位，里程显示原来的累计数。

③ 动力换挡变速箱温度表显示值上升。

④ 动力换挡变速箱油压显示值上升到 1～1.2 MPa。

⑤ 发动机温度表显示值上升。

⑥ 发动机油压表显示值范围为 0.2～0.4 MPa。

⑦ 柴油箱油位指示表指针将随着燃油的消耗略有下降。

⑧ 电压表显示值约为 24～28 V。

⑨ 电流表指针指向充电侧，30～60 s 后显示全充电位。

⑩ 发动机工作计时表开始计时。

⑪ 主风缸压力上升。

⑫ 末级离合器脱挡指示绿灯亮。

⑬ 主驱动和辅助驱动脱开指示绿灯亮。

⑭ 空气干燥器工作指示绿灯 30 s 亮灭转换。

⑮ 动力换挡变速箱油压报警指示红灯熄灭。

⑯ 发动机油压报警指示红灯熄灭。

⑰ 蓄电池充电指示红灯熄灭。

⑱ 压缩空气故障指示红灯熄灭。

⑲ 蜂鸣器声响中断。

2．运行操作前的检查

为保证运行安全，在捣固车运行操纵前应进行以下准备工作。

（1）检查确认所有作业装置及检测装置均必须处于正确的锁定位置。

① 捣固装置。

② 夯实器。

③ 检测装置。

④ 起拨道装置。

⑤ 激光小车。

⑥ 作业走行距离测量轮。

捣固车上各装置位置如图 3-64 所示。

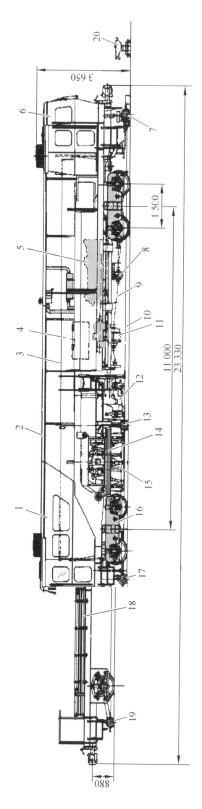

1—后司机室；2—中间车顶；3—高低检测钢线；4—油箱；5—柴油机；6—前司机室；7—D点检测轮；8—分动箱；9—传动轴；10—正矢弦；11—液力机械变速箱；12—起拨道装置；13—C点检测轮；14—夯实器；15—捣固装置；16—转向架；17—B点检测轮；18—材料车；19—A点检测轮；20—激光发射器。

图3-64 捣固车上各装置位置示意图

（2）如图 3-65 所示，确认下列显示仪表、灯均显示无误。

① 锁定显示灯全部熄灭。

② 作业液压走行驱动指示灯亮。

③ 动力换挡变速箱油压为 1～1.2 MPa。

④ 动力换挡变速箱油温至少为 40 ℃。

⑤ 主风缸压力为 0.7 MPa；

⑥ 列车管压力为 0.5 MPa；

⑦ 均衡风缸压力为 0.5 MPa；

⑧ 各系统或装置的滤清器报警灯均熄灭。

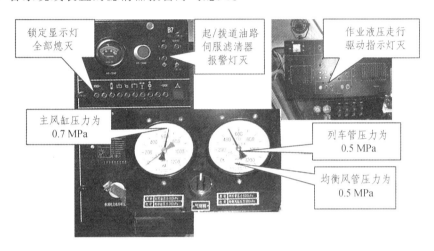

图 3-65　仪表指示灯检查

（3）制动系统的检查。

① 检查空气制动阀上的转换柱塞拨杆在正确位：自动制动阀（大闸）在"空气位"；单独制动阀（小闸）在"电空位"。

② 空气制动系统性能试验完毕后，小闸施加制动至最大制动压力 0.36MPa。在保持直接制动的情况下，松开手制动。

③ 制动闸瓦磨耗显示器灯应在熄灭状态。

④ 制动系统各部无泄漏。

（4）开启无线列调电台、机车信号和运行监控装置等 3 项安全设备并进行自检，确保 3 项安全设备技术状态良好。

（5）检查照明、雨刷器及报警装置、保证工作正常，严格按照有关行车规章进行确认。

（6）确认车下无人和障碍物，材料车上无人搭乘。

（7）检查防溜设施是否撤除。

3．运行操作

1）运行驾驶

（1）根据捣固车运行方向选择司机室，一般选择驾驶位置面对预定的行驶方向。允许在封闭线路上短距离反方向驾驶，但在非操作司机室内有瞭望人员，向驾驶司机发出信号，并严格按有关运行规定行车，保证运行安全。

（2）选择司机室后，需进行以下确认和检查：

① 非驾驶司机室内的制动阀处于"运转位"。

② 非驾驶司机室内的速度挡选择器位于空挡位。

③ 非驾驶司机室内的动力换挡变速箱主控开关位于切断位，钥匙已取出。

④ 非驾驶司机室内的风控油门手柄位于怠速位。

（3）将发动机转速提高到略高于怠速。

（4）接通动力换挡变速箱控制主开关（只要捣固车处于运行状态，主开关决不可切断，否则将使变速箱损坏）。

（5）运行速度挡选择器置于前进一挡位。

（6）鸣风笛一长声。

（7）缓解空气制动。

（8）匀速提高发动机转速。

各操作手柄按钮位置如图 3-66 所示。

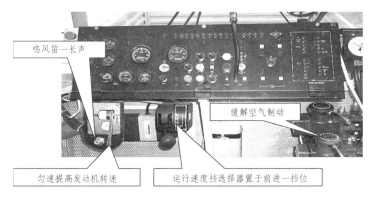

图 3-66　各操纵手柄、按钮位置

（9）捣固车运行速度控制。

① 捣固车运行启动后，为提高运行速度将发动机油门手柄置于最高转速位。

② 待捣固车在一挡内逐渐加速至最高速度，约为 25 km/h 时，将挡位升至二挡，并适当降低发动机转速。

③ 待捣固车在二挡内逐渐加速至最高速度，约为 47 km/h 时，将挡位升至三挡，并适当降低发动机转速。

④ 捣固车运行速度受发动机转速和挡位的控制，在任一挡位，均可提高发动机转速来提高运行速度。运行中必须注意捣固车自运行速度，严禁超速驾驶。

⑤ 降低发动机转速，捣固车运行速度下降，以此可以起到控制运行速度的作用。

⑥ 在转换速度挡位时，遇到由高速度挡位换为低速挡位时，即降速运行工况，应先减油门，使发动机转速降至 1 500 r/min 以下，必须等车辆运行速度与相应的挡位速度相一致，待动力换挡变速箱的自动控制锁闭机构已脱开后方可进行。如果确实需要快速换挡减速，在降低发动机转速的同时应施加空气制动强制减速。施加制动时，制动压力不能太高，应在 100 kPa 左右。

（10）捣固车停止运行。捣固车停止运行的操作方法为：

① 首先将发动机转速降至怠速位，然后施加空气制动，直至完全停止不动。

② 对捣固车强制降速并停止运行期间，速度挡位也可不做转换，待车完全停稳后再将挡位选择器置于空挡位。即在任一挡内均可实施制动停车。

③ 断开 ZF 驱动主开关，末级离合器脱挡指示绿灯亮。

④ 在前后司机室都有一个紧急制动按钮，还各有一个辅助（旁路）制动按钮，用以在紧急情况下的停车（见图 3-67）。

（11）运行中操作人员必须注意以下事项：

① 运行速度必须根据具体的运行条件来选择。不同的运行条件，如线路状况、天气情况等，有不同的运行速度。

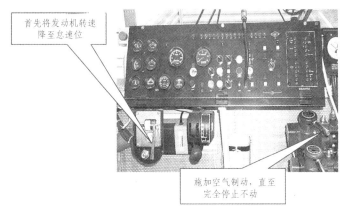

首先将发动机转速降至怠速位

施加空气制动，直至完全停止不动

图 3-67　停车操作

② 若因捣固车牵引载荷过大，在某一挡内使发动机转速由高速跌至 1 400 r/min 以下，需将速度挡位转换至下一低速挡，以防动力换挡变速箱油温过高。

③ 动力换挡变速箱的油温应控制在 80 ~ 95 ℃，短时间内允许达到 110 ℃。若温度过高，需将挡位转换至空挡位，发动机转速维持在 1 200 ~ 1 500 r/min，强制冷却油液，直至降至允许范围。

④ 在捣固车未停止运行前，严禁转换运行方向。

⑤ 捣固车处于运行状态且挡位未处于空挡位时，禁止发动机熄火和重新启动发动机。

⑥ 牵引其他车辆运行时，必须保证被挂车辆的制动系统作用与捣固车的一致性，原则上考虑到捣固车的结构特点，一般不用于牵引其他车辆。

（12）连挂运行（没有驱动，机器被牵引）：ZF 变速箱必须关闭，断开末级离合，并在该位置锁定。

2）停机及停放

（1）速度挡选择器处于空挡位，切断动力换挡变速箱控制主开关。

（2）按下发动机停机按钮，使发动机在怠速下停机（见图 3-68）。

（3）顺时针旋紧手制动手轮，施加手制动的同时，可以低于空气全制动位的制动压力施加空气制动。

（4）切断空气加热器或空调器（见图 3-69）。

（5）关断所有照明装置。

（6）确认液压系统处于完全卸荷状态。

（7）排掉储风缸水分。

（8）关断蓄电瓶主开关。

（9）关闭窗户、锁固车门、降下发动机两侧的侧墙。

（10）按照相关规定，对捣固车设好防护。

按下发动机停机按钮　　顺时针旋紧制动手轮

图 3-68　停机按钮、手制动机

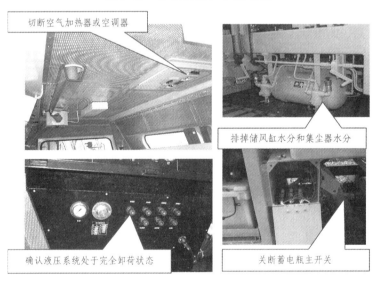

切断空气加热器或空调器

排掉储风缸水分和集尘器水分

确认液压系统处于完全卸荷状态　　关断蓄电瓶主开关

图 3-69　停机操作

4．连挂运行

1）长途挂运

各种大型养路机械在出厂及远距离的工地转移时，都要进行长途挂运。长途挂运时由机车牵引，大型养路机械仅做无动力回送。所以，捣固车的使用人员必须了解长途挂运的操作方法和注意事项

（1）长途挂运的整备。

① 连挂前检查。

a. 确认各作业驱动液压泵离合器、ZF 末级离合器必须处于脱开位置。

b. 各车轴齿轮箱油位和分动齿轮箱油位必须达到标准的上限。

c. 基础制动装置的悬挂应正常，制动拉杆锁紧螺母紧固。

d. 检查闸瓦有无裂纹，闸瓦插销是否到位。

e. 检查各测量小车、激光小车等应锁定和绑扎牢固，系好安全索。

f. 检查捣固装置、夯实装置、起拨道装置应锁定和绑扎牢固，系好安全索。

g. 检查车钩状态良好。

h. 检查门锁能否锁上。

② 启动柴油发动机，施加空气制动，缓解手制动。

③ 将空气制动系统中的制动安全阀压力调整全 180～220 kPa（网络版将"空、重"车转换阀转至"空"车位即可）。

④ 将无动力回送主、辅车转换阀置于被动位。

⑤ ZF 换挡手柄置于空挡位。按下发动机停机按钮，柴油发动机停止运转。

⑥ 关闭 ZF 驱动主开关。

⑦ 关掉照明灯等用电设备，关闭发动机主钥匙开关和主电源开关。

⑧ 拆除万向传动轴。

⑨ 缓解空气制动，施加手制动，并把大闸、小闸操作手把分别从运转位和缓解位取出。

⑩ 取走主电源开关钥匙和 ZF 驱动主开关钥匙。

⑪ 进行机械连挂，连接风管，试风试闸，缓解手制动。

（2）长途挂运时注意事项。

① 连续走行捣固车与其他车列长途挂运时，其编挂位置应在列车尾部，如有守车，应在守车前位。

② 在编组站内调车时禁止通过驼峰，不允许溜放，并严禁利用连续走行捣固车为动力车，进行其他货物车辆的调车作业。

③ 大型养路机械自行编组并由机车牵引时，应将重车、轴距大的车编在前面，然后逐一连接风管，试风试闸良好。

④ 运行前，各车司机长或负责人员检查本车的装载及与相邻车的连挂、各作业装置的锁定及安全链的拴挂等情况。

⑤ 连挂运行时的最大允许速度为 100 km/h（高速转向架连挂速度可以达到120 km/h）。

⑥ 每车设 2 名有资质的押车人员。押车人员应携带必需的维修工具及物件，如活动扳手、螺丝刀、钢丝钳、铁丝等，以备急需。携带一套制动操纵手柄，分别置于大、小闸的运转位和缓解位。

⑦ 运输途中，押车人员应严密监视本车的运行状态。

a. 在站内停车、会车时，押车人员应下车检查车轴齿轮箱温度、轴箱温度及制动闸瓦的情况，并巡查全车。

b. 一旦发现走行系统温度过高、有异响或制动缓解不良时，应及时通知押车指派负责人，以便采取应急措施，但不准随意动用停车设备。

c. 制动缓解不彻底，可用大闸单缓功能予以处理；闸瓦间隙过大时，调整闸瓦间隙或更换闸瓦。

d. 如发现危及行车安全的不正常现象，应及时作摘车处理。

⑧ 押车人员要注意安全。列车运行中，押车人员一律在驾驶室内并关好车门，身体不得探出车外。下车时，随时注意邻线来车，并随时做好上车准备，严禁钻车检查，避免与接触网支柱及其附近的金属接触，严禁在列车停留间隙离开机械设备，防止漏乘。

⑨ 押运人员要做好安全保卫工作，以防连续走行捣固车被人为破坏及丢失零配件。

⑩ 押运途中，列车在车站等避、等发或停留时，禁止设防滑措施。

2）作业连挂

大型养路机械机组作业，按规定必须连挂在一起进入封锁区间，也必须连挂在一起撤出施工工地。在连续走行捣固车进出施工封锁区间时，捣固车有时承当本务机的牵引功能，有时又作为无动力车附挂在其他机械的后面，车辆的连挂、摘挂作业则是每次施工都必须履行的工作。

（1）连挂准备（被挂车）。

① 施加空气制动，停稳捣固车。

② 将主、辅机转换阀置于被动位。

③ 确认各检测小车和作业装置锁定状态良好，总锁定指示绿灯亮。

④ 将 ZF 换挡手柄置于空挡位，ZF 驱动主开关置于关闭位并取下开关钥匙，末级离合器脱挡指示绿灯亮。

⑤ 按下发动机停机按钮使柴油发动机熄火，关闭发动机主钥匙开关并取下开关钥匙。

⑥ 关闭主电源开关并取下开关钥匙。

⑦ 检查确认两个作业驱动液压泵和一个走行驱动液压泵"接-脱开"操纵手柄在脱开位。

⑧ 检查车钩三态作用良好。

⑨ 缓解空气制动，施加手制动。

⑩ 把大、小闸手把分别从运转位和缓解位取出。

（2）连挂作业。

① 连挂的动车试风试闸，以不超过 30 km/h 的速度运行至被挂车前 50 m 一度停车，并调整运行速度。

② 连挂动车以不超过 3 km/h 的速度运行至距被挂车前 2 m 二度停车。

③ 再度检查动车与被挂车的车钩、风管，做好连挂准备。

④ 提起动车及被挂车车钩装置的钩提杆，使车钩处于全开状态。

⑤ 动车以不超过 3 km/h 速度平稳连挂，然后换向伸钩试拉，确保连接可靠。

⑥ 接好制动软管，打开列车管折角塞门，检查确认无泄漏。

⑦ 缓解被挂车的手制动。

⑧ 由动车向连挂车列的列车管充风，按规定进行制动机试验，确认制动、缓解良好后方可动车。

⑨ 把动车 ZF 换挡手柄置于空挡位，降低柴油发动机转速为怠速运转。

⑩ 施加连挂车列的空气制动。

（3）连挂运行。

① 操纵动车 ZF 换挡手柄由空挡换至前进方向的第一挡。

② 鸣风喇叭一长声，待被连挂各车回示一长声后，牵引动车即刻再鸣笛一长声，方可开始动车。

③ 缓解连挂车列空气制动，并操纵发动机油门控制手柄，提高柴油发动机的转速，从而使连挂车列逐渐加速并换挡。

④ 牵引动车严格按"十六字令"行车，即彻底瞭望、确认信号、高声呼唤、手比眼看。驾驶司机随时检查本务车的列车管压力、制动缸压力，以及操作台上各种仪表的显示状况，发现异常，及时停车，确保行车安全，高速运行中严禁开启作业电源。

⑤ 被挂车上机组人员应加强瞭望，若发现紧急情况而又无法及时通知牵引车司机时，可按紧急制动按钮，使车列施行紧急停车。

⑥ 被挂车司机应随时检查本车上的列车管压力、制动缸压力、总锁定指示灯，以及操作台上各种仪表的显示状况，发现异常，立即发出停车信号，确保行车安全。

（4）摘挂作业。

机组到达施工地段，需对连挂车列进行摘挂作业。摘钩时，应严格执行"一关折角塞门、二摘风管、三提钩"的作业方法，注意安全。具体操作过程如下：

① 将动车的柴油发动机转速降至怠速，并给连挂车列施行空气制动停车。

② 连挂车列进入封锁区间后，机组各机械车在施工地段前后的摘挂方式和顺序由施工负责人决定，并通过对讲机通知各车司机长。原则上，由被挂车上的指定专人负责摘车作业。

③ 先关闭被挂车前部最后一辆机械车后端的列车管折角塞门。若被挂车前部仅是牵引动车，则直接关闭动车后端的列车管折角塞门。

④ 再关闭被挂车前端的列车管折角塞门。

⑤ 摘开被挂车与前部相邻机械车的制动软管。

⑥ 提起被挂车前端和前部相邻机械车后端车钩装置的钩提杆，使前后车钩处于全开状态。

⑦ 根据摘钩人员的信号，鸣笛移动动车。

⑧ 套上被挂车大小闸操纵手柄，给被挂车施加空气制动。

⑨ 将被挂车的主、辅车转换阀置于主动位。

⑩ 打开被挂车的主电源开关、发动机主钥匙开关，启动被挂车的柴油发动机。

⑪ 待空气制动系统充满风后，打开被挂车的 ZF 驱动主开关，并以不超过 40 km/h 的速度运行至指定地点停车。

⑫ 各机械车在封锁区间独自运行时，续行间隔不得少于 300 m，做好随时停车的准备。

几种常见捣固车的技术参数与使用条件，为下一阶段工作奠定了坚实的基础。

 复习思考题 >>>

1. 捣固车选择机油的原则是什么？

2. 液力变矩器与液力耦合器的区别是什么？

3. 液力传动油的补偿系统及冷却系统有什么作用？

4. GYK 的组成及工作原理是什么？

5. 试述捣固车运行驾驶的全流程。

项目四 工作装置认知与标准化施工作业 ▶▶▶

 项目描述

　　在线路封锁条件下，捣固车能够对有砟轨道线路进行起道、拨道和捣固作业，同时可对枕端道砟进行夯拍作业，可明显改善道床结构的质量状况。利用检测系统，通过机、电、液、气、伺服系统、微机控制等一体的综合系统，对作业线路几何形位（轨向、高低、水平）进行测量；按照线路设计平、纵断面几何参数，对线路几何状态进行起拨道矫正，同时对道床进行捣固和砟肩夯拍。

　　捣固车具有结构复杂，性能良好，作业高效等特点，在现代轨道维修机制中发挥了重要作用。本项目主要介绍三部分内容，一是捣固车的主要作业装置结构，作业原理，液、电系统；二是捣固车作业标准与岗位职责；三是标准化施工作业及岗位技能。

　　捣固车以其高效的线路几何参数矫正能力和高质量的道床条件改善效果成为铁路线路大修和日常维修的重要作业机械，捣固车从业人员的技能掌握程度是影响施工质量的主要因素。通过本项目的学习，重点掌握捣固车的主要作业装置结构及作业原理，掌握捣固车的作业质量及各操作岗位的操作技能，能够进行基本的作业；了解机、电、液、气系统，能够识别液、电、气系统部件及其功能。

 拟实现的教学目标

　1. 能力目标
（1）认知捣固车各主要工作部件。
（2）认知捣固车工作装置机械原理，液压系统及管路。
（3）熟知捣固车作业标准，进行各操作号位的作业。

2. 知识目标

（1）掌握捣固车工作装置功能及特点。

（2）掌握捣固车工作装置系统基本原理。

（3）掌握捣固车作业岗位作业要求。

3. 素质目标

（1）培养学生实践探索能力。

（2）培养学生技术资料与实体结合认知的能力。

（3）培养学生宏观综合认知事物的能力，系统化解决问题的能力。

（4）培养学生严谨、周密的工作态度和协作精神。

◎ 相关案例——新铺正线大机捣固

某线增二线工程，（K101 + 200 至 K124 + 000）段轨枕采用有挡肩Ⅲ型混凝土枕，每千米铺设 1 667 根，设有护轨的有砟桥面铺设新Ⅲ型混凝土桥枕。线路铺设完成后，小机群捣固后进行大机捣固。新铺正线利用大封锁时间点内进行捣固、稳定作业，大机捣固长度共 23.6 km。大机作业效率高，单机在一个 180 min 的"天窗"内可作业 2 ~ 3 km，一组捣固车一个天窗点内完成 4 ~ 6 km。

由此案例可以看出，捣固车作为捣固作业主要大型机械，能够高效高质量地完成线路质量维修作业，保证行车平稳。熟练的机械操作技能和良好的设备状态是保证作业效率的重要因素，对机械装置和作业系统的认知是重难点学习内容。

任务一 认知捣固车工作装置

一、任务工作

（1）掌握捣固装置、起拨道装置、夯实装置的结构、工作原理。

（2）掌握捣固车的捣固装置、起拨道装置、夯实装置的作业特点。

二、相关配套知识

1. 捣固车工作装置概述

捣固车的工作装置主要包括捣固装置、夯实装置和起拨道装置。

捣固装置用于捣固钢轨两侧的枕底道砟，提高枕底道砟的密实度并与起拨道装置相配合，消除轨道的高低不平，增强轨道的稳定性。

夯实装置作用于道床肩部，通过夯实道床肩部的石砟来提高道床的横向阻力，增加轨道的稳定性。

起拨道装置作用于钢轨头部，使轨排产生提升和横向位移，结合捣固作用，恢复轨道的几何尺寸，提高轨道的平顺性。

这3套工作装置可以同时工作，对线路进行捣固、夯实、起拨道综合作业。也可以单独进行捣固或是起拨道作业，但在单独捣固作业时，为了提高捣固质量应有适当的起道量。所以，在一般情况下，捣固装置和起拨道装置是同时工作的。

通过本项目的学习，重点使学生掌握捣固、夯实和起拨道装置对线路进行维护的作用，为今后进行养路机械工作打下良好基础。

D08-32型捣固车（参见图3-64）的主要特点是捣固装置固定安装在车体中部，主机步进式启停作业。

D09-32型DCL-32型连续式捣固车，如图4-1所示，捣固装置主要作业机构安装在工作小车（也称卫星小车）上，主机持续运行不启停，工作小车在主机下部步进式循环进行捣固等作业。

DCL-32型捣固车的工作车是主要作业装置的基础，如图4-2所示，它是一个独立的单轴构架，其工作条件恶劣，既要保证运行时与主机同步的高速平稳运行，作业时又要承受捣固头高频振动、夯实振动、捣镐下插冲击和起拨道的反作用力以及制动冲击力，还要保证电气检测系统的测量精度。因此，整个构架要求具有较高的疲劳强度、刚度及制造精度。

工作车构架由悬臂梁、中梁、中横梁组件、后部框架、上部框架以及起拨道装置安装柱、拨道支承板、捣固框架、轴箱支承板等组成。其基本结构如图4-2所示。整个构架为阶梯状立体结构。其中，悬臂梁、中横梁组件、后部框架、上部框架都是以型材为主的组焊件；中梁、捣固框架、轴箱支承板主要是钢板组焊件。悬臂梁与中梁装配成一体后，与中横梁组件装配；轴箱支承板焊在后部框架下；上部框架将后部框架和中横梁组件、中梁、悬臂梁、起拨道装置安装柱连接起来；捣固框架则焊在上部框架之下、后部框架与中横梁组件之间，构成一个整体构架。

这两种捣固车的主要区别在于步进式和连续式走行捣固，D08-32型捣固车作为基础车型仅介绍捣固装置部分。另外，目前还有抄平捣固和稳定一体的DWL-48型三枕捣固车，其主要特点是将捣固车起道超平、捣固和稳定车的振动稳定功能整合到一辆车上，使轨道在作业后沉降等变形明显减少，使轨道状态能更快趋于稳定。为增加作业效率，研发了能一次捣固4根轨枕的09-4X型四枕连续式捣固车。在道岔区由于轨道组件密集布置，捣搞夹钳等装置不便作业，研制了道岔捣固车，例如08-475型道岔捣固车。

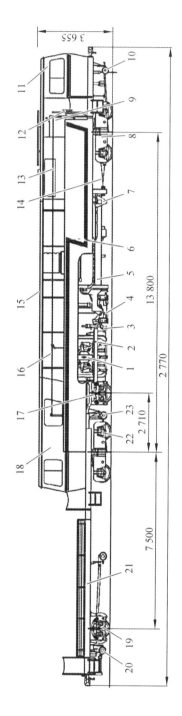

1—捣固装置；2—枕端夯拍器；3—C点测量小车；4—起拨道装置；5—工作小车；6—主车架；7—支承和锁紧装置；8—前转向架；9—柴油箱；10—D点测量小车；11—前司机室；12—手制动；13—发动机室；14—动力传动系统；15—中间顶棚；16—抄平弦；17—工作车辅助驱动；18—后司机室；19—材料车辅助驱动；20—A点测量小车；21—材料小车；22—后转向架；23—B点测量小车。

图 4-1　DCL-32 型捣固车整车机基本结构

（a）捣固车工作小车外观

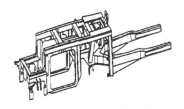
（b）捣固车工作小车立体图

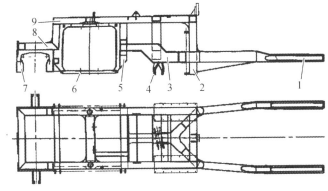
（c）捣固车工作小车

1—悬臂梁；2—起拨道装置安装柱；3—中梁；4—拨道支承板；5—中横梁组件；
6—捣固框架；7—轴箱支承板；8—后部框架；9—上部框架。

图 4-2　DCL-32 型捣固车工作车构架

2．DCL-32 型捣固车展示

为便于后续阅读，现将 DCL-32 型捣固车各部位扫码展示。

DCL-32 型捣固车
各部位展示

子任务一　认知捣固装置结构与原理

一、工作任务

通过学习捣固装置结构与原理，能承担以下工作任务：
（1）认知捣固装置各部组成。
（2）掌握捣固装置的工作原理。

抄平起拨道捣固车
捣固装置基本构造

二、D08-32 型捣固车捣固装置

捣固装置是捣固车的主要工作装置。D08-32 型捣固车有两套捣固装置，左右对称安装在捣固车的中部。每套捣固装置装有 16 把捣固镐，每次可以同时捣固两根轨枕，因此又称为双枕捣固装置。

左右两套捣固装置能同步捣固两根枕下道床，也能单独捣固任一端。捣固装置能够夹持钢轨使轨道垂直升降和横向移动，实现起道和拨道作业，同时对枕下道砟进行振动夹持动作使道床密实。升降和横移自动控制机构相互独立。

捣固装置的工作对象是碎石道床，利用加压、冲击、振动使轨枕底部的道砟重新排列，使轨下道砟支承能力均匀。捣固装置受力和振动频率较高，振动零部件容易损坏，是捣固车日常维修保养的重点部位。捣固装置的大修周期短，修理技术复杂，正确地操纵和维修保养，能够有效延长捣固装置的使用寿命。

1．捣固装置的结构

捣固装置以偏心连杆摇摆振动、异步夹持进行作业。图 4-3 为捣固装置结构示意图。捣固装置主要由箱体、捣固臂、捣固镐、振动轴部件、内外夹持油缸、捣固镐夹持宽度调整机构、液压系统和润滑系统等组成。

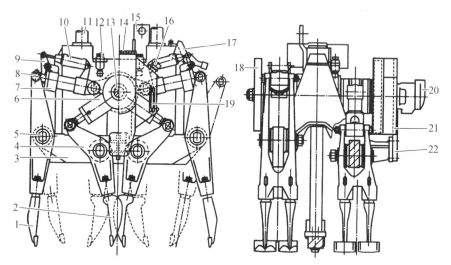

1—外镐；2—内镐；3—箱体；4—内捣固臂；5，8—销轴；6—内侧夹持油缸；7—外侧夹持油缸；
9—加宽块；10—气缸；11—导向柱；12—油杯；13—偏心轴；14—注油嘴；15—悬挂吊板；
16—加油口盖；17—油管接头集成块；18—飞轮；19—油位表；
20—油马达；21—油箱；22—固定支架。

图 4-3　捣固装置结构示意图

1）箱　体

箱体用于安装偏心振动轴和夹持油缸等零部件，传递捣固时的道床反作用力至车架，结构如图 4-4 所示。箱体两侧为升降导向套 1，导向套的上下两端压装铜套和组合密封，上面中央有升降油缸活塞杆铰接轴承座 3，下部有安装捣固臂的销轴孔，孔内压装铜套 5，悬挂吊耳 4 用于在捣固车运行时悬挂并锁住捣固装置，支架 6 用于安装润滑油箱和夯拍器的吊环。

2）偏心振动轴

偏心轴的功用是驱动连杆（夹持油缸），使捣固镐产生振动。偏心轴采用

40CrNiMoA 合金结构钢锻造，机械加工后经过表面淬火或是整体氮化处理。图 4-5 为偏心振动轴的组装图。偏心轴的中部为主轴颈，左主轴颈上安装单列圆柱滚子轴承 2（NU2220）和单列向心球轴承 3（6220），右主轴颈上装有圆柱滚子轴承（NU2220），该轴承是通过轴承套 4 装到箱体上。圆柱滚子轴承主要承受捣固时振动夹持产生的径向载荷，单列向心球轴承主要承受轴向载荷，并使偏心轴在轴向定位。

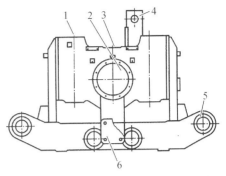

1—导向套；2—通气孔罩；3—铰接轴承座；
4—吊耳；5—铜套；6—支架。

图 4-4　箱体

振动轴主轴颈的两侧各有 3 道偏心轴颈，其偏心距均为 2.5 mm，在偏心轴颈上安装短圆柱滚子轴承 7 与内侧夹持油缸的耳环 5、6 连接，轴承用油脂润滑。

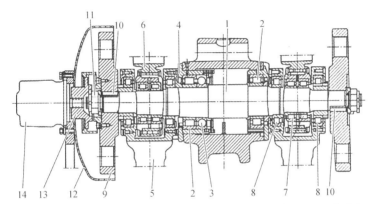

1—偏心轴；2、7、8—短圆柱滚子轴承；3—单列向心球轴承；4—轴承套；
5—内侧夹持双耳油缸；6—内侧夹持单耳油缸；9—飞轮；
10—平键；11—螺母；12—飞轮防护罩；
13—弹性联轴器；14—油马达表。

图 4-5　振动偏心轴组装图

在偏心轴的两端各装一个飞轮 9，用来增大偏心轴的转动惯量，使偏心轴运转稳定。飞轮通过键 10 与偏心轴连接，由防松螺母 11 压紧。在偏心轴的驱动端飞轮上装有弹性联轴器 13 与油马达轴相接。

3）夹持油缸

夹持油缸的主要参数见表 4-1，其主要功用有以下两点：

表 4-1　夹持油缸的主要参数

油缸名称	活塞直径/mm	活塞杆直径/mm	活塞行程/mm	小腔油压力/MPa	大腔油压力/MPa
外侧夹持油缸	75	60	135（100）	15	9～12.5
内侧夹持油缸	93	50	62	14	4.5

（1）连杆传动作用。当偏心轴转动时，由于偏心距的作用使套在偏心轴颈上的内侧夹持油缸产生往复运动，像内燃机的连杆，推拉内侧捣固臂以中间销轴为支点摆动，使内侧捣固臂产生强迫摇摆振动，同时与内侧夹持油缸连接的外侧夹持油缸也同样产生往复运动，使外侧捣固臂也产生强迫摇摆振动。

（2）夹持作用。当要进行夹持动作时，通过换向阀改变夹持油缸内的油液压力，则在夹持油缸内的活塞两端形成作用力差，使活塞移动，这时活塞杆除了起连杆作用外，还推或拉捣固臂做较大幅度的摆动，通过镐头实现对道床石砟的夹持作用。按照安装位置，夹持油缸可以分为内侧夹持油缸和外侧夹持油缸两种。夹持油缸由缸体、活塞、活塞杆、缸盖、导向套、密封件等组成。内、外侧夹持油缸分为双耳和单耳两种，如图4-6~图4-9所示。内侧夹持油缸缸体为方形，外侧夹持油缸缸体为圆形。

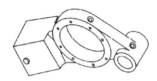

图4-6　单耳内侧夹持油缸

图4-7　双耳内侧夹持油缸

图4-8　单耳外侧夹持油缸

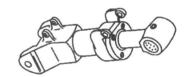

图4-9　双耳外侧夹持油缸

4）捣固镐夹持宽度调整机构

在外侧夹持油缸上部安装捣固镐夹持宽度调整机构，如图4-10所示。捣固镐夹持宽度调整机构由气缸、宽度调整块和销轴组成。

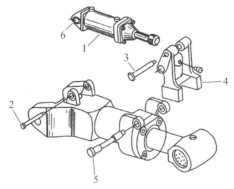

1—气缸；2，3，5—销轴；4—夹持宽度调整块；6—橡胶减振圈。

图4-10　捣固镐夹持宽度调整机构

气缸体用铝合金制造，质量轻。气缸用销轴 2 与夹持油缸体上的支架铰接。为了减少油缸振动力对气缸的作用，在气缸的安装销孔中装有橡胶减振圈 6。捣固镐夹持宽度调整块 4 为整体铸造或是组焊，调整块与夹持油缸盖上的支架铰接，另一端用销轴 3 与活塞杆铰接。气缸动作时调整块以销轴 5 为中心转动，使宽度调整块 4 放入或是离开外侧夹持油缸的端部。

5）捣固臂

捣固臂的作用是安装捣固镐，传递振动力和夹持作用力。

捣固装置分内、外捣固臂，内、外捣固臂的结构相同，只是形状和长短不同。外捣固臂较长，内捣固臂短，如图 4-11 所示。捣固臂的下端有两个 1：19.8（莫氏 6 号）的锥孔，安装捣固镐。为了防止捣固镐在工作中转动，锥孔内设计有键槽或者紧固螺钉。

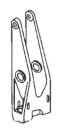 

（a）外捣固臂　　　　　　（b）内镐固臂

图 4-11　捣固臂

为了便于镐头拆卸，在捣固臂上设计有安装楔铁的槽孔。在捣固臂的中部有摆动中心销孔，通过销轴与支架铰接，上端的销孔与夹持油缸的活塞杆耳环铰接。

图 4-12 为捣固臂摆动中心销轴组装图，销轴采用稀油液润滑，为了防止润滑油外泄，在支架两侧的铜套 5 外面安装具有端面密封性能的碟形密封盘 4，销轴与铜套之间有耐磨套 8。

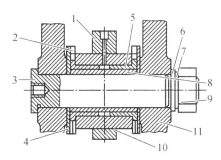

1—润滑油口；2—碟形密封；3—销轴；4—碟形密封盘；
5—铜套；6—垫圈；7—弹簧垫；8—耐磨套；
9—螺母；10—支架；11—捣固臂。

图 4-12　捣固臂与机体铰接

6）捣固镐

捣固作业时捣固镐插入道床把振动力和夹持力作用于道砟。由于道床是散粒体结构，物理机械性能很复杂，捣固镐在插入道床的瞬间要承受很大的下插冲击力，振动夹持过程中要承受振动力和夹持弯矩。因此，要求捣固镐具有足够的强度耐冲击、耐磨损、安装可靠、更换容易。

（1）捣固镐的结构形式。

捣固镐由镐柄、镐身和镐头 3 部分构成，如图 4-13 所示。D08-32 捣固镐按镐身形状不同可以分为直镐和弯镐两大类，直镐装在外侧捣固臂上，弯镐装在内侧捣固臂上。以镐头形状不同捣固镐又可分为对称型、非对称型等 5 种形式，其中直镐有 3 种、弯镐有 2 种。捣固镐的镐柄锥度采用 DIN254 标准 1∶19.8（莫氏 6 号），与捣固臂的下端锥孔相配合安装。

采用锥面配合的优点是：接触面积大，承载能力高，捣固时的道床反作用力会使锥面配合更加牢固，卸镐分离迅速。

镐掌表面用特殊的焊条堆焊以保证高度耐磨。波纹形状能较好地适应石砟的结构，并能达到较大捣固区域。铲状下沿易于插入石砟中。

为了防止在工作中捣固镐转动，镐柄上左右对称有两个 12 mm×25 mm 的短键槽，并用螺钉紧固定位，可减小局部应力集中，降低镐柄折断率。为了防止捣固镐松动脱落，镐柄端部采用 M20 的螺栓和压盖固定。在运输和装卸捣固镐时，要注意保护好镐柄，不要碰伤、锈蚀。

为保证捣固质量，捣固镐的磨耗应不大于 20%。磨损的捣镐常用堆焊法重新表面处理。

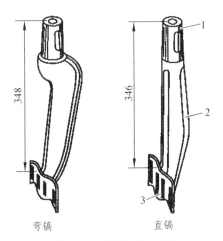

弯镐　　　　直镐

1—镐柄；2—镐身；3—镐头。

图 4-13　捣固镐（单位：mm）

（2）捣固镐的装卸。

捣固镐在工作中要承受很大的冲击和振动力作用，所以要求捣固镐安装牢固，拆卸方便。为此，必须使用如图 4-14 所示的专用液压装卸工具进行捣固镐的装卸。捣固镐装卸液压工具由手压泵、增压器、楔铁、装镐油缸和卸镐油缸等组成。手压泵最大输出油压力为 70 MPa。压力油经软管进入增压器大油缸内，推动活塞，使活塞杆端面（小直径油缸活塞）的油压力增大，超高压力的油再进入卸镐油缸（装镐油缸）推动活塞，产生很大的拉力，使镐柄与锥孔牢固连接。

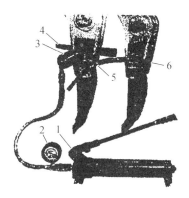

1—手压泵；2—压力表；3—增压器；4—楔铁；
5—卸镐油缸；6—装镐油缸。

图 4-14　捣固镐装卸工具

增压器和装、卸镐油缸的结构如图 4-15 所示。装、卸镐油缸直接与增压器连接，增压器小直径内的油液从加油嘴 10 注入。

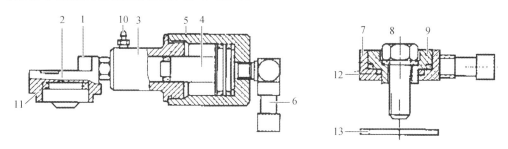

1—卸镐油缸；2，9—活塞；3—增压器小油缸；4—活塞杆；5—大油缸；
6—接头；7—装镐油缸；8—螺钉；10—加油嘴；
11，12—密封圈；13—垫圈。

图 4-15　增压器及装卸镐油缸

装油缸和卸油缸均为单作用油缸，需用人力使活塞回位，活塞的行程很小，因此，在卸镐时必须把楔铁打紧，装镐时随时拧紧螺钉 8。装镐前应清理捣固臂上的锥孔和镐柄上的压痕、毛刺、脏污物，不能使用锥柄已损伤或变形的捣固镐，否则会损坏捣固臂上的锥孔。

装镐时，将清洁好的捣固镐柄插入锥孔内，并用锤子撞击镐头使镐柄与锥孔完全接触。再把垫圈 13 和装镐油缸放在锥孔上端，并用扳手紧固螺钉 8，使装镐油缸活塞达到下死点，接通油管，压手压泵，使压力达到 70 MPa，说明安装牢固。卸下装镐油缸，装上垫圈，拧紧镐柄螺钉。捣固作业 200～300 m 后再次拧紧镐柄螺钉。

卸镐时，拧下固定螺钉，去掉垫圈，把卸镐油缸放在锥孔上，将楔铁插入捣固臂上的孔中，并楔紧，使卸镐油缸活塞充分压紧镐柄端面，接好油管，使手压泵油压达到 70 MPa 即可压下捣固镐。若施加最大压力后捣固镐仍不能卸下，可用手锤轻轻敲击镐头使其松动。

7）润滑系统

捣固装置在工作时承受大的冲击力和振动力，尘土较多，易受到雨水侵蚀，机械润滑很重要。

捣固装置上的摩擦副的润滑，根据结构部位不同，分别采用稀油润滑和油脂润滑。稀油润滑系统采用流动性较好的 N100 号抗磨液压中油。有 4 个独立的润滑油路，在偏心轴飞轮外侧装两个油箱（形成飞轮防护罩），如图 4-16 所示。左油箱与偏心轴的主轴承箱相通，主轴承采用油浸式润滑。油箱通过管路向主轴承箱补油。由于主轴承箱容积小，主轴承载荷大，所以要定期更换主轴承箱内的润滑油，改善主轴承的润滑条件。

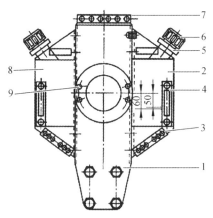

1—固定支架；2—右侧油箱；3—注油脂嘴；4—油位表；
5—加油口；6—盖；7—油嘴集成块；8—左侧油箱；
9—油马达安装接盘。

图 4-16　润滑油箱

右侧油箱通过润滑油管向捣固臂的摆动中心销轴套供润滑油。由于捣固臂的摆动中心销轴位置低于油箱，润滑油能自流。要注意检查中心销轴上的密封状况，如果密封失效，润滑油泄漏，要及时补充。

捣固装置升降导向柱由油芯注油器润滑。

偏心轴颈上的滚柱轴承和夹持油缸的连接销轴采用油脂润滑。为了便于加注油脂，用橡胶管把注油不方便的注油点引到油箱上的集成块上。集成块上装有专用高压注油嘴，用专用油枪来加注润滑油脂。

2．工作原理

捣固装置以偏心轴连杆摇摆式振动、异步夹持原理工作。

捣固时通过捣固镐把振动力传递给石砟，使石砟产生振动并向较稳定的方向移动，增加道床的密实度；再利用捣固镐的夹持作用力，把轨枕间隔中的石砟向枕底挤压，使枕底石砟更加密实，提高轨道的稳定性，保证行车安全。

1）振动原理

当油马达驱动偏心轴旋转时，装在偏心轴颈上的内侧夹持油缸，在偏心轴的作用下做往复运动，如图4-17所示。推动捣固臂以中心销轴为支点左右摆动，装在捣固臂下端的镐头产生摇摆式强迫振动。销轴的运动轨迹呈摆线形，简谐运动，其最大位移等于两倍的偏心距。捣固镐装在下端捣固臂上，捣固臂的下端总长（含镐头）大于上端长度，对镐头的运动有放大作用。捣固臂下端总长为683 mm，上端长度为390 mm，则放大倍数为1.75。镐头的运动规律与销轴的运动规律相同，镐头最大移动距离就是镐头的振幅。

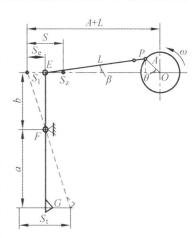

图4-17 偏心传动原理

镐头的振动频率为35 Hz，镐头的最大振动加速度为21.5g（$g = 9.81$ m/s²）。镐头的运动轨迹也呈摆线形，简谐振动。由于在偏心轴上处于同一侧的两个内侧夹持油缸是装在两道相隔180°的偏心轴颈上，内侧夹持油缸与左外侧夹持油缸连接，左内侧夹持油缸与右外侧夹持油缸连接。所以在同一轨枕两侧的捣固镐头的振动位移、振动力的方向相反，这样在同一时间，内、外两个镐头上的振动力同时向枕底作用，有利于道砟向枕底移动。

在偏心轴转动之前，必须使夹持油缸内建立起一定的油压力，使活塞在缸筒内定位，保证在外力作用时活塞与缸筒不能相对移动；否则缸筒与活塞发生相对移动就会失去连杆传动的作用，甚至引起活塞撞缸，这是绝对不允许的。

2）异步夹持原理

夹持油缸具有连杆传动和油缸推拉的双重功能，并且在非夹持动作时，镐头必须保持在最大张开状态，准备下插。在外侧夹持油缸的小腔内保持着15 MPa的压力，使活塞杆完全缩回，则外侧捣固镐向外张开。在内侧夹持油缸的大腔内保持着4.5 MPa的压力油使活塞杆全部伸出，则内侧捣固镐也向外张开，如图4-18所示。

当捣固镐下插到设定深度后，按下夹持钮，二位四通电磁换向阀1动作，压力油P_1经减压阀7使压力降到9～12.5 MPa，进入外侧夹持油缸的大腔。这时活塞大端的作用力大于活塞小端的作用力，则外侧夹持油缸的活塞杆伸出，外侧捣固镐向里运动实现外镐夹持动作。

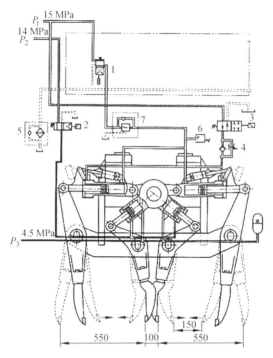

1、2、3—二位四通电磁换向阀；4—节流阀；
5—回油滤清器；6—压力继电器；
7—单向减压阀。

图 4-18　捣固装置的液压系统（单位：mm）

同时二位电磁换向阀 2 动作，压力油 P_2 进入内侧夹持油缸的小腔，活塞小端的作用力大于活塞大端的作用力，内侧夹持油缸的活塞杆缩回，内侧捣固镐向里移动实现夹持动作。

内、外夹持油缸的夹持动作，由各自独立的液压控制回路单独进行。内、外夹持油缸相互之间没有机械或液压同步结构，两侧捣固镐的夹持移动距离，因道床阻力的不同有所不同，所以称为异步夹持。

另外，还可以实现内侧捣固镐的单独夹持动作，以适应特殊条件下的捣固作业。

当二位电磁阀 3 动作时，外侧夹持油缸小腔内的压力油路被切断，外侧捣固镐的夹持动作就停止。如果这时再进行夹持动作，就只有内侧捣固镐单独进行夹持动作。

通过调整减压阀 7 的设定压力，可以改变外侧夹持油缸大腔内的油压力，实现外侧捣固镐夹持力的调整。

通过调整节流阀 4，可以改变外侧捣固镐的夹持动作速度。

夹持力大小的调整和夹持动作速度的调整，要根据石砟的密实情况来确定。通常情况下道砟较密实的旧线路，夹持力要大一些，夹持速度要慢些。对新线和清筛后的道床，道床石砟疏松，夹持力可以调整小一些，夹持速度可以快一些。

捣固镐夹持动作有以下 3 种控制方式：

（1）压力控制。

把所要求的夹持压力，在压力继电器 6 上设定，当捣固镐在夹持过程中的道床阻力使外侧夹持油缸内的油压力达到设定值时，压力继电器动作，切断电磁换向阀 1、2 的控制电流，电磁阀复位，使夹持过程停止，捣固镐恢复到张开状态。

（2）时间控制。

夹持过程的长短，按时间在时间继电器上设定。当夹持过程达到设定时间时（一般情况把时间继电器设定在 4 的位置上即 0.8 s），时间继电器动作，切断电磁阀 1、2 的控制电流，电磁阀复位，使夹持过程停止，捣固镐恢复到张开状态。

用压力或时间控制捣固镐的夹持动作，可以实现捣固过程的自动化。

（3）手动控制。

当捣固镐插入道床后，按下夹持动作按钮（踩下踏板），接通电磁阀 1、2 的控制电流，电磁阀动作，接通油路，夹持动作开始；松开按钮，切断控制电流，电磁阀复位，夹持过程停止。

手动控制一般在手动操纵捣固作业时使用。

3）捣固镐张开宽度的调整原理

捣固镐张开宽度的调整，是通过安装在外侧夹持油缸上的气缸活塞杆伸出，推动调整块向下转动到外侧夹持油缸端部（调整块约宽 35 mm）。外侧夹持油缸活塞杆的缩回行程从 135 mm 减为 100 mm，相应地使捣固镐头的张开宽度由 550 mm 减为 500 mm。反之，当气缸活塞杆缩回时，拉动调整块向上转动离开夹持油缸端部，使夹持油缸的缩回行程恢复到 135 mm，即镐头张开宽度恢复为 550 mm。

可以同时调整左右两个外侧夹持油缸的缩回行程，也可以单独调整一侧的，来改变镐头张开宽度。

4）双枕捣固装置的主要技术参数

双枕捣固装置的主要技术参数见表 4-2。

表 4-2　双枕捣固装置的主要技术参数

振动方式	连杆摇摆式
镐头夹持方式	异步
振动功率	46 kW
振动频率	35 Hz
镐头最大振幅	10 mm
镐头最大夹持力	17 550 N（一对外镐）
镐头平均激振力	3 633 N
镐头张开宽度	500 或 550 mm
升降油缸的下插力	75 360 N
捣固深度	钢轨底以下 520 mm
最大横移距离	80 mm
横向捣固范围	钢轨外侧 420 mm 钢轨内侧 400 mm

3．捣固装置升降机构

捣固装置升降机构的主要作用是将捣固装置从一定高度迅速下降，使捣固镐头插入道床设定的深度，待捣固镐头的振动夹持动作结束后，再把捣固装置提升到原有高度，准备下一次捣固。

捣固装置升降机构主要由悬挂框架、升降油缸、导向柱及电液比例位置伺服系统组成，如图 4-19 所示。

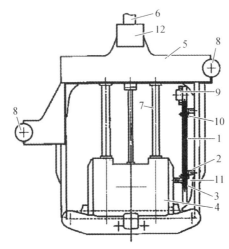

1—位置传感器架；2—固定螺钉；3—传动板；4—捣固装置箱体；
5—悬挂框架；6—升降油缸；7—导向柱；8—导向套；
9—电位计；10—传动钢丝绳；
11—拨叉；12—支架。

图 4-19　捣固装置升降机构

1）悬挂框架及导向柱

悬挂框架主要用来安装捣固装置和升降油缸。通过悬挂框架把捣固装置悬挂在与车体连接的横向导杆上。

悬挂框架用型钢拼焊而成，在悬挂框架的中部安装两根捣固装置升降导柱 7。在悬臂框架的两侧有导向套 8 套在横向导向杆上，使捣固装置能沿着横向导向杆左右移动。升降油缸 6 通过双向铰接架安装在支架 12 上。框架右侧安装检测捣固镐下插深度的位移传感器。

传动板 3 固定在箱体上，其另一端插入拨叉 11 内。拨叉与传动钢丝绳连接，当捣固装置升降时传动板带动拨叉一同上下移动，通过传动钢丝绳 10，使电位计 9 转动，把捣固装置的位移量转换为电信号输出。

捣固装置在升降油缸的作用下，沿着导向柱 7 上下移动，并且能连同框架一起，在横移油缸的作用下，沿着横向导向杆左右移动。导向柱直径 110 mm，通过接盘与悬挂框架连接。导向柱暴露在外面，捣固时由于镐头下插冲击飞溅起的石砟撞击导向柱，因此要求导向柱表面要有一定的硬度。导向柱采用碳结构钢锻造，机加工后正火处理，表面镀硬铬以防锈蚀。

导向柱安装必须要垂直，两根柱相互平行，否则将会影响捣固装置上下移动，并加速导向柱和铜套的磨损。导向柱的润滑由装在捣固装置箱体上的两个油杯供给润滑油。应经常保持导向柱表面清洁。

2）升降油缸

升降油缸的作用是推拉捣固装置上下运动，使捣固镐插入道床和提起，完成一次捣固作业。

升降油缸缸径 80 mm，行程 760 mm，油压力 15 MPa，最大下插力为 75 360 N，提升力 55 400 N。

为减少活塞承受过大冲击力，油缸设计有液压缓冲装置。升降油缸采用双向铰接安装，如图 4-20 所示。双向铰接架分上下两部，用螺钉连成一体。油缸体上的铰接轴装在双向铰接架的销孔内，双向铰接架上的销轴装在支架上。升降油缸能够相对于框架横向和纵向摆动，补偿捣固装置在导向柱上运动时产生的垂直偏差。

升降油缸的活塞杆与箱体之间采用关节轴承铰接，如图 4-21 所示。关节轴承由压盖调整垫片、螺母、上下球冠及其球座组成。

安装时冠形铰的间隙要调整合适，间隙过小球冠铰转动不灵活，影响升降油缸的摆动，间隙过大，会在捣固装置升降时产生冲击现象，损坏活塞杆。

合理的间隙为 0.1 mm，调整方法如下：

安装时先把压盖 2、防尘圈 3、标准厚 1.6 mm 的调整垫片 9、上球冠及球座 4 套在活塞杆上，拧紧螺母 5，拧紧力矩为 285 N·m，用油脂把下球冠粘在螺母上，一起放入球座内。

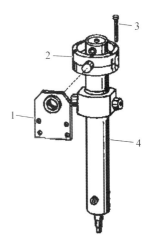

1—支架；2—双向铰接架；
3—螺钉；4—升降油缸。

图 4-20　升降油缸的安装

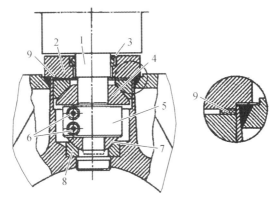

1—活塞杆；2—压盖；3—防尘圈；4—上球冠及球座；5—螺母；6—螺钉；
7—下球冠；8—下球形座；9—垫片。

图 4-21　活塞杆的关节轴承

紧固压盖 2，用塞尺测量压盖下面间隙（图放大部位），拆下调整垫块 K，去除所测间隙加 0.1 mm 厚的垫片（调整垫片用多片薄铜板制成）。再重新组装，并拧紧螺钉 6，拧紧力矩为 35 N·m，防止螺母松动。紧固压盖螺钉后，球冠与座之间即为 0.1 mm 间隙。捣固装置的下降速度很快，当遇到疏松道床时，捣固镐头下插阻力较小，快速运动的活塞撞击缸盖，产生很大的冲击力，容易损坏相关机件。为消除这种冲击现象，升降油缸设计有缓冲装置。图 4-22 所示为捣固装置升降油缸的缓冲装置。该缓冲装置由缓冲节流阀和单向阀组成。

当活塞向下运动到缓冲柱塞 4 进入导向套 8 时，将切断回油通道。在油缸小腔内的压力油将单向球阀 7 关闭，则油液只能从缓冲节流阀流出，降低活塞向下运动的速度，起到缓冲作用。

调节节流阀 2 改变流出油液的流量，就可以调节缓冲速度。

活塞向上移动时，从 B 口进入油缸小腔的压力油将单向阀打开，油液进入油缸小腔，使活塞向上移动，不影响活塞上移的速度。

3）升降位置伺服控制系统

捣固装置的升降位置采用电液位置伺服系统控制，由电液比例换向阀、电子放大器、设定电位计、位置传感器和升降油缸组成。图 4-23 所示为捣固装置升降位置比例伺服控制原理。

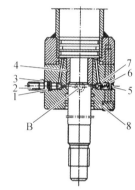

1—O 形圈；2—节流阀；3—锁定螺母；
4—缓冲柱塞；5—丝堵；
6—弹簧；7—球阀；
8—导向套。

图 4-22　油缸缓冲装置

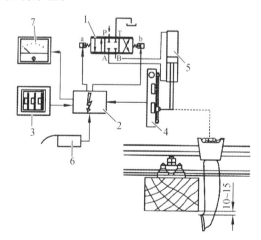

1—电液比例换向阀；2—电子放大器；3—深度设定电位计；
4—位置传感器；5—升降油缸；6—脚踩开关；
7—毫安表。

图 4-23　捣固装置升降位置比例伺服控制原理

位置传感器固定在框架上，位置传感器的拨叉由传动板带动，随着捣固装置上下移动，拨叉带动钢丝绳，使电位计转动，将捣固装置的位移量转换成电信号输出。

捣固镐头的下插深度为镐掌上边缘距轨枕底 10～15 mm，该数值在电子放大器的电路设计中已经计算在内，在调整捣固深度时，将钢轨顶面至轨枕底的高度值，通过设定电位计 3 输入即可。

当捣固装置下降时，位置传感器将捣固装置的下降位置转换为电信号输入位置传感器 4，与设定电位计的信号进行比较，其偏差电信号经放大后输入电液比例换向阀 1 右端的力矩马达 b，电液比例阀输出与输入电信号成比例的压力油流量进入升降油缸，推动活塞下移。

随着捣固镐头插入深度逐步接近设定下插深度，偏差电信号将逐步减少到零，电液比例换向阀回到零位，此时，输出流量也变为零，升降油缸停止动作，捣固镐头到达设定下插深度。捣固装置的下插动作由比例伺服阀进行控制，捣固装置开始时的插入速度较高，继而渐渐减慢，当达到要求深度时，插入速度减少为零，通过这种控制电路可获得高度准确的捣固深度，并可实现捣固深度的无级调定。

捣固镐的夹持动作结束后，放大器向电液比例换向阀的左端力矩马达 a 输入一定的电信号，电液比例换向阀换向，压力油进入升降油缸小腔，使捣固装置上升。当捣固装置上升到一定高度时，输入电信号变为零，比例换向阀回到零位，捣固装置停止上升。

4）锁定机构

捣固作业完毕后捣固车从作业工况转为运行工况，液压系统停止工作，各油路卸荷，捣固装置升降油缸已失去提升捣固装置的作用力。捣固车走行前必须将捣固装置与车架牢固锁定，确保高速运行时捣固装置不会坠落。

捣固装置的锁定机构采用机械式。锁定机构由气缸、销轴、手动锁定操纵杆、限位开关等组成，如图 4-24 所示。

锁定孔 4 位于车架上，捣固装置上升到顶点时，支架上的吊板孔与车架上的孔 4 对准。当打开司机室内气动控制盘上开关时，气缸 1 的活塞杆缩回，通过连接板 7 使销轴 2 在滑套内移动，穿入孔 4 内锁住。锁轴完全到位后限位开关打开，操纵盘上的指示灯熄灭，表示已经锁定。

如果气缸有故障不能动作时，需要手动锁定。

4．横移跟踪机构

捣固装置在钢轨内、外侧的捣固镐相距 240 mm，60 kg/m 钢轨底宽 152 mm，所以要求捣固装置的纵向中心线与钢轨纵向中心线基本保持

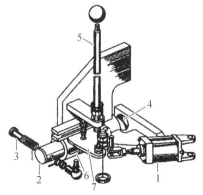

1—气缸；2—销轴；3—销子；4—孔；
5—手动操纵杆；6—滑套；
7—连接板。

图 4-24　锁定机构

一致。若有较大偏差，在捣固镐插入道床时会发生碰撞轨底或防爬器的危险，这是不允许的。在直线地段捣固装置的纵向中心与钢轨纵向中心容易保持一致，但在曲线上捣固装置的纵向中心会偏离钢轨，为了随时修正这种偏离，设计有捣固装置自动跟踪钢轨的横移跟踪机构。

捣固装置的横移跟踪机构由导向杆、油缸及跟踪控制系统组成，如图4-25所示。

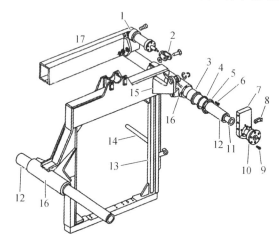

1—油缸；2—叉形头；3—铜套；4—防尘圈；5—压盖；6，9—螺钉；
7—吊板；8—调整垫；10—锥形轴塞；11—减振垫；12—导向杆；
13—框架；14—连接杆；15—钩形板；
16—导向套；17—车架。

图 4-25 横移跟踪机构

在对应右侧捣固装置的车架上装有横移油缸 1，其活塞杆与框架 13 上的钩形板 15 铰接。框架 13 通过两侧的导向套 16，滑套在导向杆 12 上，导向套内装有铜套 3 和防尘圈 4，用压盖 5 把铜套 3 固定。

当油缸动作时，推拉捣固框架在导向杆 12 上移动，最大移动距离 80 mm，能够满足最小曲线半径 120 m 的线路捣固作业。

为了使左右捣固框架同步横移，左右框架之间用连接杆 14 连接。

1）导向杆

捣固装置是通过框架 13 悬挂在左右两根导向杆 12 上，捣固作业时，捣固装置的反作用力通过导向杆传递到车架上，要求导向杆有足够的强度和刚度，表面光滑，耐腐蚀。导向杆直径 120 mm，表面镀硬铬，导向杆两端有锥形孔。

吊板 7 焊接在车架上，锥形塞 10 的锥柄部分塞入锥形减振垫 11 的孔内。导向杆是通过锥形橡胶（或聚氨酯）减振套支承在两端的锥形塞上，橡胶减振套起隔离振动的作用。

锥形塞的端盖与吊板之间有调整垫片 8，调整垫片由不同厚度的钢片 3～5 片叠在一起，总厚度约 14 mm，通过增减垫片，改变锥形塞楔入深度，即改变对橡胶套的压紧度，达到调整减振效果的目的。使用一定时间后，橡胶减振套老化或减振性能变弱，需要更换橡胶减振套，重新进行调整。在捣固作业中如果感到车体振动增大，也要及时调整塞紧度。

2）跟踪控制系统

在曲线上捣固作业时，捣固装置会偏离钢轨，通过装在框架前端的两个限位开关来实现跟踪钢轨与控制，使捣固装置的纵向中心始终与钢轨中心保持一致。

捣固作业时C点检测小车的轮缘紧靠钢轨头内侧行走。装在C点检测小车上的标示杆（宽70 mm），对准钢轨顶面始终表示钢轨的位置。而两个限位开关上的触杆在弹簧作用下紧靠标示杆两侧。

当捣固装置的纵向中心在钢轨的中心时，框架也在钢轨中心，框架相对标示杆无左右偏移。此时两个限位开关在触杆的作用下处于零位，限位开关断开控制电路，控制横移油缸的电感换向阀处于零位，油缸的大小腔油路被液压锁闭锁，活塞杆不能位移，框架及捣固装置不发生横向移动。

如果捣固装置的纵向中心向右偏离钢轨，那么框架相对标示杆向右移，通过触杆使左侧限位开关接合，电磁换向阀相应一端的电磁铁产生控制电流，电磁换向阀动作，压力油进入横移油缸，活塞杆推动框架向左移动，消除捣固装置中心与钢轨的偏离。当偏离量完全消除后，限位开关回到零位，切断控制电流，电磁换向阀恢复零位，油缸油路被液压锁封闭，捣固装置停止移动。

如果捣固装置的纵向中心向左偏离，其控制过程与上述相同。这样在曲线上捣固作业时，根据曲线矢距的变化，跟踪机构保证捣固装置中心线对准钢轨纵向中心。

5．捣固装置液压系统

振动装置液压系统包括以下几个回路：

（1）油泵及振动油马达回路。

（2）捣固装置升降及捣固镐夹持液压回路。

（3）捣固装置横移及夯拍器升降液压回路。

（4）起拨道装置及作业走行油马达液压回路。

（5）制动及支撑油缸液压回路。

捣固装置升降液压回路采用电液比例控制，起拨道液压回路采用电液伺服控制。这些液压回路与相应的反馈机构、执行机构和控制放大电路共同组成几套独立的电液比例（伺服）位置控制系统。起拨道系统在起拨道部分介绍。

捣固车作业时，环境温度变化大，每一捣固工作循环时间短，工作机构启动、制动频繁，振动冲击大，维修条件差，要求液压系统及元件应在振动冲击下具备足够的可靠性，设置完善的安全装置，液压元件要求对油污染的敏感性低，并配置液压油冷却装置等。

液压系统采用多泵、多回路定量液压系统。

1）油泵、振动油马达回路

油泵、振动油马达回路如图4-26所示，采用两台双联泵和一台三联泵，组成3个独立的油泵—油马达回路和3个具有不同压力、流量的油泵—蓄能器—油缸回路。

3台油泵装在动力换挡变速箱的取力口处，由柴油机驱动。单向阀、卸荷溢流阀和溢流阀集中安装，形成集成油路；远控阀组6安装在司机室内的控制盘上；压力表8通过转换阀9可以检测各油路的压力。

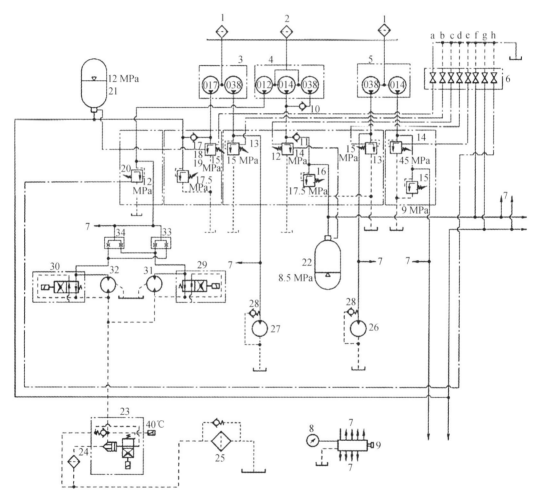

1、2—吸油滤清器；3、5—双联泵；4—三联泵；6—远控阀组；7—压力检测油路接口；
8—压力表；9—转换阀；10、11、17、28—单向阀；12、18—卸荷溢流阀；
13、14、15、16、19、20—溢流阀；21、22—蓄能器；23—温控阀；
24—散热器；25—回油清器；26、27—捣固振动马达；
29、30—电磁阀；31、32—夯实振动马达；
33、34—分流集流阀。

图4-26 油泵、振动油马达回路

（1）捣固装置振动油马达回路。

捣固装置振动频率固定为 35 Hz，采用定量油泵和定量油马达组成开式油泵油马达回路，分别由 T6DC 双联泵的油泵 038、溢流阀 13 和叶片油马达 26、27 组成左右两个相同的捣固装置振动油马达回路。

溢流阀设定压力为 15 MPa，由远控阀 b 和 d 控制。当远控阀打开时，溢流阀开启使油泵卸荷，油路无压力，油马达不能转动。反之，关闭远控阀后，溢流阀正常工作，油马达开始转动，远控阀在这里有启动或停止油马达转动的作用。

发动机设定转速 2 000 r/min，油泵转速为 1 892 r/min，油泵输出流量为 217 L/min，油马达最大转速 2 100 r/min。

（2）捣固装置外侧夹持油缸油泵-蓄能器油路。

捣固装置外侧夹持油缸油泵-蓄能器油路，由双联泵的油泵 017、卸荷溢流阀 18、单向阀 17 和蓄能器 21 组成，该油路给捣固装置外侧夹持油缸提供稳定的压力油源。

发动机转速在 2 000 r/min 时，油泵 017 的转速为 1 892 r/min，输出流量为 100 L/min，压力为 15 MPa。溢流阀 19 的设定压力为 17.5 MPa。溢流阀起安全阀的作用，防止油缸和蓄能器内的压力过高。单向阀 17 的作用是防止蓄能器内的压力油倒流向油泵。卸荷溢流阀 18 保持油泵的输出压力不超过 15 MPa；另外，蓄能器内的压力达到 15 MPa 时，控制油路起作用使卸荷溢流阀开启，油泵卸荷。

捣固装置外侧夹持油缸是间歇工作的，在夹持油缸不工作时，油缸小腔内需保持 15 MPa 油压，使活塞杆缩回，捣固镐头张开，为下一次下插做好准备。所以在油路中并联蓄能器，在这里，蓄能器的作用是：

① 在油泵处于卸荷工况，蓄能器使夹持油缸小腔内保持 15 MPa 的油压。

② 补偿系统的泄漏，油泵可间歇工作。

③ 蓄能器能够吸收或减小由于油泵流量脉动和换向阀换向引起的液压冲击，使系统压力保持平稳。

④ 在夹持油缸工作时，油泵和蓄能器能够同时向油缸供油，提高油缸的运动速度。另外，蓄能器能够节约发动机功率，使系统更加经济。

捣固装置不工作时，打开远控阀 g，使蓄能器和夹持油缸卸荷，蓄能器内的油液流回油箱。

捣固作业完毕后，打开远控阀 a，控制油路压力降低，卸荷溢流阀 18 开启，使油泵 017 卸荷。这时整个外侧夹持油缸回路处于卸压状态。

（3）捣固装置内侧夹持油缸用油泵-蓄能器油路。

捣固装置内侧夹持油缸用油泵-蓄能器油路由双联泵 014、溢流阀 14、溢流阀 15 和蓄能器（见图 4-26）组成。蓄能器给捣固装置内侧夹持油缸提供低压 4.5 MPa 油压。

油泵 014 的输出流量为 83.6 L/min，溢流阀 14 的设定压力为 4.5 MPa，溢流阀 15 的设定压力为 9 MPa。

由于回油压力较低，在油泵的出油路没有设置单向阀。

当打开远控阀 e 时，溢流阀 14 开启，使内侧夹持油缸回路处于卸压状态。

捣固装置内侧夹持油缸用油泵-蓄能器油路与外侧夹持油缸用油泵-蓄能器油路的组成和工况特点相同。

（4）作业走行油马达和起拨道油缸油泵-蓄能器油路。

作业走行油马达和起拨道油缸油泵-蓄能器油路由三联泵的泵 014 和 038、单向阀 10 和 11、卸荷溢流阀 12、溢流阀 16 和蓄能器 22 组成。

发动机转速在 2 000 r/min 时，油泵 014 和 038 的总输出流量为 326.2 L/min，卸荷溢流阀 12 的设定压力为 14 MPa，溢流阀 16 的设定压力为 17.5 MPa。

三联泵 014 和 038 的压力油并联为一路，为作业走行油马达起拨道油缸、夹轨油路、捣固装置内侧夹持油缸、捣固装置升降油缸、横移油缸、液压制动油缸、液压支撑油缸和夯实器升降油缸提供压力油源。这些执行元件的工况特点是走行油马达和油缸相互交替间歇工作。油马达运转时，油缸不动作；油缸运动时，油马达不工作。另外，液压支撑油缸要求保压，所以在供油路上并联蓄能器，当执行元件不工作时，蓄能器储存部分液压能；执行元件工作时，蓄能器向油路供油，提高执行元件的运动速度。当油泵卸荷时，蓄能器保持支撑油缸有稳定的压力，使支撑油缸保压。

打开远控阀 c 时，卸荷溢流阀开启，使油泵卸荷。

捣固作业完毕后打开远控阀 f，使蓄能器和油缸卸压。

如果遇到油泵和发动机故障，某一工作装置尚未处于运行状态，可以利用蓄能器的压力油，使油缸动作，完成工作装置的收回动作。

2）捣固装置液压回路

捣固装置液压回路如图 4-27 所示。捣固装置除振动油马达外，夹持及升降油缸的动作均为间歇式。每次捣固作业时，油缸的基本动作程序是：升降油缸使捣固镐插入道床一定深度，夹持油缸开始夹持动作，夹持完毕后升降油缸将捣固装置升起，与此同时，夹持油缸动作使内外捣固镐张开，准备下一次捣固。

另外，夯实器升降油缸与捣固装置升降油缸同步动作；捣固装置横移油缸根据线路情况随时动作。

根据不同线路的维修要求，捣固镐的夹持力可以调整；内侧夹持油缸能单独动作；任一捣固装置也能单独工作。左右捣固装置的液压回路相同，采用并联油路。

除振动油马达回路外，捣固装置的升降、横移和夹持油缸由 3 个不同压力的油路供油，可分为几个独立的液压回路。即外侧夹持油缸液压回路、内侧夹持油缸液压回路、升降及横移油缸液压回路。

（1）外侧夹持油缸液压回路。

外侧夹持油缸液压回路的油压为 15 MPa。一侧捣固装置上的 4 个外侧夹持油缸的油路并联，油缸的大腔和小腔油路分别由两个电磁换向阀控制。

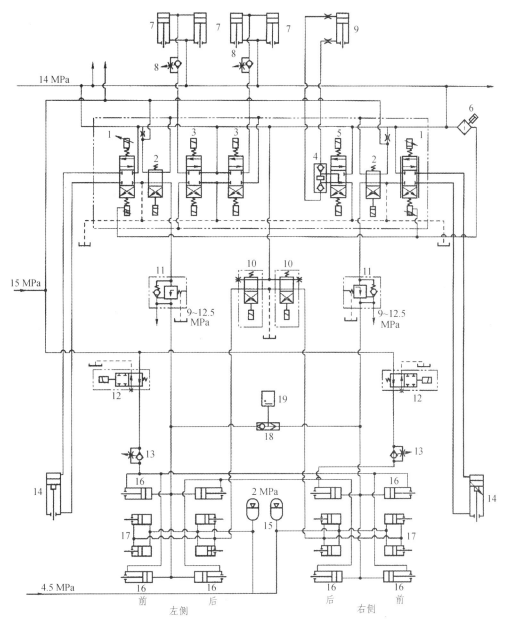

14 MPa

15 MPa

4.5 MPa

前　　　后　　　　　后　　　前
左侧　　　　　　　　右侧

1—比例方向阀；2，10，12—电磁换向阀；3、5—三位四通电磁换向阀；4—液压锁；
6—滤清器；7—夯实器升降油缸；8、13—单向节流阀；9—横移油缸；
11—减压阀；14—升降油缸；15—蓄能器；16—外侧夹持油缸；
17—内侧夹持油缸；18—梭阀；19—压力继电器。

图 4-27　捣固装置液压回路

　　通往外侧夹持油缸的小腔油路上装有二位四通电磁换向阀 12 和单向节流阀 13，二位四通电磁换向阀为 I₁ 型机能，初始位油路通油缸小腔，外侧夹持油缸的小腔内常作用 15 MPa 油压。

通往外侧夹持油缸大腔油路装有二位四通电磁换向阀 2 和单向减压阀 11，电磁阀为 Ⅱ 型机能，初始位油路将油缸大腔通油箱，电磁换向阀不动作时，油缸小腔内的压力油使活塞缩回，捣固镐头处于张开状态。

通往外侧夹持油缸大腔的压力油液经单向减压阀 11 调节，油压降到 9~12.5 MPa（根据线路条件确定），以适应不同线路维修的要求。

外侧夹持油缸动作时，电磁阀 2 换向，压力油经单向减压阀减压后进入油缸大腔，此时，虽然油缸的大、小腔内都有压力油液，但是，由于活塞两端的受压面积不同，推力仍大于拉力，则活塞杆伸出，完成夹持动作。

调节单向节流阀 13 改变油缸小腔回油的流量，即可改变外侧夹持油缸的夹持动作速度。

电磁换向阀 12 换向时，油缸小腔的油路切断则外侧夹持油缸不能进行夹持动作。这时只能有内侧夹持油缸的夹持动作，即实现单侧夹持捣固作业。

在外侧夹持油缸的大腔油路上装有梭阀 18 和压力继电器 19，用来检测夹持动作时的油压。当油压达到压力继电器的设定压力时，压力继电器动作，给捣固过程自动循环的控制系统提供夹持终了电信号。

（2）内侧夹持油缸液压回路。

一侧捣固装置的 4 个内侧夹持油缸并联，油缸的大、小腔分别由高、低压两台液压泵供油。油缸的大腔常通 4.5 MPa 油压，油缸的小腔经二位四通电磁换向阀 10 通 14 MPa 油压。

电磁换向阀 10 为 I_1 型机能，初始位油缸小腔通油箱。当电磁阀不动作时，内侧夹持油缸大腔内有 4.5 MPa 油压，使活塞杆伸出，捣固镐处于张开状态。

电磁换向阀 10 换向，高压油进入油缸小腔时，作用在活塞上的拉力大于推力，则活塞杆缩回，完成内侧油缸的夹持动作。

（3）捣固装置横移油缸液压回路。

捣固装置横移油缸 9 由三位四通电磁换向阀 5 控制，油缸的大、小腔油路上装有固定节流器和液压锁 4。三位四通电磁阀为 Y 型机能，当电磁阀 5 不动作时，油缸的大、小腔油路由液压锁关闭，活塞杆处于某一固定位置不能移动。当电磁换向阀 5 动作时，压力油将液压锁顶开，连通油缸的大、小腔油路，活塞杆开始移动。

捣固装置横移速度较低，在油缸的进出油路上装有固定节流器，限制油缸的进出液压油流量，降低油缸的动作速度。

（4）捣固装置升降油缸液压回路。

捣固装置升降油缸 14 由比例方向阀 1 控制，回路压力为 14 MPa，比例方向阀的控制油路要求油液清洁度高，故在比例方向阀的控制油路上装有高压滤清器 6。

（5）夯实器升降油缸液压回路。

左右两台夯实器各有两个升降油缸 7，两个升降油缸采用并联油路，由三位四通电磁换向阀 3 控制。

油缸的大腔油路装有单向节流阀 8，调节油缸大腔的进油量，控制夯实器的下降速度。

3）制动及支撑油缸液压回路

捣固车作业时为了能够迅速准确地使捣固镐头对准轨枕空间，要求捣固车制动灵敏、制动力大、缓解快，捣固车在捣固作业时用液压制动代替空气制动。为使线路状态检测装置正常工作，将轴箱、转向架和车体之间相对固定，捣固车在作业时用液压油缸将轴箱、转向架、车体支撑住，消除它们之间的相对位移。图 4-28 所示为制动及支撑油缸液压回路。

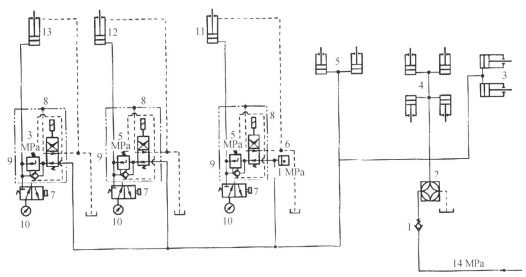

1—单向阀；2—转动分配阀；3—后转向架与车体支撑油缸；4—后转向架与轴向支撑油缸；
5—前转向架与 I_1 轴箱支撑油缸；6—压力继电器；7—手动开关阀；8—二位四通电磁阀；
9—减压阀；10—压力表；11—后转向架制动油缸；12—前转向架制动油缸；
13—拖车制动油缸。

图 4-28　制动及支撑油缸液压回路

（1）支撑油缸液压回路。

捣固车从运行工况转换为作业工况，转动分配阀 2 将 14 MPa 的压力油液经单向阀 1 进入制动及支撑油缸回路，支撑油缸活塞杆伸出，实现支撑。支撑油缸均为单作用油缸。8 个支撑油缸并联，支撑动作同时完成。

作业完毕后，从作业工况转换为运行工况时，转动分配阀 2，使制动及支撑油缸回路与油箱连通，支撑油缸卸压，活塞杆在车体重力作用下缩回，消除支撑作用。

（2）制动油缸液压回路。

作业制动有 3 套相同的液压制动回路，每套液压制动回路由二位四通电磁阀 8、单向减压阀 9、手动开关阀 7 和制动油缸组成。

3 套制动油缸液压回路并联，制动油缸的大腔油路上串联单向减压阀 9，连接前、后转向架制动油缸 11、12 的单向减压阀压力为 5 MPa，连接拖车制动油缸 13 的单向减压阀设定压力为 3 MPa。为了能够正确地调整制动油压，在单向减压阀的出口油路上接有手动开关阀 7 和压力表 10，按下手动开关按钮时，压力表沟通制动油缸大腔油路，即可测出制动油压力。

二位四通电磁阀 8 为 I 型机能，电磁阀不动作（零位）时，制动油缸大腔内有压力油液作用，活塞杆伸出，推动基础制动装置使车轮制动，捣固车在非作业走行时，处于制动状态。

制动油缸的活塞杆伸出时带动制动风缸活塞杆伸出，使风缸内弹簧压缩。当踩下作业走行踏板时，二位四通电磁阀 8 换向，使制动油缸大腔和油箱连通，活塞杆借助风缸弹簧的作用力缩回，制动缓解。

压力继电器 6 的动作压力为 1 MPa，当制动及支撑油缸回路中油液压力超过 1 MPa 时，压力继电器 6 动作，在后司机室内控制盘上的指示灯发亮，告知操作人员，作业工况转换完毕，可以进行作业操纵。

6．D08-32 型捣固车捣固装置电气控制系统

为便于系统了解捣固装置电气控制系统，现将捣固车总体电气控制系统简介如下。

抄平起拨道捣固车电气控制系统

1）D08-32 型捣固车电气控制系统简介

捣固车的电气系统担负着全车各种作业的控制任务，是整车的大脑，直接指挥各种作业。从电路控制而言，捣固车的电气系统涉及模拟控制，数字控制，计算机软、硬件控制以及电器控制等方面。

根据控制功能的相对独立性，分成作业控制系统和辅助控制系统两大部分，见表 4-3。

表 4-3　D08-32 型捣固车电气系统

电气系统	作业控制系统	程序控制系统
		捣固控制系统
		拨道控制系统
		起道抄平控制系统
		GVA（轨道参数自动处理系统）
		电气系统
	辅助控制系统	柴油机控制、整车电源系统
		变矩器控制系统
		故障报警及多路检测系统
		轨道参数记录系统
		通话系统
		取暖及空调系统
		照明系统

（1）作业控制系统。

① 程序控制系统（简称程控系统）担负着全车的逻辑控制和逻辑联锁。各种作业操作，如作业走行、制动、捣固、起道、拨道、夯拍等在程序控制系统的统一指挥协调下进行。

② 捣固系统可以精确地控制捣固装置的下降、提升，并与下降深度、捣固深度传感器构成闭环系统，在程序控制系统的严格控制下进行捣固作业，并将捣固装置的位置信号反馈到程控系统，供程控系统进行逻辑控制和联锁。

③ 轨道的横向移位是由拨道控制系统来控制的。在程控系统的控制下，液压伺服阀动作，执行机构将轨道拨到要求的位置上。在拨道控制系统中根据输入的各种参数形成总的拨道信号，再由总的拨道信号与矢距传感器构成闭环控制。

④ 起道抄平控制系统则是针对轨道的超高和纵平，通过输入的轨道基本起道量和超高值，并与辅助给定信号一起送入相应侧的起道伺服控制电路中，伺服控制电路在程控系统的协调控制下完成起道作业。

⑤ GVA 根据输入的线路参数自动计算出在当前作业点进行起拨道所需的 5 个给定量。这 5 个输出量是拨道正矢、基本起道量、起道减小量、作业区理论超高和前端理论超高。

（2）辅助控制系统。

辅助控制系统是指除作业控制系统以外的其他电控部分。

2）D08-32 捣固车捣固装置升降控制系统

捣固装置有左右两个，分别由两块装在 B2 箱内的捣固装置升降模拟控制系统 EK-16V 电路板来控制。

（1）捣固装置升降控制的电路原理。

捣固装置升降控制的电路框图如图 4-29 所示。捣固装置升降控制系统是一个包括电路、液压部件和传感器组成的闭环控制系统。装在 B2 箱面板上的拨盘电位器 2f13 担任捣固深度给定，其输出电压值随给定度而线性变化。当给定深度为 400 mm 时，2f13 的输出电压为 – 10 V。深度传感器（左 1f14，右 115）的输出电压作为反馈信号，最大输出电压为 + 10 V，零点以上为负，零点以下为正。捣固深度反馈信号由插件的 6d 端子经电阻 R3 送入运算放大器 OP1A 的同相端。OP1A 为电压跟随器，起隔离作用。运放 OP1B 担任捣固装置位置的调零并兼作放大倍数调整，其闭环放大倍数通过电位器 P13 可在 0.78 ~ 1.5 间调整，正常工作时应调在 1.32 倍。由 2f13 来的深度给定负电压信号经插件的 6b 端子和电阻 R29 送到运放 OP2B 的反相端。OP4B 和 OP4A 为捣固装置控制调节器。

当需要捣固装置下降时，来自程控电路的捣固装置下降信号产生（左 Q10，右 Q11）。

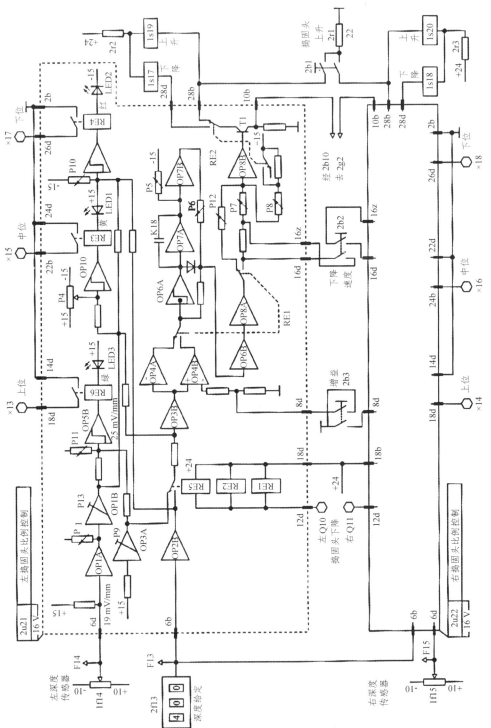

图 4-29 捣固装置升降控制的电路图

当捣固装置下降到指定深度时，深度传感器（左 1f14，右 1f15）来的正极性反馈电压送到调节器 OP4B，使 OP4B 的输出退出负饱和回 0，并出现数值不大的正电压，再经 OP6A、OP6B、OP8A、OP8B 的作用使 T1 截止，比例伺服阀电流减小到 0，捣固装置停止下降。

当捣固完成需要捣固装置上升时，来自程控电路的捣固装置下降信号（左 Q10，右 Q11）消失，继电器 Re1、Re2、Re5 断电。

当捣固装置上升到指定高度时，OP4A 输出电压回零并微正，T1 截止，捣固装置停止上升。

当捣固装置动作到位时，比例阀中通过预置电流 250 mA，但比例阀的阈值电流为 200 mA，当深度传感器来的反馈电压的绝对值比给定电压的绝对值略大时，使得 OP4B 或 OP4A 的输出电压变为正值。只要有很小的正电压加到 OP6A 的输入端，比例伺服阀电流降到 0，捣固装置停止动作。

B2 面板上的"下降速度"控制开关 2b2 扳到 2 位，即闭合位时，经插件的 16d、16z 端子将电阻 R64 短接，下降比例伺服阀中的电流较大。当 2b2 扳到 1 位，即断开位时，R64 接入，伺服电流减小，捣固装置下降的速度减慢。

由前述，OP4B 为捣固装置下降控制调节器。当捣固装置下降到离给定深度还差 120 mm 时，伺服电流开始减小；当达到给定深度时，OP4B 输出电压为 0，伺服电流降到预置电流值。当捣固装置因惯性而稍有过冲时，伺服电流降到 0。

综上所述，伺服电流的变化过程如图 4-30 所示。

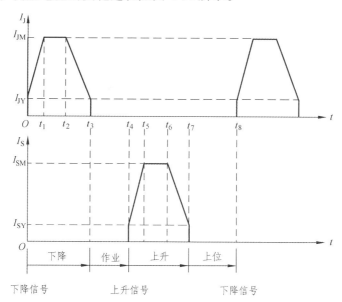

I_J—下降比例阀伺服电流；I_{JY}—下降比例阀预置电流；I_{JM}—下降比例阀最大伺服电流；
I_S—上升比例阀伺服电流；I_{SY}—上升比例阀预置电流；
I_{SM}—上升比例阀最大伺服电流。

图 4-30　伺服阀的电流变化曲线

图 4-30 中，$0 \sim t_1$，$t_4 \sim t_5$，为伺服电流的增长时间。当开关 2b1 置左位时，捣固装置上升比例伺服阀（1s19、1s20）通过 2r2[2r3]、2r1 直接与 24 V 电源接通，捣固装置手动升起。

OP10 担任捣固装置中位信号检测。当捣固装置下插到零位以下 100 mm 时，即认为已经进入中位。OP5B 担任捣固装置上位信号检测。当捣固装置上升到上部停止位以下 40 mm 处，认为已进入上位，此时调电位器 P11 使继电器 Re6 吸合，插件的端子 18b 与 14d 接通，程控输入 X13 接 OD，同时绿色发光管 LED3 亮。OP5A 担任捣固装置下位信号检测，当捣固装置下降到给定深度以上 30 mm 处即认为已到下位，此时调 P10 使继电器 Re4 吸合，X17 接 OD，同时红色发光管 LED2 亮。

由于下位点随给定捣固深度的不同而异，故在 OP5A 的输入端必须同时引入深度给定信号。继电器 Re3、Re4、Re6 动作所代表的上、中、下位如图 4-31 所示。

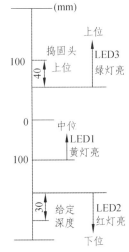

图 4-31　捣固装置上、中、下位置示意图

三、DCL-32 型连续式双枕捣固车捣固装置

DCL-32 型连续式捣固车采用主机与工作小车分离的结构，捣固装置、起拨道装置和夯实器等工作装置成对左右安装在车体下部的工作小车上，作业时主机始终连续、均匀地向前运行，工作小车在主机下部以钢轨导向步进作业，捣固装置上成对安装了 32 把捣镐，能一次捣固两根轨枕。每两根轨枕循环捣固移动，一次捣固循环周期为：工作小车运行→工作小车制动→捣镐振动下插→捣镐枕下夹实→捣镐提升→工作小车运行，即主机不参与工作循环。工作小车与主车架是分离的，实现了与主机的差速运动。与 D08-32 型捣固车相比，因为步进时加速和制动部分，只限于工作小车，其部件质量仅占整机质量的 20%，运动惯量减小，降低动力消耗，工作效率比 D08-32 型捣固车提高约 30%。

DCL-32 型连续式捣固车的捣固小车装在带螺旋弹簧悬挂的车轴上，该装置能手动操作。自动捣固循环的时间依赖于机器速度。

1. 捣固装置的结构

捣固装置（见图 4-32～图 4-36）主要由箱体、振动轴部件、内外油缸部件、分配体部件、行程限制部件、镐臂支承部件、外支承臂及油箱部件、导柱组件、分配体油气管路系统和润滑系统等组成。

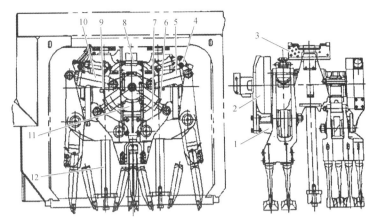

1—箱体；2—振动轴部件；3—分配体部件；4—行程限制部件；5—叉形外油缸部件；
6—叉形内油缸部件；7—镐臂支撑部件；8—油缸固定部件；9—单耳内油缸部件；
10—单耳外油缸部件；11—外支撑臂及油箱部件；12—导柱组件。

图 4-32　双枕捣固装置

1—捣固装置润滑油箱加油口；2—捣固装置润滑油箱油窗；3—枕端夯拍器；
4—枕端夯拍器锁定装置；5—枕端夯拍器锁定控制用限位开关；
6—中抄平杆。

图 4-33　双枕捣固装置正面

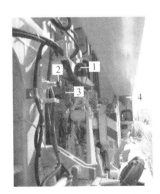
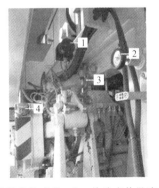

1—捣固深度传感器；2—枕端夯拍器速度调节
用液压节流阀；3—捣固头安全链；
4—监控摄像头。

图 4-34　左侧捣固装置顶部

1—捣固深度传感器；2—枕端夯拍器速度调节
用液压节流阀；3—捣固头安全链；
4—捣固头润滑油箱加油口。

图 4-35　右侧捣固装置顶部

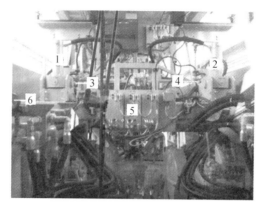

1—左起道油缸；2—右起道油缸；3—左过起道保护感应开关；4—右过起道保护感应开关；
5—电气模块（详见网络控制系统说明书）；6—压力表（从左至右依次为工作小车
制动压力为 5 bar 的气动压力表，制动压力为 2.5 bar 的气动压力表）。

图 4-36　工作小车后部

按功能划分，捣固装置主要有以下几大部分：

（1）连接部分。主要是导柱组件，捣固装置通过导柱安装在捣固小车的捣固框架，捣固装置在升降油缸的作用下可沿着导柱上下运动，实现捣固装置的提升与下插运动。

（2）机架。主要是捣固装置的箱体，它由铸钢件与钢板焊接而成，是其余各部分的安装基础。

（3）振动的产生和传递。包括振动轴、内外油缸、镐臂及支承、捣镐等零部件。振动轴端液压马达通过弹性联轴节驱动振动轴旋转，振动轴的偏心部分产生偏心运动，通过内外油缸、镐臂等零部件传递给捣镐，这几个零部件构成 4 连杆或 5 连杆机构，按照连杆机构的运动规律最终使捣镐镐掌产生与偏心运动相关联的强迫微幅振动。

（4）夹持的产生和传递。夹持力由内外油缸产生，夹持力和运动通过油缸活塞杆、镐臂、捣镐进行传递，最终到达镐掌上，如图 4-37 所示，在捣固过程中，产生对道砟的夹持运动和夹持力，油缸活塞杆的反向运动，可使捣镐镐掌张开。

（5）辅助系统。包括行程限制部件、分配体部件、外支承臂和油箱部件、稀油润滑系统、脂润滑系统。

① 行程限制部件由挡块和气缸组成，通过气缸的作用，利用挡块对捣镐的夹持行程进行 2 级调节，以适应不同的轨枕间距。

② 分配体部件实质上是一个油（气）路块，对油（气）路进行布置和分配。

③ 外支承臂和油箱部件：油箱用于储存润滑用的稀油，安装在外支承臂上。

④ 稀油润滑系统：用集中供油方式给振动轴主轴承和镐臂支承提供润滑油。

⑤ 脂润滑系统：通过分配器和油管，把捣固车中央润滑泵提供的润滑脂，定时、定量地输送到各润滑点，使各个运动副之间能得到良好的润滑。

1—右侧捣固装置升降控制用 4 路比例电磁阀；2—左侧捣固装置升降控制用 4 路比例电磁阀；
3—右侧捣固装置夹持控制用 4 路电磁阀（外侧油缸）；4—左侧捣固装置夹持
控制用 4 路电磁阀（外侧油缸）；5—右侧捣固装置夹持控制用 4 路电磁阀
（内侧油缸）；6—左侧捣固装置夹持控制用 4 路电磁阀（内侧油缸）；
7—右侧夹钳控制用 4 路电磁阀；8—左侧夹钳控制用 4 路电磁阀。

图 4-37　液压控制阀块

2．捣固装置工作原理

DCL-32 型连续式捣固车的捣固装置同样采用的是异步均衡压力捣固原理进行工作的。振动轴转速：约 2 100 r/min，捣固镐振动频率：约 35 Hz，捣固镐振幅：约 10 mm。

3．DCL-32 型捣固装置特点

（1）改进了脂润滑系统。将分散式手工注润滑脂改为集中式自动加注润滑脂方式，不仅保证了各润滑点润滑脂的供应，提高了捣固装置使用寿命，而且减轻了工人维护保养的劳动强度。

（2）改变了捣镐的结构形式。为提高捣镐的寿命，改善受力条件，DCL-32 型捣固装置捣镐为直镐，只是按镐掌大小分为全镐和半镐，与 D08-32 型捣固装置捣镐相比，强度高，作业时基本垂直下插，受力状况较好。

（3）镐臂的形状有了较大改变。由于捣镐形状的改变，镐臂结构也作了相应的变化，与 D08-32 型捣固装置镐臂相比，结构复杂，品种增加，共有两种外镐臂，两种内镐臂，两种内镐臂交叉分布，以利于装在其上的捣镐呈直线排列，节省空间；两种外镐臂对称布置，捣固范围加大；捣镐的安装采用圆柱面配合，顶面定位，镐臂侧面开槽，安装捣镐时，靠螺栓夹紧捣镐，拆卸捣镐时，用螺栓顶开镐臂，因而装拆较为方便。

（4）改变了内油缸的行程。由于两种内镐臂交叉分布，在非夹持状态，为保证两个内镐臂的最小间隙，必须减小内油缸的行程，即改变活塞杆最大伸出位置。以防左、右内镐臂发生碰撞。

（5）改变了液压马达安装位置、箱体和油箱的结构，减小了振动轴长度。

DCL-32 型捣固装置的液压马达装在其内侧，为此，在箱体上附加了内支承，增加了内支承臂及飞轮防护罩，以安装液压马达外支承臂及油箱固定在箱体的外支承上。

为提高外支承臂的强度，外支承臂上增加了筋板，为防止使用过程中油标碰坏，把油标装于油箱的侧面。同时，振动轴的长度比 D08-32 型捣固装置振动轴减小 10 mm，因此，整个结构更紧凑。

4. 捣固装置横移跟踪机构

在曲线上捣固作业时，捣固装置会偏离钢轨，装在 C 点检测小车上的两个限位开关可实现跟踪钢轨控制，使捣固装置的纵向中心始终与钢轨中心保持一致。作业时由于横向加载的作用 C 点检测小车轮缘紧贴某侧钢轨内缘，一旦工作小车进入曲线地段，行程开关与工作小车车架上的标杆相碰触，行程开关便输出电信号，控制横移油缸动作，使捣固装置正对钢轨。

工作小车的横向和纵向移动装置主要由箱体、辊筒、油缸等组成。该装置是工作小车的导向和定位装置，固定于主车架横梁上。

工作小车车架两个臂，套在上、下、左、右都有辊柱的导框中，导框还可以沿横梁滑动，可水平左、右移动，如图 4-38 ~ 图 4-41 所示。工作小车作业时，两个臂在该装置两个"方孔"中往复运动，这不仅支撑了捣固小车也可让它前后移动、横向摆动。

1—液压油箱截止阀与排放接头；2—液压油温度传感器；3—作业灯。

图 4-38　工作小车左侧前部

1—工作小车纵向位移传感器；2—工作小车悬臂梁；
3—工作小车纵向控制后部限位开关；
4—带排水阀的集尘杯。

图 4-39　工作小车右侧滑移箱体位置处

1—工作小车驱动用液压马达；2—工作小车驱动马达挂挡盒；3—工作小车制动缸；
4—工作小车加速油缸（旁边为缓冲油缸，图中未显示）。

图 4-40　工作小车驱动及制动

1—夹持压力表液压阀块（前）；2—夹持压力表液压阀块（后）；3—捣固小车 2 bar 制动压力 4 路电磁阀；
4—捣固小车 5 bar 制动压力 4 路电磁阀；5—捣固小车轴支撑 4 路电磁阀；
6—减压阀（加速油缸压力调整）；7—捣固小车液压支撑 4 路电磁阀。

图 4-41　工作小车驱动和制动

5．液压系统组成

捣固车的抄平、拨道、捣固、夯实、主机作业运行和工作小车运行等动作全部由液压系统驱动完成。其液压系统是集方向控制、压力控制、速度控制、比例控制、伺服控制为一体的多功能复合系统。

整机液压系统主要由开式的工作液压系统和闭式的走行驱动液压系统组成。在整机大功率的液压系统中，设有液压蓄能器，以保证供油充分、压力均匀并能使各液压元件的动作平稳。

冷却系统为大尺寸油冷却器和温度调节器，使液压系统保持稳定的工作温度。液压系统的最长连续工作时间为 8 小时/班。

捣固装置升降液压回路采用电液比例控制，起拨道液压回路采用电液伺服控制。这些液压回路与相应的反馈机构、执行机构和控制放大电路共同组成几套独立的电液比例（伺服）位置控制系统。

1）前后司机室空调驱动液压回路

空调机采用的是冷暖一体式空调，空调压缩机由液压马达驱动。

液压油通过安装在动力换挡变速箱上的一台三联泵供给，空调驱动回路的系统压力由溢流阀调定为 21 MPa，压力油经分流阀分流两路分别驱动两个串联工作的空调驱动马达。当开动两个司机室中的任何一个空调开关时，接在溢流阀远控口上的换向阀得电动作，关闭远控口的卸荷回路，建立起空调回路的系统压力，从而驱动空调马达工作。

2）夯实机构振动驱动、冷却风扇驱动及温度控制冷却回路

夯实机构振动驱动回路承接经散热器冷却风扇马达出来的压力油，经过两个串联在回路中并联使用的分流集流阀把油液平均分配到两个振动马达上，使两个马达能够同步转动。振动马达输出的液压油再进入液压油散热器控制回路进行冷却。

3）左、右捣固装置振动驱动回路

左右捣固装置工作时，动力换挡变速箱上的两个三联泵分别给左、右捣固装置内外侧两个振动马达供油，回路压力由调压阀设定在 18.5 MPa。压力油驱动油马达偏心轴转动，使捣固装置产生振动，从而带动夹持油缸振动。

4）作业回路

（1）前、后转向架回路。

前、后转向架支撑回路由顶车油缸和顶轴油缸组成。打开作业开关至作业位，使作业系统压力进入前、后转向架的各支撑油缸，捣固车的主车架和前、后转向架之间形成刚性连接，以减少整车工作时的振动，提高抄平系统的工作精度。

（2）捣固装置升降回路。

捣固装置升降回路由 14 MPa 的工作系统供油，分别通过两个电液比例换向阀控制两个升降油缸动作，实现捣固装置的提升和下降。电液比例阀的控制油路上装有高压滤油器，以提高控制精度和油液清洁度。该电液比例换向阀不仅能改变液流的方向，还可以控制流量，改变输入电液比例阀电流的大小可以控制捣固装置的升降速度。捣固装置升降油缸采用了可调式缓冲油缸，以使活塞在行程终了时减速制动，减速值可调节。

（3）捣固装置外镐张开、夹紧回路。

捣固装置外镐张夹回路由三联泵供油，回路的卸荷阀压力设定为 15 MPa，安全溢流阀压力设定为 17.5MPa。液压泵供出的压力油分两路：一路通过两个电磁换向阀分别供给两个捣固装置前、后外镐油缸的小腔；另一路通过两个减压阀到 4 个电磁换向阀，再分别供给左、右两个捣固装置外镐油缸的大腔。

在常态时，电磁阀都不得电，外镐夹持油缸小腔的压力大于大腔，即外镐油缸的拉力大于推力，则活塞杆缩回，捣固外镐处于张开状态。

在工作时，电磁阀得电，压力油进入外镐油缸的大腔，虽然油缸大小腔都有压

力油，但由于活塞两端的受力面积不同，推力大于拉力，活塞杆伸出完成外镐夹持动作。

根据线路状态不同，可以随时调节比例阀的电流，控制两侧外镐油缸的夹持压力。

（4）其他如液压制动回路、夹轨钳张夹回路、工作小车随动横移回路、捣固装置内镐张开夹实回路、工作小车走行驱动及加速回路。

6．捣固车捣固装置电气系统

根据控制功能的相对独立性，电气系统分解见表 4-4。

1）捣固装置升降控制板

捣固装置有左右两个，分别由两块捣固头升降控制电路板控制，如图 4-42 所示。

表 4-4　DCL-32 型捣固车的电气系统

电气系统	作业控制系统	中央润滑控制系统
		作业供电及安全系统
		ALC 系统
		程序控制系统
		捣固头及工作小车控制系统
		作业走行控制系统
		拨道控制系统
		起道抄平控制系统
		自动定位控制系统
		夹持压力比例控制系统
	辅助控制系统	总电源及柴油机控制系统
		油门电机控制系统
		ZF 及自动降功控制系统
		监视仪表、故障报警及多路检测系统
		暖风与空调系统
		照明系统
		通话系统
		轨道参数记录系统（记录仪）
		空气干燥器控制系统
		应急泵控制系统

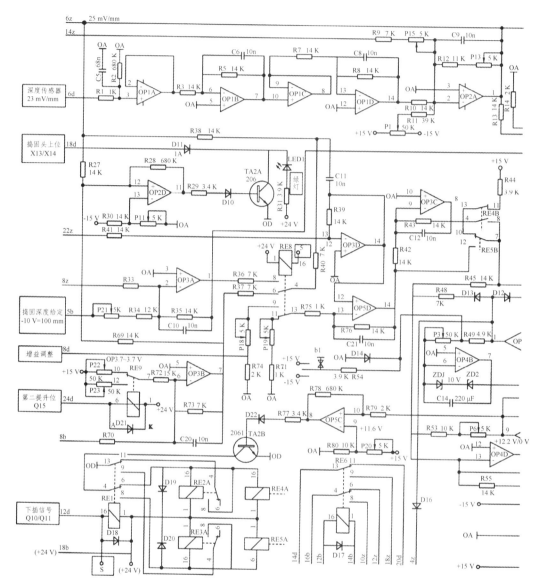

图 4-42　DCL-32 型捣固车捣固头升降控制板电气原理图

捣固深度给定拨盘电位器 2f13，其输出电压值随给定深度而线性变化，当给定深度为 400 mm 时输出电压为 – 10 V。捣固深度传感器（左 1f14，右 1f15）的输出电压为 + 10 ～ – 10 V，零点以上为负，零点以下为正。

（1）捣固头下降控制信号及回路。

① 捣固深度传感器的反馈信号。

② 捣固深度给定数字电位器的给定信号。

③ 捣固头下降比例阀的电流通路。

（2）捣固头上升控制信号及回路。

① 捣固深度传感器的反馈信号。

② 捣固头上升比例阀的电流通路。

③ 手动提升捣固头时上升比例阀的电流通路。

（3）捣固装置下降开始控制。

捣固装置下降信号（左 Q10，右 Q11）产生→继电器 Re1、Re8、Re7 动作。

捣固装置下降信号（左 Q10，右 Q11）产生的瞬间→继电器 Re1 动作→三极管 TA2-B 还处于导通状态→继电器 Re3、Re5 动作→继电器 Re3、Re5 通过继电器 Re1 形成自保回路。

捣固深度传感器（左 1f14，右 1f15）信号（负电压值）→OP1-A 输出负电压→OP1-B 输出正电压→OP1-C 输出正电压→OP1-D 输出负电压→OP2-A 输出正电压与来自深度给定的正电压（2f13 负电压→OP3-A 输出正电压）叠加→OP3-D 输出负电压→OP5-D 输出负电压→OP5-D 输出负电压→OP4-D 输出正电压→OP5-A 输出负电压→20b→22d→OP5-B 输出正电压→功放管 T1 导通（处于放大区）。

积分时间部分的控制：

OP5-D 输出负电压送入 OP4-D 的同时还输入 OP4-A，由于 OP4-A 对负输入电压处于运算放大状态，OP4-A 的输出电压将由 − 14 V 逐渐变为 + 14 V→OP4-B 的输出电压将由 − 10.6 V 逐渐变为 + 10.6 V→OP4-C 的输出电压将由 + 12.2 V 逐渐变为 0 V→OP4-D 的输出电压将由 − 12.2 V 逐渐变为 + 14 V。

比例阀的电流从预置电流逐渐上升到最大电流，这样可以避免捣固头的冲击。

在捣固头下降开始时，通过一定的积分时间控制，由于 OP4-C 的输出电压将由 + 12.2 V 逐渐变为 0 V，则三极管 TA2-B 将截止，此时继电器 Re3、Re5 的自保回路将保证继电器 Re3、Re5 一直动作，捣固头继续下降。

捣固装置下降控制电流通路：+ 24 V→ + 4db→30z→7r3→1s17→28d→Re3→T1→R68→30db→OD。

（4）捣固装置下降到位的停止控制。

捣固装置在下降过程中捣固深度传感器（左 1f14，右 1f15）信号（由负电压值线性变化为正电压值）→OP2-A 输出由正电压线性变化为负电压与来自深度给定的正电压（2f13 负电压→OP3-A 输出正电压）叠加→OP3-A 输出由正电压线性变化为零→OP3-D 输出由负电压变为零→OP5-D 输出由负电压变为零→OP4-D 输出由正电压变为零→OP5-A 输出为 0。

比例阀中仍有预置电流（ − 15 V→P8）流过，使捣固头到达指定的位置时仍继续下降。当深度传感器的反馈电压绝对值比给定电压的绝对值略大时，使得 OP4-A 立即输出 + 14 V 电压。

OP4-A 输出 + 14 V 电压→OP4-B 输出 − 10.6 V 电压→ + OP4-C 输出 + 12.2 V 电压→OP5-C 输出 + 14 V 电压→ + 三极管 TA2-B 导通→为捣固头下一步动作的缓冲做好准备→OP4-D 输出负电压→OP5-A 输出正电压→20b→22d→OP5-B 输出负电压→功放管 T1 截止→捣固头停止下降。

（5）捣固装置上升控制。

下降信号（左 Q10，右 Q11）消失→继电器 Re1、Re8、Re7 不动作。

捣固深度传感器（左 1f14，右 1f15）信号（正电压值）→OP1-A 输出正电压→OP1-B 输出负电压→OP1-C 输出负电压→OP1-D 输出正电压→OP2-A 输出负电压与来自 OP3-B 的负电压叠加→OP3-D 输出正电压→OP5-D 输出正电压加→OP3-D 输出正电压→OP5-D 输出正电压→OP3-C 输出负电压→OP5-D 输出负电压→OP4-D 输出正电压→OP5-A 输出负电压→20b→22d→OP5-B 输出正电压→功放管 T1 导通（处于放大区）。

捣固装置上升控制电流通路： +24 V→4db→30z→7r3→1S19→28b→Re2→T1→R68→30db→OD。

（6）捣固装置手动提升控制。

18f1→22d→OP5-B→功放管 T1 导通（处于放大区）。

继电器 Re1、Re7、Re8 不动作。继电器 Re3、Re5 不动作。继电器 Re2、Re4 动作。

捣固装置上升控制电流通路： +24 V→4db→30z-→7r3→1s19→28b→Re2→T1→R68→30db→OD。

（7）捣固装置升降控制板的调整。

P1：捣固装置零位调整；

P3：捣固装置阻尼（积分时间）调整；

P4：捣固装置中位信号调整；

P5：运算放大器 OP4-C 输出电压调整；

P6：运算放大器 OP4-D 输出电压调整；

P7：捣固装置下降最大伺服电流调整；

P8：捣固装置下降预置电流调整；

P10：捣固装置下位信号调整；

P11：捣固装置上位信号调整；

P12：捣固装置上升最大伺服电流调整；

P13：捣固装置下插深度调整；

P17：捣固装置上升预置电流调整；

P18：捣固装置下降最大伺服电流衰减调整；

P19：捣固装置上升最大伺服电流衰减调整；

P20：放大器 OP5-C 输入基准电压的调整；

P21：捣固装置给定下降深度调整；

P22：捣固装置 1 位捣固时上部截止位调整；

P23：捣固装置 2 位捣固时上部截止位调整；

P24：放大器 OP6 输出频率调整。

2）捣固装置的几个位置控制关系

捣固时上部停止位 1：捣固装置上升停住的位置（捣固镐掌位于钢轨轨面以上70 mm 处）。

捣固时上部停止位 2：捣固装置上升停住的位置（捣固镐掌位于钢轨轨面以上10 mm 处）。

捣固装置零位：下插给定深度为 0 时，捣固装置下插到的位置（捣固镐掌掌肩位于钢轨轨面以下 15 ~ 20 mm 处）。

捣固装置上位：捣固装置上部停止位以下 40 mm 处。

捣固装置中位：捣固装置零位以下 100 mm 处。

捣固装置下位：捣固装置给定深度以上 30 mm 处。

3）与捣固装置有关的几个信号

捣固装置锁定信号：X5A（左捣固装置锁定信号）、X5B（右捣固装置锁定信号）。

捣固装置下插选择信号：X1D（只使用左捣固装置信号）、X1E（只使用右捣固装置信号）。

捣固装置上位信号（控制二次捣固、作业走行后退）：X13（左捣固装置在上位）、X14（右捣固装置在上位）。

捣固装置中位信号（控制起拨道动作）：X15（左捣固装置在中位）、X16（右捣固装置在中位）。

捣固装置下位信号（控制起拨道动作、捣固装置下插后自动提升）：X17（左捣固装置在下位）、X18（右捣固装置在下位）。

7．气动系统

DCL-32 型连续走行捣固车工作装置的锁定机构、检测小车的升降锁定、测量弦的张紧、柴油机油门控制、离合器脱挂控制等均采用气动控制。气动系统由多个气动回路组成，与空气制动系统共用一个气源。

气动系统控制机构较多，结构比较简单，都是通过电磁换向阀推动气缸带动执行机构动作。电磁换向阀利用电磁铁的作用，控制阀芯在阀体内的相对位置，以此来改变压力空气的流动方向。气动系统选用的电磁换向阀为先导截止式电空换向阀，有二位三通、二位四通、三位五通 3 种形式。

气动系统原理如图 4-43 所示，主要由以下几个气动回路组成：① 检测小车气动回路。② 风喇叭气动回路。③ 弦线张紧气动回路。④ 起拨道装置的升降、锁定、加载回路。⑤ 捣固装置锁定与解锁。⑥ 枕端夯拍装置锁定与解锁。⑦ 工作小车纵向固定和横向固定。⑧ 工作小车移动制动回路。⑨ 排砟犁升降、锁定与解锁。⑩ 自动捣固识别感应器升降。

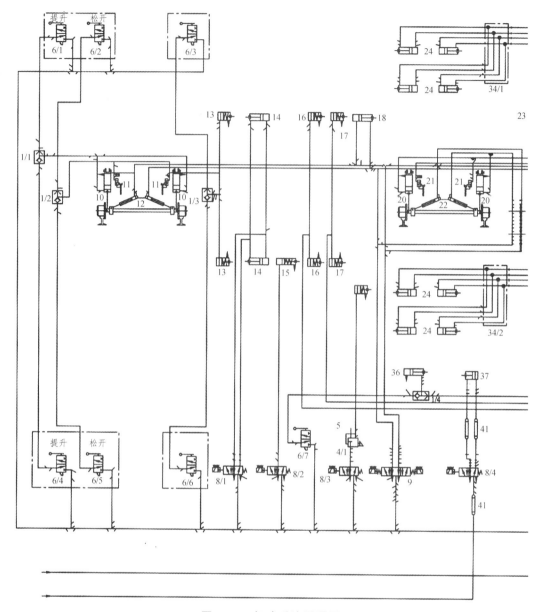

图 4-43　气动系统原理图

8.（拓展）CD08-475 型道岔捣固车捣固装置

CD08-475 型道岔捣固车有 4 套捣固装置，组成 2 组"分片式捣镐"捣固排，左右对称安装在道岔捣固车中部的 4 个捣固框架里，可以对普通线路和道岔进行捣固作业。

具体内容参见右侧二维码。

CD08-475 型道岔
捣固车捣固装置

子任务二　DCL-32 捣固车起拨道装置认知

一、工作任务

通过学习起拨道装置构造知识，能够完成以下任务：

（1）能够准确认知起拨道装置的结构、液压、电气特点。

（2）能够正确理解认知起拨道装置的作用。

抄平起拨道捣固车起拨道
装置基本构造

二、相关配套知识

1．概　述

起拨道装置有左、右两套，分别作用于左、右两股钢轨上，对轨排进行提起和左、右移动，即起道、拨道作业。通过起拨道作业来消除轨道高低、水平和方向偏差，使线路直线平直，曲线圆顺，确保行车安全。

一般情况，捣固作业和起拨道作业同步进行。

起拨道装置可以单独进行起道或是拨道单项作业。但是在实际工作中为了减小拨道阻力，在无起道量的单项拨道作业时，也可设置 10 mm 左右的起道量。

起拨道装置和电液伺服阀、线路方向及水平检测装置、电子控制装置共同组成起拨道电液位置伺服系统，而起拨道装置是该位置伺服系统中的执行机构，起拨道作业过程自动完成，不需要人工操纵。

2．起拨道装置结构特点

连续式捣固车起道和拨道装置有两套，安装在左右两侧，单独悬挂在卫星小车的主梁上，拨道油缸装在车架的纵梁上，整套起拨道装置定位在小车的立柱上，起拨道装置如图 4-44 所示。

图 4-44　起拨道装置

起道和拨道装置由上摆动吊架、下摆动吊架、蝶形连接座、夹轨钳总成、起道和拨道油缸总成、拨道轮总成 6 部分组成。

起拨道装置的结构如图 4-45 所示，由起道油缸、导向柱、拨道轮、夹轨轮组、起道架和摆动吊架等组成。起拨道装置中除拨道油缸和拨道轮外，其他零部件都属于起道装置的部分。

起道油缸 1 与车架纵梁铰接，起道架 10 沿导向柱 6 上、下移动，摆动架 12 通过吊耳 11 和销轴与起道架 10 连接，摆动架 12 以竖销轴 9 为中心左右摆动。摆动架下部装拨道轮 4，两端装夹轨轮组。

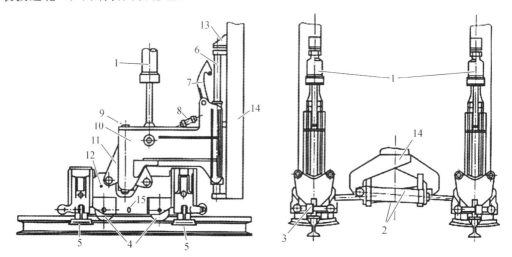

1—起道油缸；2—拨道油缸；3—夹轨油缸；4—拨道轮；5—夹轨轮；6—导向柱；7—钩；8—气缸；
9—竖销轴；10—起道架；11—吊耳；12—摆动架；13—钩座；14—车架；15—接近开关。

图 4-45　起拨道装置的结构

起道油缸是单作用油缸，起道力即为油缸的拉力，起拨道装置下降依靠自重。拨道轮 4 在钢轨上滚动，用以支撑起拨道装置。

1）起道装置

起道装置共有两对共 4 组夹钳，每组夹钳有两对滚轮组成，夹轨轮安装在起拨道装置的前部，两个转轴安装在液压缸上，它们的活塞杆连接在起道夹钳的构架上，由液压控制张开和闭合，在闭合位时，夹住钢轨轨头。在起道过程中，起道装置在 4 个点抓住钢轨向上提起，由起道伺服阀控制分别对每一侧钢轨进行起道。

在一个起拨道工作循环结束后，工作小车向前滚动至下一组轨枕，起道装置靠自重落下，夹钳卸压处于自由状态，滚轮滚动时，不会接触到钢轨扣件，沿钢轨自由滚动。

前后滚轮夹钳能单独操作。起拨道装置在各方向能移动，在向前移动时不加载任何外力，能适应曲线自由滑行。如果夹钳碰到障碍，比如轨接头或焊接接缝，夹钳会自由打开，不会对钢轨或机器引起任何损坏。经过鱼尾板接头时，设计前后滚轮夹钳间距大于鱼尾板长度，即使一对滚轮夹钳不能完全夹住钢轨，另一对夹钳也能夹住轨头保证起道。

起道时压力油液进入起道油缸小腔，活塞杆缩回，拉动起道架向上移动，通过夹轨轮把整个轨排提起。起道高度根据线路维修要求，由电液位置伺服系统自动控制。起道装置的最大起道量为 150 mm，最大起道力为 250 kN。

在作业开始时，起拨道装置下降至轨顶，进行起拨道作业，同步捣固，在整个工作过程中位置不动。一次起拨道捣固结束，工作小车向前移动，起拨道装置也随之一起移动到下一起拨道位置。

通常起道和拨道动作是在捣固装置下插时自动开始，直到满足自动抄平、起道控制电路信号要求，才停止起拨道动作；并保持钢轨正确的起道、拨道位置，直到捣固作业结束为止。

如图 4-46 所示夹轨轮轴的伸出长度要使前夹轨轮缘与轨头下颚之间保持 1 ~ 10 mm 的间隙，后夹轨轮缘与轨头下颚之间保持 1 ~ 5 mm 的间隙。起拨道作业完毕后，把起拨道装置升到上死点，如图 4-45 所示通过气缸 8 推动钩 7 钩住钩座 13，以防止高速运行时起拨道装置下降。

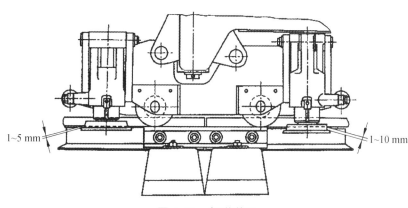

图 4-46　起道装置

2）拨道装置

DCL-32 型连续式捣固车的拨道油缸装在车架的纵梁上，车架承受拨道反作用力。拨道装置摆动吊架上安装了两个双缘滚轮用于拨道，拨道力由轮缘传递，拨道油缸推、拉摆动吊架，通过拨道轮推、拉两侧钢轨，使整段轨排横向移动，如图 4-47 所示。

线路拨道装置是与线路起道装置结合在一起的，起道与拨道同时进行。如果因某种原因起拨道装置偏离开钢轨时，装在摆动吊架上的接近开关离开钢轨的距离增大，即可发出脱离信号停止起道，此时，松开夹轨轮，提起吊架，操作人员推拉摆架，使其重新回到钢轨上方。在工作开始时，起拨道装置随着工作小车向前移动，8 只起道滚轮和 4 只拨道滚轮沿着钢轨滚动。两个拨道油缸相背安装，油路串联，拨道时一个油缸对轨道为推力，而另一个油缸为拉力，在拨道过程中，通过滚轮凸缘在 4 个点将拨道力传递给钢轨，使钢轨移至正确的位置，拨道过程自动控制，最大拨道力为 150 kN，最大拨道量左、右各 150 mm。

拨道量用单弦系统测量原理进行检测，拨道与起道一起开始，达到目标位置自动停止。如图 4-48 所示，当线路方向有偏差时，电液伺服阀有相应的液压信号输出，控制进入两个拨道油缸的油量。拨道油缸推、拉摆动吊架，使轨道向左或向右移动，直到该处的线路方向偏差消除时，电液伺服阀的输出液压信号归零，拨道油缸停止动作，则轨道移动到正确的位置。图 4-49 所示为拨道装置。

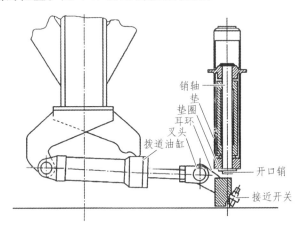

图 4-47　拨道装置构造

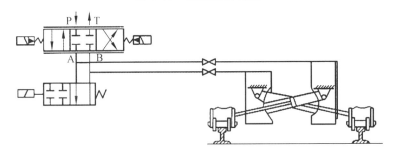

图 4-48　拨道装置工作原理

1—拨道小车（带凸缘滚轮）；2—道钉感应传感器；3—道钉感应传感器升降机构；
4—安全链；5—中央润滑系统油脂罐；6—润滑油供油压力表。

图 4-49　拨道装置

为减少捣固车作业走行阻力，在走行工况，要求起拨道装置对钢轨不能有较大的作用力，拨道油缸的大、小腔均接通回油路，从走行液压马达回油路来的 0.3 MPa 油液通过拨道油缸的大、小腔，因拨道油缸的推力大于拉力，两个拨道油缸活塞杆均伸出，使拨道装置向外摆动，拨道轮外缘离开钢轨头外侧，减少了由钢轨飞边和钢轨接头处信号连接线等造成的走行阻力。

3．起拨道装置液压系统分析

捣固车的抄平、拨道、捣固、夯实、主机作业运行和工作小车运行等动作全部由液压系统驱动完成，该系统是集方向控制、压力控制、速度控制、比例控制、伺服控制为一体的多功能复合系统。

1）起拨道控制子回路综述

电液伺服系统自动控制起道液压回路，进行起道作业，当有起道量时，电流信号输入到伺服阀、电磁阀，来自作业回路的压力油经伺服阀、电磁阀进入起道油缸小腔，实现起道动作。随着给定起道量与实际起道完成量差值的逐渐减小，输入伺服阀的电流信号逐渐减小，当差值为零时，输入伺服阀的电流减小到零，伺服阀完全关闭，起道动作完成。

当有拨道量时，电流信号输入到伺服阀和电磁阀得电动作，来自作业主回路的压力油，进入一个拨道油缸的大腔和另一个油缸的小腔，两个油缸的另外两腔通过伺服阀回油箱，实现拨道动作。随着给定拨道量与实际拨道完成量差值的逐渐减小，输入伺服阀的电流信号逐渐减小，当差值为零时，输入伺服阀的电流减小到零，拨道伺服阀回中位，电磁阀失电，拨道动作完成。两个拨道油缸的 4 个腔通油箱，拨道油缸处于自由浮动状态，保证在曲线上作业时不会因夹轨轮等破坏线路和损坏机器。

2）起拨道控制子回路介绍

起拨道装置的液压油缸回路可以分为拨道油缸电液伺服控制回路、起道油缸电液伺服控制回路及夹轨钳油缸回路。起拨道油缸电液伺服控制回路如图 4-50 所示。

（1）拨道油缸液压回路。

拨道油缸的液压回路由拨道油缸 5、拨道电液伺服阀 9、电磁换向阀 7 和 8 组成。两个拨道油缸为串联油路，即一个油缸的大腔与另一个油缸的小腔油路相通，拨道作业时，两个油缸的作用力方向一致，一个油缸是推力，另一个油缸是拉力。

二位四通电磁换向阀 7 起截止阀的作用。当某一个电磁阀 7 换向，切断通往相应油缸小腔的油路，此时，只有另一个拨道油缸能动作。例如在作业中某一侧的拨道装置脱离钢轨时，可以切断另一侧拨道油缸的油路，使它不动作，那么就可以通过调整脱离钢轨一侧的拨道油缸，使拨道装置回位。

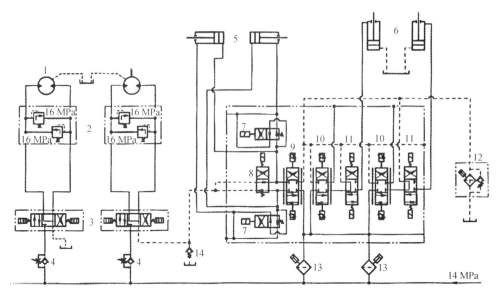

1—液压马达；2—安全阀；3—电液换向阀；4—单向节流阀；5—拨道油缸；
6—起道油缸；7、8、11—电磁阀；9—拨道伺服阀；10—起道伺服阀；
12—回油滤清器；13—高压滤清器；14—背压阀。

图 4-50 起拨道油缸电液伺服控制回路及作业走行油马达回路

电磁换向阀 8 与拨道伺服阀 9 的工作油路相通。当伺服阀在零位时（无拨道动作），电磁换向阀 8 使油马达的回油路沟通两个拨道油缸的大、小腔，利用作业走行马达的回油压力（0.35 MPa），使两个拨道油缸的活塞杆伸出，拨道轮内缘靠在钢轨里侧。这样就使拨道轮外缘离开钢轨头，当拨道轮通过钢轨接头处，不会挤坏信号连接线，并且也减小了捣固车的走行阻力。

电液伺服阀 9 在拨道工况时，电磁换向阀 8 换向，切断 0.35 MPa 的压力油路，使拨道油缸处于拨道工况状态。

电液伺服阀与拨道油缸、放大电路、线路方向检测装置共同组成电液位置伺服控制系统。

当线路方向检测和修正信号与反馈信号相比较有偏差时，系统就工作。电液伺服阀的输出流量与输入的偏差电信号成比例。偏差信号由正（负）变为负（正）时，电液伺服阀的输出流量改变方向，则拨道油缸的运动方向也改变。

（2）起道油缸液压回路。

起道油缸液压回路由起道油缸 6、电液伺服阀 10、电磁换向阀 11 和高压滤清器 13 组成。

两个起道油缸和电液伺服阀、电磁换向阀组成两个独立的起道电液位置伺服油路，分别控制左、右起拨道装置的起道动作，起道油缸的大腔与油箱常通，油缸小腔通电磁阀 11，因此，起道油缸是单作用油缸，起拨道装置的下降靠自重，起道油缸无推力作用。

伺服阀与起道油缸之间串联三位四通电磁换向阀11，在捣固车作业走行工况时，不进行起道作业，电磁换向阀11和电液伺服阀均在零位状态，起道油缸的小腔油路被封闭，起拨道装置不能下降。

无起道信号电流时，电液伺服阀和电磁换向阀均在零位，起道油缸小腔油路封闭，起拨道装置不能下降，能够减小捣固车作业走行阻力。

当有起道量时，伺服阀有起道信号电流并输出相应的液压流量，此时，三位四通电磁换向阀的左端线圈有电，使由伺服阀来的工作油液进入起道油缸小腔，活塞上移，通过起拨道装置将轨道提起，其起道高度与起道信号电流成正比。

起拨道装置下降时，电液伺服阀有下降信号电流。此时，伺服阀输出油路封闭，电液伺服阀不能控制起道油缸，三位四通电磁换向阀右端线圈有电，使起道油缸的小腔与油箱连通，油缸活塞下移，起拨道装置依靠自重，自由下降。

由于电液伺服阀要求油液的清洁度较高，所以在电液伺服阀的进油路上装有高压滤清器13，回油路上装有回油滤清器12。

（3）夹轨油缸液压回路。

左、右起拨道装置各有两个油缸带动夹轨滚轮的张合，实现起拨道装置对钢轨的夹持或松开，前、后两个夹轨油缸采用并联油路，由Y型机能的三位四通电磁换向阀控制，如图4-51所示。

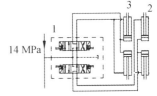

前、后夹轨油缸的控制油路相同。三位四通电磁换向阀在零位时，夹轨油缸的大、小油腔均与油箱连通，油缸处于自由状态。当三位四通电磁换向阀动作时，夹轨油缸动作，使夹轨滚轮夹持钢轨或是松开。

1—三位四通电磁阀；2—前夹轨油缸；
3—后夹轨油缸。

图4-51　夹轨油缸液压回路

4．拨道控制系统

捣固车的拨道原理（见图4-52）分三点法和四点法。DCL-32车的C点工作小车随作业小车运动其位置是不断变化的，C点的拨道正矢也随C点变化。因此，为了准确拨道，必须加一个补偿值，这个功能由EK-348板和一个线性传感器共同完成。

1）拨道系统的构成

拨道系统由相应的测量、电子控制和执行拨道的液压机构等构成。

2）四点式拨道作业

测量轴（A、B、C、D）用气压预加载到所选择的基准轨上，A和D延伸所构成的弦代表准直的方向。传感器电位计安装在测量小车B和拨道小车C上，通过弦跳动控制和夹头叉与测量弦连接。在接触点依据轨道准直线，用弦来操纵电位计，通过这种方式，所测正矢值以模拟信号得到。借助模拟控制电路，所有输入数据都被输入到复合线路。

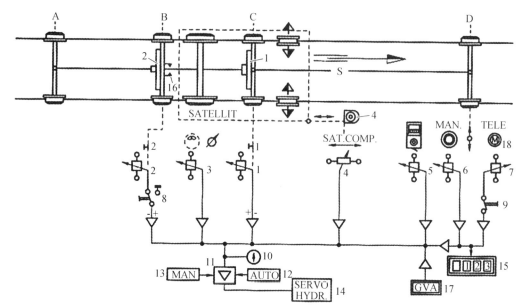

1—矢距 H_1 拨道传感器（1f00）；2—矢矩 H_2 测量传感器（1f01）；3—后驾驶室的调零电位器（22f04）；
4—作业区电子摆（1f09）；5—手动输入曲线修正值的数字电位器（4f1）；6—前端轨道偏移量 F_D 的
输入电位器（111f1）；7—激光准直时，前端轨道偏移量 F_D 值传感器（1f139）；8—三点式与
四点式的选择开关（22X3D）；9—激光准直投入开关（4b1）；10—拨道指示仪表（19g2,
4g4）；11—拨道信号总和；12—自动拨道控制信号（来自程控（Q1A）；13—手动拨道
控制开关（向左23X4E，向右23X4F）；14—液压拨道系统的伺服控制；
15—拨道指示数字表（3位半，4g2）；16—拨叉；17—ALC；
18—激光接收驱动电机（1m7）；S—钢弦；
A—后张紧小车（材料车下）；B—测量小车
（转向架下面）；C—拨道小车（作业区）；
D—前张紧小车（前驾驶室下）。

图 4-52　拨道系统原理框图

　　正矢"H_2"调整到适应正矢比例"i"（$H_1 : H_2$），再考虑拨道正矢"H_1"，同时要注意正负，如果"H_1"与"H_2"不成比例，在复合线路内将会残留一个差值信号，这个信号代表拨道量"C"。这个差值信号"11"输入到拨道指示器"10"和所有输入信号，如果拨道操作开始，液压拨道系统的伺服控制"14"触发，直到轨道拨到正确的正矢比例为止。人工输入曲率修正值（V、F、W）的数字电位计"5"改变所有的信号，并获得变换的切断点，再互联 GVA 系统（几何形状自动调整装置）。由输入台按轨道实际状况分别输入量"6"和"7"。由于工作小车位置不断的启停移动，拨道小车 C 到测量小车 B 以及张紧小车 A、D 的距离是变化的。电液伺服系统根据拨道值通过液压控制和油源供给控制拨道油缸的拨道量。图 4-53 为拨道控制系统原理图。

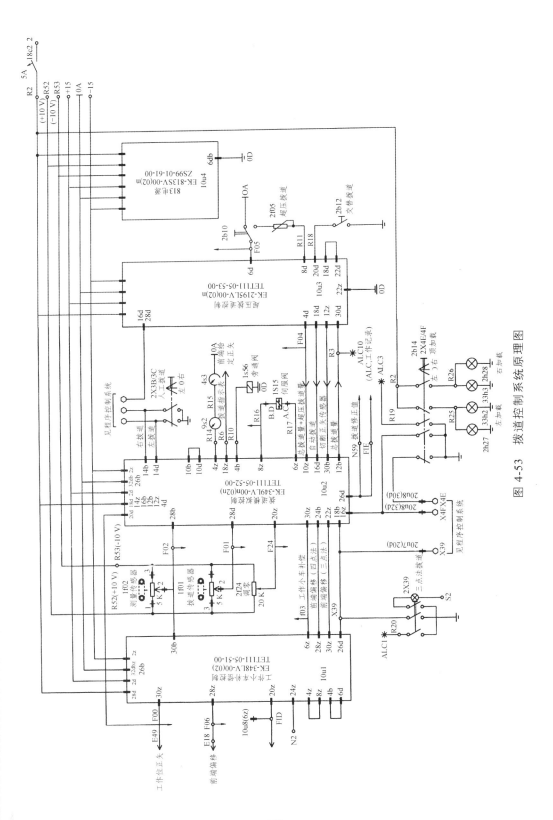

图 4-53　拨道控制系统原理图

3）三点式拨道作业（三点正矢法拨道）

弦通过叉"16"固定在测量小车 B 上，不使用测量传感器 H_2，只测量拨道正矢 H_1，并把 H_1 加到所设定的理论正矢（H_V、H_F、H_W）上，一起作为拨道修正值。弦线实测正矢与理论正矢差即为拨道量。理论正矢的输入由 GVA 系统的数字电位计来完成。

4）激光准直作业

激光准直仅用于长直线路的作业。使用弦测法测量，弦线的长度与车辆长度相当，在较长的直线地段起拨道作业不能达到理想的直顺度，需要借助激光准直系统作为测量参考基准，在较长的直线地段获得较好的方向、高低测量效果，达到预期的起拨道作业质量。

打开激光准直开关 9（4b1）置于 ON 位，使用三点式作业拨道，手动输入曲线修正值的数字电位器（4f1）和前端轨道偏移量 F_D 的输入电位器（111f1）均置于 0 位。直线的理论矢距 $H = 0$，前端轨道偏移量，F_D 由激光接收器处于 F_D 值传感器（1f139）输入。有的捣固车正前方的激光发射器发射来的激光束成为作业过程的准直基准方向。当捣固车前端的轨道线路向左或向右偏移时，激光接收器接收信号（JZT-B 型跟踪控制电路将驱动电机 18（1m7）控制激光接收器左右移动接收，JZT-C 为激光接收屏幕接收）。激光接收器又通过拉弦带动 F_D 值传感器 1f139 中的电位器随激光接收器的左右移动而旋转，从而将前端轨道偏移量 F_D 值转换成电信号送入拨道控制电路。拨道时，当传感器 1f00 检测到的矢距 H_1 与 F_D 值送到拨道信号总线上的信号差为 0 时，就完成了对该作业点的准直作业。

5）超量拨道

当钢轨处于张紧状态，并有很大的弹性时，在完成拨道后，钢轨将往回反弹，不能达到预期的拨道量，即并未拨到所要求的位置。在这种情况下需要使用超量拨道，通过对超量拨道消除回弹的影响。如对重载铁路轨道，由于轨道结构刚度较大，易发生拨道回弹情况，一般需要超量拨道。

接通超量拨道开关 22XBC，通过 22f07 调节超量拨道量。在拨道开始前，合成的拨道信号被存入一存储器中。拨道开始时，存储器中的信号与原来的拨道信号合成进行拨道，该处将进行超量拨道。

5. DCL-32 型捣固车起道抄平控制系统

起道抄平系统概况如图 4-54 所示，其中：

1 为位于前抄平测杆"F"上的测量电子摆和横向水平误差的自动输入。

2 为位于中间抄平测杆（捣固区域）"M"上，用于测量横向水平的电子摆。

3 为位于后抄平测杆"R"上的电子摆，对已捣固过的轨道进行测量并用于理论抄平值的自动控制。

4 为数字电位计，为手动输入的理论横向水平。

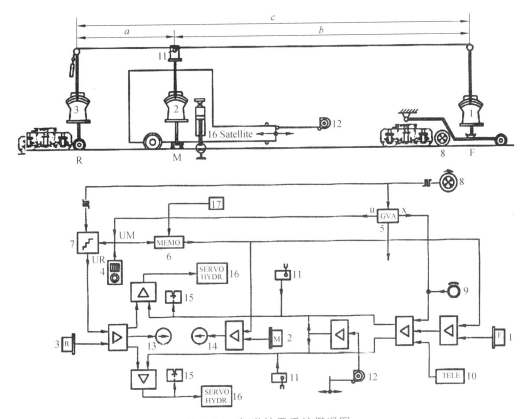

图 4-54 起道抄平系统概况图

5 为 ALC 自动输入的理论横向水平，并转换调整值、倾斜度、起道值的变化等。

6 为存储捣固期间预设定的横向水平值（机器连续作业中由于超高所引起的连续预设定斜度值）。

7 为指示后抄平测杆横向水平值的预设定横向水平值自动距离变化量连接器（"M"与"R"之间距离变化量）。

8 为后抄平测杆和 ALC 控制器横向水平理论值自动调整的距离测量传感器。

9 为起道值手动输入。

10 为遥控输入起道值，用无线电或者激光控制。

11 为位于中间抄平测杆（左或右）上的比例传感器，用于测量和切断起道。

12 为自动使起道值和测量比例相适应的位置传感器（取决于工作小车到主机器的距离）。

13 为捣固后横向水平显示仪表。

14 为捣固期间横向水平显示仪表。

15 为起道显示仪表（左或右）。

16 为液压起道系统的伺服控制（左或右）。

17 为储存预设定横向水平值的控制信号（通过下降的捣固装置切断）。

6．知识拓展：CD08-475 型道岔捣固车起拨道装置结构

道岔捣固车利用特殊起拨道装置将道岔轨排提起或左右移动，对道岔各股钢轨同时进行起道、拨道作业。通过起道、拨道作业，可以消除道岔轨道方向和水平偏差。一般情况下，捣固作业和起拨道作业同步进行。拓展部分请扫描二维码学习。

CD08-475 型道岔捣固车
起拨道装置结构

子任务三　DCL-32 型捣固车夯实装置的认知

一、工作任务

通过学习夯实装置构造知识，完成以下任务：

（1）能够准确理解夯实装置的结构、液压等特点。

（2）能够正确理解夯实装置的作用。

二、相关配套知识

1．概　述

夯实装置的作用是夯拍砟肩，提高道床肩部的石砟密实度，增大道床的横向阻力。

夯实装置安装在捣固装置的横移框架上，夯实装置和捣固装置同步工作，在捣固装置下降的同时，夯实器也下降，夯实器落在被捣固轨枕外的道床肩上进行道床夯实。当捣固装置升起时，夯实器也随着升起，准备向下一个夯实位置移动。

夯实装置的结构如图 4-55 所示，它由激振器（夯实器）、升降及限位机构、减振及锁定机构组成。

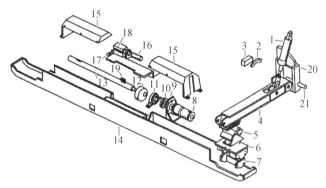

1—升降油缸；2—限位铁；3—支架；4—吊臂；5—减振器；6，7—连接座；8—油马达；
9—马达支架；10—联轴器；11—轴承座；12—偏心轮；13—轴；14—底板；
15—防护罩；16—销子；17—拉环；18—滑套；19—平键；
20—横移框架；21—销轴。

图 4-55　夯实装置

1）激振器

激振器由油马达 8、支架 9、联轴器 10、轴承座 11、偏心轮 12、轴 13、底板 14 等组成，如图 4-56 所示。

油马达 8 装在支架 9 上，油马达通过联轴器 10 驱动轴 13，轴 13 上装有两个偏心轮 12，两个偏心轮的安装位置相同，以增大转动惯性力。油马达支架和轴承座装在底板上。当油马达驱动轴 13 转动时，由于偏心轮旋转产生离心力，使底板 14 产生周期变化的惯性振动力作用于石砟上。

碎石道床是由大小不等的石砟组成的散粒体结构，石砟间空隙较大。石砟受到振动后各个石砟向较稳定的地方运动、小颗粒向较大空隙中填充，使道床的密实度增加，石砟颗粒的相对稳定性加大，从而提高道床的整体强度。

经测定激振器的振动频率为 30 Hz、激振力约为 3 850 N。

2）升降及限位机构

升降及限位机构的作用是吊挂夯实器，并且随着捣固装置的升降动作自动升降夯实器，如图 4-57 所示。

图 4-56　夯实装置的激振器

图 4-57　升降及限位机构实物图

升降及限位机构由升降油缸、吊臂、限位挡铁等组成，吊臂的一端用销轴与捣固装置框架连接，另一端吊挂夯实器，升降油缸推、拉吊臂使夯实器升降，升降高度由限位开关控制。

限位机构由限位挡铁、限位开关（接近开关）等组成。限位铁与吊臂一起转动，限位铁触动限位开关来控制电磁液压换向阀，使升降油缸动作，达到自动控制夯实器升降高度的目的。

3）减振器及锁定机构

为了避免把夯实器的振动传到吊臂上，在吊臂与夯实器之间采用组合式橡胶棒减振器连接。

组合式橡胶棒减振器由金属内、外套和橡胶棒组成，4 个橡胶棒装在金属外套的四角内。

捣固车高速运行时，夯实器升起，通过销轴吊挂在捣固装置的振动油马达支架上。吊挂时用手拉拉环，使销轴插入吊耳。

2．液压系统综述

夯实液压系统包括夯实机构振动驱动、夯实装置升降等主要液压回路。

1）夯实机构振动驱动、冷却风扇驱动及温度控制冷却回路

夯实机构振动驱动回路承接经散热器冷却风扇马达出来的压力油，经过两个分流集流阀把油液平均分配到两个振动马达上，使两个马达能够同步转动。振动马达输出的液压油再进入液压油散热器控制回路进行冷却。

2）夯实装置升降子回路

左、右夯实装置都有两个升降油缸，油缸的小腔始终和作业系统压力油接通，当两个电磁阀一侧得电，油液经过单向节流阀的单向阀进入油缸大腔，形成一个差动回路，使油缸活塞杆伸出，夯实装置下降。当电磁阀另一侧得电，油缸大腔的油，经过单向节流阀回油箱，形成一个出口节流调速回路，使油缸活塞杆回缩，夯实装置上升。调节单向节流阀的调节手柄，可以调节油缸大腔的出口流量，从而改变夯实装置的上升速度。

子任务四　捣固车线路检测原理及检测装置

一、工作任务

通过学习检测原理及检测装置知识，完成以下任务：

（1）能够准确理解检测装置的原理等知识。

（2）能够正确理解检测装置的作用。

二、相关配套知识

1．铁路轨道基本知识

铁路轨道是行车的基础设备，轨道由钢轨、轨枕、联结件、道床及道岔等组成。钢轨的作用是支持并引导车轮，直接承受来自车轮的作用力，并传递给轨枕，由轨枕再传递给道床和路基、桥隧等线下结构，如图 4-58 所示。

铁路轨道
基本知识

图 4-58　铁路轨道

2. 绳正法整正曲线原理

铁路曲线半径比较大，现场无法用实测半径的方法来检查曲线圆顺，通常利用曲线半径、弦长、正矢之间的几何关系，用一定长度的弦线测量曲线正矢的方法，来检查线路曲线的圆顺程度。人工用这种方法来检查、整正曲线的方法称为绳正法。

捣固车上线路方向的检测也是运用绳正法曲线检测的基本原理，用电液位置伺服系统自动整正线路方向，达到整正曲线的目的。在 D08-32 捣固车上把这一自动检测拨道系统，称为单弦检测拨道系统。也有的捣固车采用双弦检测拨道等不同的检测方法。

1）曲线半径、弦长与正矢之间的关系

如图 4-59 所示，在圆曲线上两点间连一条直线 BD，这条直线称为弦。弦上任一点到曲线上的垂直距离叫作矢矩，在弦中央点 M 的矢距叫正矢。

在图中三角形 $\triangle DMO$ 为直角三角形，根据勾股定理

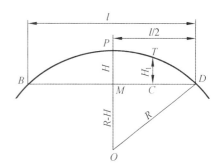

图 4-59　曲线半径、弦长与矢距的关系

$$R^2 = \left(\frac{l}{2}\right)^2 + (R-H)^2$$

$$R^2 = \left(\frac{l}{2}\right)^2 + R^2 - 2RH + H^2$$

$$2RH = \left(\frac{l}{2}\right)^2 + H^2$$

式中　R ——圆曲线半径（m）；

　　　L ——弦长（m）；

　　　H ——正矢（mm）。

由于铁道线路曲线半径很大，H^2 与 R 相比不到万分之一，故 H^2 可忽略不计，则上式可以写成

$$H = \frac{\left(\frac{l}{2}\right)^2}{2R}$$

可见，在圆曲线检测中，正矢 H 与圆曲线半径 R 成反比，并且是线性关系，而与弦长 l 的平方成正比。如果用一定长的弦线把圆曲线分为若干弧段，则每个弧段的正矢值必然相等。

2）曲线整正的基本原理

从图 4-60 可见，当拨动曲线上任何一点时，不仅本点的正矢发生变化，前后相邻

两点的正矢也将发生变化。图中用虚线表示整正前的曲线位置,实线表示拨动后的曲线位置。当曲线上任一点 A 向外拨动 e,而保持其他各点不动时,在 A 点正矢增加 e 的同时,前后相邻两点的正矢,相应减少 $e/2$。同理,如果 B、C 两点分别向外拨动 e_b 和 e_c 时,则 A 点的正矢也将相应减少 $e_b + e_c$ 之和。

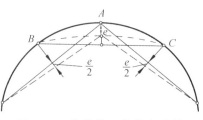

图 4-60 曲线整正的基本原理

由此可见,曲线拨动时,正矢增减一个拨距,必然相邻两点的正矢相应增减半个拨距以平衡之,故不论曲线如何拨动,正矢之和始终不变。

3．线路方向偏差检测原理与装置

使轨道在水平面内向左或是向右进行拨动,称为拨道作业,其目的是消除线路方向偏差,使曲线圆顺、直线直。捣固车进行拨道作业时,拨道量的大小及方向,是由安装在捣固车上的线路方向偏差检测装置测出的,经电液伺服控制的拨道机构自动地进行拨道作业,在直线和圆曲线地段不需要人工参与。

捣固车采用单弦检测装置检测线路方向偏差,它有四点式偏差检测、三点式偏差检测及激光直线矫直 3 种偏差自动检测拨道方式。

1）线路方向偏差自动检测拨道原理

线路方向偏差检测装置,是根据单弦检测拨道理论设计的,图 4-65 是线路方向偏差自动检测拨道系统工作原理示意图。

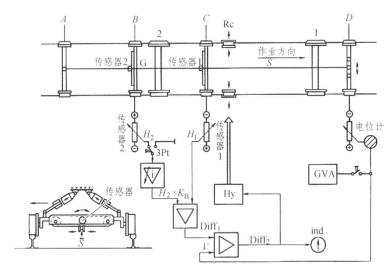

1—前转向架Ⅰ轴;2—后转向架Ⅳ轴;A—A 点检测小车;B—B 点检测小车;
C—C 点检测小车;D—D 点检测小车;G—主线固定器;S—弦线;
Rc—拨道轮;3Pt—三点式检测开关;Hy—伺服阀;
GVA—计算机;ind—拨道表。

图 4-61 线路方向偏差自动检测拨道原理

在线路方向偏差检测装置的 A、D 检测小车之间，张紧一根钢丝绳 S 作为检测基准，拨道作业时由 A 点检测小车上的气缸把钢丝弦线拉紧，弦线 A 端固定不能左右移动，弦线 D 端通过跟踪机构可以左右移动（国产捣固车改为弦线 D 点也固定），在 B、C 检测小车上各装有一个矢距传感器，弦线穿过矢距传感器上的拨叉，形成四点检测弦线。当线路方向有偏差时，弦线带动拨叉使电位计转动，输出一个模拟矢矩值的电压信号 H_1、H_2。经运算放大电路输出一个比较偏差信号 $Diff_1$，由跟踪机构的电位计或是拨道量修正计算机 GVA 来的拨道量修正信号 V 与偏差信号 $Diff_1$ 进行比较，输出拨道信号 $Diff_2$ 给电液伺服阀 Hy，电液伺服阀将电信号转换为液压信号，液压油进入拨道油缸，拨道油缸推拉拨道轮 Rc 使轨道左右移动，消除线路方向偏差。线路方向偏差检测及拨道过程是自动进行的，只有在线型变更点处及缓和曲线地段拨道时，对所测矢距值要进行修正，修正值的计算由计算机 GVA 完成，或者司机查修正值表，用数字电位计输入。线路方向检测拨道系统是典型的电液位置伺服控制系统，图 4-62 是该系统的自动控制原理框图。

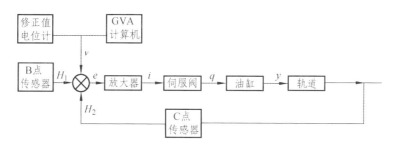

图 4-62　自动检测拨道系统的控制原理图

2）四点式检测原理

线路方向偏差检测方式有四点式、三点式和激光矫直 3 种。这 3 种线路方向偏差检测方式的偏差检测原理不同，故偏差检测及拨道精度也不同，但其拨道原理是一样的。

四点式检测原理是以检测圆曲线的方法为基础，有 4 个检测点，故称为四点式检测，如图 4-63 所示。

线路方向偏差检测装置必须能在直线和不同线型的曲线上工作。因此，线路方向偏差的检测必须与曲线半径无关，才能在各种线型上进行方向偏差检测工作。因此通过矢距 H_1 和矢距 H_2 的相除，可消除半径 R，即

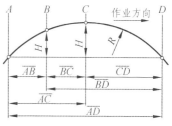

图 4-63　四点式偏差检测原理

$$\frac{H_1}{H_2} = K_B$$

对某一台捣固车而言，各检测点之间的距离是一定的，所以上式是常数，并用 K_B 表示，称为 B 点的比例常数，又称为 B 点偏离对 C 点的影响系数，它与矢距 H_1 和 H_2 的关系为 $H_1 = H_2 \cdot K_B$。

当捣固车处在正确的圆曲线上时 $H_1 = H_2 \cdot K_B$ 成立，线路方向偏差信号为零，说明线路方向良好。当线路方向有偏差时 $H_1 = H_2 \cdot K_B$ 不成立，则有线路方向偏差信号，电液伺服阀有液压信号输出，拨道油缸动作，使轨道移动，直至 $H_1 = H_2 \cdot K_B$ 成立，拨道信号为零时，拨道动作停止。

四点式检测拨道系统是一个按已整正过的圆曲线的 B 点矢距为设定信号，C 点矢距为反馈信号组成的电液位置伺服控制系统，实质上是一个做圆的装置。

直线被认为是半径无穷大的圆曲线，所以在直线上检测拨道时同圆曲线一样对待。

3）三点式检测原理

三点式检测是通过装在 B 点小车上的弦线固定器使弦线在 B 点固定，取消检测点 A，弦线长缩短了 $\overline{AB}$ 段，变为 15.785 m，并接通三点式检测电气开关，切断 B 点矢距传感器的电信号，这时仅有 C 点矢距传感器工作。这种检测方法有 3 个检测点，称为三点式检测，如图 4-64 所示。

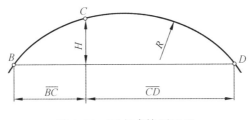

图 4-64　三点式检测原理

三点式检测是以检测直线为基础的，在直线上进行方向偏差检测时，矢距传感器测出的矢距信号 H_1，就是 C 点的实际线路方向偏差。

而在圆曲线上检测时，当 B、C、D 点处在正确的圆曲线上时，矢距传感器输出的信号 H_1，就是圆曲线在 C 点的矢距。如果这时不对拨道信号进行修正，则 H_1 就作为偏差信号进行拨道，那么就会把圆曲线拨成直线，曲线的整正也就无法进行了。因此，三点式检测拨道时，需要用手动或者计算机 GVA 输入相应圆曲线在 C 点的理论矢距值 V_c，用圆曲线在 C 点的理论矢距值 V_c 与实测矢距值 H_1 进行比较，得出该点线路方向的实际偏差信号，来控制拨道装置进行拨道，直到 H_1 等于 V_c 时，拨道停止。

三点式检测拨道与四点式检测拨道的不同之处是输入电液位置伺服控制系统的设定信号：四点式是 H_2，三点式是 V_c（由司机或计算机 GVA 输入）。

4）线路方向整正后的残留偏差

单弦检测线路方向的基本原理是建立在 A、B、D 3 个检测点都处在同一半径的圆曲线上时，C 点的线路方向偏差会完全被检测出来。但是在实际拨道作业中，A、B 检测点处在已整正后的圆曲线上，而 D 点检测小车是在未整正的曲线上。因此，C 点检测出的方向偏差就不是 C 点线路实际存在的方向偏差，还包含着 D 点偏差的影响。所以整正后的线路方向仍有一定的方向偏差残留，简称为残留偏差。

（1）四点式检测残留偏差。四点式检测拨道作业时，A、B 点检测小车行走在已整正的线路上，D 点检测小车行走在未整正的线路上。如图 4-65 所示，图中点画线表示正确的轨道位置，实线为拨道前的轨道位置。当 D 点处线路有方向偏差 E_D 时，拨道作业只能把轨道移到虚线位置，仍残留方向偏差 F_R 不能被消除。

根据相关设计资料数据表明，四点式检测拨道的线路方向偏差残留系数为 6.1。这就是说，采用四点式检测拨道后线路方向偏差仍有 1/6.1 的残留不能被消除。

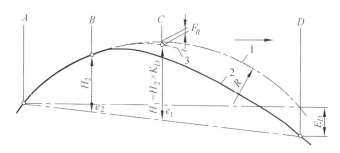

图 4-65　四点式检测的残留偏差

（2）三点式检测残留偏差分析。采用三点式检测拨道时，当 D 点有方向偏差 E_D 时，C 点拨道后有残留偏差 F_R，如图 4-66 所示。

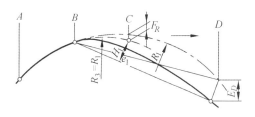

图 4-66　三点式检测的残留偏差

根据相关设计资料数据表明，三点式检测拨道的线路方向偏差残留系数为 3.0。也就是说：采用三点式检测拨道后线路方向偏差仍有 1/3 的残留下来不能消除。可见三点式检测拨道时的线路方向偏差残留比四点式检测拨道时的线路方向偏差残留大。所以一般情况下应采用四点式检测拨道。

通过上述误差分析得出：不论是四点式检测拨道还是采用三点式检测拨道只能达到线路方向基本圆顺，不能完全消除线路方向偏差，整正后的线路仍有一定的方向偏差存在，故称为近似法拨道作业。

近似法拨道存在残留方向偏差，为了减少残留方向偏差，提高拨道作业质量，建议对拨道量较大的地段，一次最大拨道量不超过表 4-5 所列值。

表 4-5　近似法一次最大拨道量表

曲线半径/m	一次最大拨道量	
	四点式/mm	三点式/mm
250 及以下	84	43
251～350	72	36
351～450	60	30
451～650	48	24
651 及以上	36	18

如果要完全消除拨道后的方向残留偏差，提高拨道质量，使轨道恢复原有的几何位置，可以在拨道作业前对线路方向进行测量，每隔 2.5 m（5 根轨枕）的距离把实测线路方向偏差量写在轨枕上，拨道作业时由前司机室的操纵人员，把实测线路方向偏差值输入拨道电路，使检测弦线 D 点相应移动 E_D 的距离，消除 D 点存在的偏差量，可以完全消除 D 点偏差对 C 点的影响，实现精确拨道，故称这种拨道方法为精确拨道法。

在线路维修作业时，由于精确法拨道需要事先测量线路方向偏差，测量工作量大且烦琐，所以很少采用精确法拨道，一般都用四点式近似法拨道。

采用激光准直系统进行长大直线作业时，由于激光束相当于将弦线延长了几百米，极大地提高了方向偏差检测精度。所以长大直线地段激光矫直拨道作业质量比四点式检测拨道作业质量高。

5）线路方向偏差检测装置

线路方向偏差检测装置是由 4 台检测小车、1 根钢弦线、2 台矢距传感器及相应的显示仪表组成。图 4-67 为线路方向偏差检测装置的示意图。

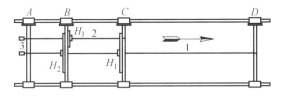

1—检测弦线；2—检查弦线；3—弦线张紧气缸；A、B、C、D—检测小车；
H_1、H_2、H_3—矢距传感器。

图 4-67　线路方向偏差检测装置示意图

（1）检测小车。

图 4-67 中 4 台检测小车分别称为 A、B、C、D 点检测小车，作为检测装置与轨道接触。其主要结构是由小车轮、车架、升降气缸及预加载气缸等组成。小车轮与车架用轴承相连，以保证小车轮在工作时灵活地在轨道上滚动。小车车轮由预加载气缸与基准轨内侧接触，正确地进行轨道方向检测。其中 A 点小车在拖车的尾部，也称后张紧小车；B、C、D 3 台小车都与捣固车架连接。B 点小车在捣固车后部，C 点小车靠近拨道机构，随着轨道被拨动而横移，D 点小车在捣固车最前部也称前张紧小车。捣固车在高速走行时，各小车升起并锁定，在作业时再下降到轨面进行作业检测，每个小车都配置升降气缸和相应的锁定装置及保险装置。

A、D 两台小车的动作车上司机不易查看，其升降操纵由车下人员完成；B、C 两台小车的升降是由后操作司机在司机室内进行。为了保证检测小车的轮缘能够紧贴所要检测基准钢轨头部内侧，在每台小车上都有一对斜置的预加载气缸，使各小车按照要求的方向（左股或右股）进行加载，使其轮缘贴紧一侧的钢轨。图 4-68 所示为 A 点小车结构，图 4-69 所示为 B 点小车结构，图 4-70 所示为 C 点小车结构，图 4-71 所示为 D 点小车结构，如图 4-72 所示为 D 点小车实物。

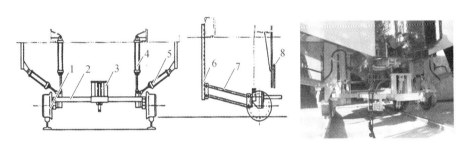

1—小车轮；2—车架；3—张紧气缸支架；4—升降气缸；5—预加载气缸；
6—支架；7—推杆；8—悬挂小车组件。

图 4-68 A 点小车结构示意图

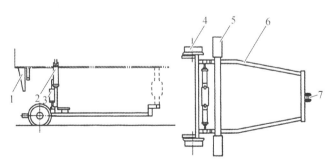

1—悬挂小车组件；2—升降气缸；3—预加载气缸；
4—小车轮；5—托板；6—车架；7—销轴。

图 4-69 B 点小车结构示意图

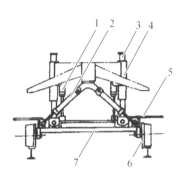
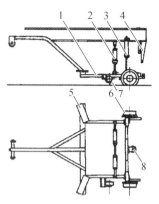

1—升降气缸；2—预加载气缸；3—导向杆；
4—导向套；5—托板；6—小车轮；
7—车架。

图 4-70　C 点小车结构示意图

1—车架；2—预加载气缸；3—升降气缸；
4—悬挂小车的组件；5—托板；
6—小车轮；7—里程测量轮；
8—弦线滑轮。

图 4-71　D 点小车结构示意图

图 4-72　D 点小车实物图

（2）弦线。

在各小车下部中间贯穿一根直径 2.5 mm 的钢丝绳。它一端固定在 D 点小车的中央，另一端由 A 点小车气缸拉紧，称为弦线。弦线长度 21.1 m，弦线张紧后是一根理想的直线，也就成为 A、D 两点检测小车间线路方向的一条基准线。

（3）矢距传感器。

线路方向偏差检测的位移传感器固定在 B、C 两台检测小车上，由框架、电位计及传动装置、滑轮、钢丝绳等组成。这种位移传感器也用于捣固装置升降控制位置的检测。

4．线路水平检测原理与装置

线路水平包括线路横向水平和纵向水平（通常称作纵向高低）。纵向高低检测和横向水平检测同时进行，左右两股钢轨起道量考虑横向水平偏差和纵向高低偏差，使起道作业后的轨道前、后、左、右顺直，符合线路维修规则的要求。通常又把这一作业过程称为起道抄平作业。

1）线路横向水平检测及起道原理

线路横向左右两钢轨的高度差称为水平。线路横向水平的检测由安装在 D 点检测小车上的水平传感器（电子摆）测量起道前的轨道横向水平偏差，其水平偏差信号输入起道控制电路，与设定的起道量进行比较，其差通过电液伺服阀控制起道油缸提起轨道，直到基准股钢轨的提起高度达到设定值时起道动作停止。图 4-73 所示是线路水平检测及起道原理，图中水平传感器 2 在起道装置附近，它检测起道过程中横向水平的变化，并由横向水平指示表 14 显示，司机可以随时了解起道状况。若发现横向水平检测有偏差时，可以调节起道量补偿调节器 7 进行调整。

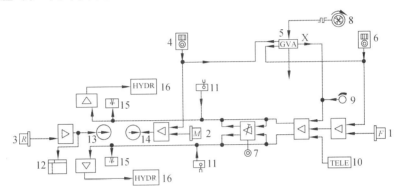

1—F 点横向水平传感器；2—M 点横向水平传感器；3—R 点横向水平传感器 I；
4—M 点起道量手动输入器；5—GVA 计算机；6—F 点起道量手动输入器；
7—起道量补偿调节器；8—距离测量轮；9—起道量设定输入器；
10—遥控起道装置；11—纵向高低传感器；12—记录仪；
13、14—横向水平指示表；15—纵向高低指示表；
16—电液伺服阀。

图 4-73　线路水平检测及起道原理

水平检测的参照基准钢轨，可以是在直线地段的任一股钢轨，曲线地段以曲线下股为基准。圆曲线的外股钢轨超高顺坡，应在缓和曲线按设计要求顺完，顺坡坡度不应大于 0.2%。超高值的输入由 GVA 计算机自动输入或者手动输入。

2）线路纵向高低检测及起道原理

线路纵向高低检测原理与线路方向偏差检测的三点式检测原理相同，只是各测点间的距离和传感器的结构不同。如图 4-74 所示，在左右两股钢轨上各有一套单弦水平检测装置,纵向高低传感器将 C 点检测小车处的轨道高低偏差信号输入起道电路。

探测杆 R、M 间的距离为 4.5 m，M、F 间的距离为 9.15 m，纵向高低偏差残留系数为

$$T = \frac{4.5 + 9.15}{4.5} = 3.033$$

线路纵向高低检测也有近似法和精确法两种检测起道作业。如果预先不测出线

路纵向高低偏差（高程偏差），只依靠捣固车的纵向高低检测装置进行起道抄平作业，线路纵向高低偏差不能全部消除，仍有 1/3 的偏差残留。这种起道抄平作业称为近似法。

用近似法作业后的线路纵向高低不理想，所以，在实际线路维修作业中一般采用精确法起道抄平。在捣固车作业之前用仪器测量线路的纵向高低（高程），每隔 5 m 的纵向偏差（起道量）标写在轨枕上，捣固车作业时由前司机室的操纵人员，把标注的起道量由输入器 9 逐步输入起道电路，即可以完全消除纵向高低偏差。

一般情况下为保证捣固作业质量，在无起道量的地段，也应设置 10 ~ 30 mm 的基本起道量。在竖曲线上进行起道作业时，对起道量要进行修正，起道量修正值通常由 GVA 计算机自动完成并自动输出到起道电路，也可以查竖曲线起道修正值表手动输入修正值。

采用手动输入起道量修正值时，当前测杆 F 过竖曲线始点 SS 时，按照测杆 F 离开 SS 点的距离，查出对应的修正值输入起道电路。当后测杆尺进入竖曲线时修正值为最大，并且是常数。最大修正值取决于竖曲线半径，竖曲线半径超过 50 000 m 时，修正值可以略去不计，故不进行修正。

当前探测杆离开竖曲线终点 SZ 时，修正值逐步减小，后探测杆 R 到 SZ 点时修正值变为零。竖曲线为凸形时，修正值为正值，竖曲线为凹形时，修正值为负值。铁道线路方向及水平的正确检测是捣固车进行起拨道作业的前提条件，只有对既有线路的方向及水平进行正确的定量检测，才能圆满地完成捣固作业。

消除线路方向及水平偏差是捣固车进行作业的主要目的之一，为了检查作业质量，作业后的线路方向及水平要进行回检。

3）线路纵向高低检测装置

线路纵向高低检测装置由安装在 B、C、D 3 台检测小车上的检测杆，两根钢弦线及两台高低传感器组成，如图 4-74 所示。

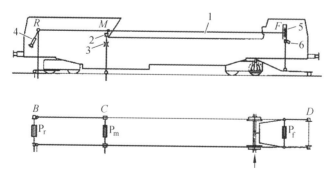

1—钢弦主线；2—高低传感器；3—导套；4—张紧气缸；5—标尺；6—升降电机；

F、M、R—前、中、后检测杆；B、C、D—检测小车；

P_r、P_m、P_f—电子摆。

图 4-74　线路纵向高低检测装置示意图

（1）检测杆及弦线。

如图 4-74 所示，3 台检测小车的检测杆分别为 F、M 和 R，其中 R、F 检测杆与 B、D 两台检测小车的两侧托板相接触，也就是在 B 和 D 检测小车上左右各竖起一根检测杆。在 R 与 F 检测杆顶端张紧一根钢丝绳 1，称为弦线（高低测量弦线）。弦线的一端固定在 F 检测杆的随动机构上，另一端由气缸 4 拉紧，在 M 点弦线穿过高低传感 2 的触杆。C 点检测小车上的检测杆 M 在导向套 3 中上下移动，当 C 点轨道相对弦线有高或低的变化时，在检测杆上安装的高低传感器 2 的触杆在弦线的拉动下转动，产生轨道高低偏差电信号并输出。

纵向高低在两股钢轨上不完全相同，在不同区段要选择左股或右股钢轨为基准，因此每股钢轨上各有一套纵向高低偏差检测装置。当气缸 4 将钢弦 1 在测杆 R 与 F 之间张紧时，钢弦线的位置实际上就是 B 与 D 小车轮之间轨面纵向高低的基准线，其长度为 13.65 m，检测杆 M 升降位移的数量就反映出该点线路对 RF 基准线的高低偏差量。为了提高检测精度，测杆下端与托板接触部分制成球面，托板应平整、光滑并经常涂抹油脂。

（2）高低传感器。

高低传感器的结构如图 4-75、图 4-76 所示，它由触杆、支架、阻尼器、皮带轮、电位计等组成。高低传感器安装在检测杆 M 上，触杆 6 通过夹板搭在弦线上。当 C 点小车轮所处轨道有高低偏差时，传感器支架将随检测杆升降而上下移动，其触杆 6 在弦线的拉力作用下发生转动，通过传动皮带轮使电位计 5 转动，则电位计输出与位移大小相对应的纵向高低的检测电信号。

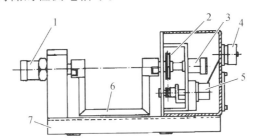

1—轴承；2—传动皮带轮；3—阻尼器；4—接线盒；
5—电位计；6—触杆；7—支架。

图 4-75　高低传感器示意图

图 4-76　高低传感器实物图

4）线路横向水平检测装置

线路横向水平检测装置由专用水平传感器（又称电子摆）及显示仪表组成。

横向水平检测装置由安装在 B、C、D 3 台检测小车架中央的 3 个水平传感器组成。图 4-77 所示为安装在 B 点检测小车上的水平传感器，安装在 D 点小车上的水平传感器 P_f 称为前电子摆，它是用来检测起道前线路的实际横向水平值，并通过模拟电路在前司机室的仪表盘上反映出来，同时也输入到起道抄平电路中，与其他检测信息同时输入电路，进行起道量计算后，自动控制起道装置动作。

图 4-77　安装在 B 点检测小车上的水平传感器

安装在 C 点检测小车上的横向水平传感器 P_m 又称起道区电子摆，用来检测起道作业过程中的轨道水平变化，由后司机室内的 C 点水平显示仪表显示。若起道表显示有水平不良时，司机可以随时进行调整，保证轨道作业质量。

安装在 B 点检测小车上的水平传感器 P_r，又称后电子摆，它用来检测作业后的线路横向水平，向记录仪提供信号，是记录专用电子摆。

5．传感器介绍

传感器是一种检测装置，能感受到被测量的信息，并能将感受到的信息，按一定规律变换成为电信号或其他所需形式的信息输出，以满足信息的传输、处理、存储、显示、记录和控制等要求。

1）电子摆

横向水平传感器——电子摆 EL-T2036 型，是用以检测左、右钢轨高度差的传感器。在平道上用以测量左、右钢轨是否水平；曲线上用以检测超高。结构简图见图 4-78。

该摆的工作原理是：利用一摆锤，在重力作用下，当底座处于水平位置时，摆锤保持垂直状态，电位计上的可动触点处于中立位置，没有信号输出，此时，电路平衡。当检测小车倾斜时，摆锤将向一侧摆动，经机械传动系统使电位计转动，输出相应的电信号。电信号的大小就是与底座相连的检测小车的倾斜度，也就是线路两股钢轨的横向水平差值。

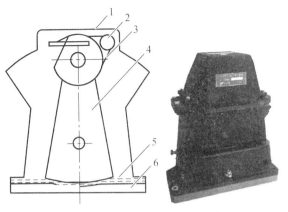

1—外壳；2—电位计；3—传动机构；
4—摆锤；5—硅油；6—底座。

图 4-78　电子摆示意图及实物

　　由于该摆分辨率较高（分辨率≤1 mm），工作条件恶劣（振动大、尘土多、温差影响大），不但要求机械加工、放大电路等具有较高的精度，而且摆锤间隙 H、补偿塑料套的膨胀、阻尼油的黏度变化三者也一定要很好地匹配。当温度升高后，由于阻尼油黏度的减小，使摆锤阻尼减小，而此时补偿塑料套受温度升高而膨胀，使间隙 H 减小，从而使摆锤阻尼增加。最终使三者保持一动态平衡状态。当温度降低时，油的黏度增加，补偿塑料套受冷收缩，使间隙加大，从而使阻尼基本保持一恒定值。

　　作业时应注意，当电子摆处于非工作状态时，两边一定要用支承挡撑住，以免摆锤来回晃动，影响电子摆寿命，如图 4-79、图 4-80 所示。

　　电子摆运行一段时期若发现零点漂移，应进行调整。首先将摆从车上卸下，置于标准的机械平台上，调整水平仪，待水准仪水泡处于中间位置，然后将锁紧螺丝锁紧。为了防止该锁紧螺丝松动，应涂防松胶，然后再调整电气零点。

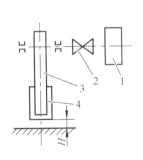

1—电位器；2—联轴器；3—摆锤；4—补偿塑料套。

图 4-79　电子摆工作原理（a）

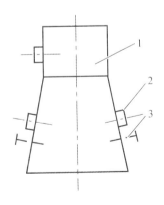

1—电子摆；2—堵；3—支撑挡。

图 4-80　电子摆工作原理（b）

为了保持油的清洁稳定，每两年应更换一次阻尼油。电子摆上有 3 个排气用的堵，该堵上有 $\phi 2\ mm$ 的排气孔。由于电子摆工作位置尘土较多，该孔极易堵死，导致摆内压力增高，从而出现漏油及输出参数的改变。所以日常运行中应经常将该孔的尘土清洗干净。摆内阻尼油实际上是通大气的，空气中的水汽及其他有害气体如 SO_2 等也会侵入摆内，形成酸性物质，长期会影响阻尼油质量。须每两年更换一次阻尼油。

阻尼油牌号：硅油 201-5000 甲基硅油；注入量：250 mL。在电子摆中有一块信号调节电路板，该板主要有调零、调节左右超高的放大量、提供 ±10 V 基准电源 3 个功能。

2）矢距传感器

矢距传感器（见图 4-81、图 4-82）用于测量线路曲线的矢距，该传感器由于安装于车子底部，距轨面较近，易与轨道内障碍物碰撞。捣固车作业时，冲击较大，只要碰到障碍，则会损坏传感器。因此，作业时一定要注意清除轨道中的障碍物。

图 4-81　矢距传感器外形

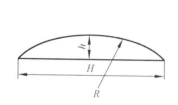
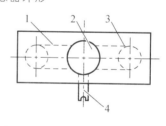

1—钢丝绳；2—绳轮；3—滑轮；4—拨叉。

图 4-82　矢矩传感器工作原理图

3）深度传感器

深度传感器可用于测量捣固头的作业深度，如图 4-83 所示。传感器在正常作业时的维修保养工作很少，只需定期清理传感器表面尘土，保持清洁，检查测量钢丝绳伸缩灵活，无卡滞现象即可。同时检查各部紧固件无松动或脱落。

图 4-83　深度传感器

4）起道抄平传感器

起道抄平传感器用于测量轨道纵向高低。在捣固车的左、右侧各装一个抄平传感器，互相独立。传感器有左右之分，其内部结构相同，悬臂杆安装不同。

传感器介绍

若发现阻尼油盒漏油，可添加阻尼油。阻尼油牌号：硅油 201-100000 甲基硅油；每个阻尼油盒注入量约 8 mL。

5）测量轮

测量轮用来测量作业走行距离。使用中应经常清除轮子表面污垢，以免增大轮径，使误差增大。

6）记录仪传感器

记录仪传感器，实际上是属于矢距传感器的一种。日常只需将该传感器表面的尘土清洗干净，不需要其他别的维护。

子任务五　激光准直系统

一、工作任务

通过学习捣固车激光准直系统，能承担以下工作任务：

激光准直系统的使用

（1）能够解释捣固车激光测量系统工作原理。

（2）能够使用激光测量系统配合捣固车作业。

（3）能进行激光准直系统基准点标定。

二、相关配套知识

1. 捣固车激光测量系统工作原理

检测线路方向偏差的基准线是张紧于 A、D 两检测小车中间的钢弦线，这根基准线的长度只有 21.1 m，长度与普速线路人工绳正法 20 m 弦线相当，在曲线地段进行方向矫正相对精度能够满足要求，但在直线区段，尤其是百米以上长大直线段，短距离内偏差较小而在长距离范围内方向、高低偏差较大（俗称大漫坑、大漫弯），不能将轨道拨、起到理想位置。同样道理，抄平系统短钢弦也存在这样的问题。为了解决这个问题，提高直线地段拨道、起道的质量，捣固车附加了激光准直测量系统。

基本工作原理是"光电接收—机械跟踪"，激光接收器只在水平方向自动跟踪（称作一维激光系统），适用于在长直线路引导捣固车实现自动拨道作业，在水平和垂直方向同时进行准直的，称作二维激光准直系统，最大工作距离 600 m，作业后的线路轨向精度可以达到 ± 2 mm。

激光准直装置包括激光发射装置与激光接收装置两大部分，主要由激光发射器、激光接收器、接收跟踪架、发射调整架4部分组成，如图4-84所示。

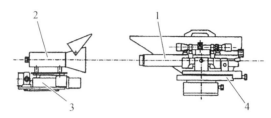

1—激光发射器；2—激光接收器；3—接收跟踪架；4—发射调整架。

图4-84　激光准直系统

激光发射器安装在激光发射小车上，定位于前方大于300 m至600 m轨道方向良好位置的轨道中心O1点，向安装在捣固车前端 D 小车上的激光接收器射出一束激光束，由接收器接收，接收器通过减振器与跟踪机构上的移动座连接，而跟踪机构的底座紧固在 D 点检测小车的中央，可以调整接收器使激光束照准中心。假定 D 点小车处的线路方向就是线路中心位置O2，则O1和O2之间由激光束形成理想的直线。之后捣固车向激光发射器方向开始起拨捣作业，则接收器所测的中心位置处与激光束垂向和水平的差值即为起拨道量。

当捣固车向前作业时，假定 D 点小车处的线路方向就是线路中心位置，当激光束照射在接收器中间时，光电感应电路处于平衡状态，说明没有差频信号输出，D 点小车处线路方向没有偏差。当 D 点小车处线路有方向偏差时，接收器中心必然偏离激光束。中心两侧光电池上所接收的光束面积不相等，电路失去平衡，则输出一个相应的 D 点方向、纵向高低偏差电信号，得该处方向高低偏差，进行起拨道。解决了大漫弯、大漫坑起不平、拨不直的弊端。

同时该起拨道信号在前司机室仪表盘显示，左位或右位激光接收指示灯发光。

2.激光发射装置和激光接收器结构

如图4-85、图4-86所示，当激光束落在接收器中央时，接收电路处于平衡状态，无任何信号输出，作业状态如图4-87所示。

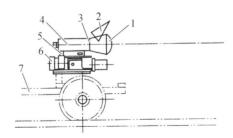

1—柱面镜筒；2—镜头罩；3—光电池；4—电路盒；5—减振器；
6—跟踪机构；7—D 点检测小车。

图4-85　激光接收器及跟踪机构

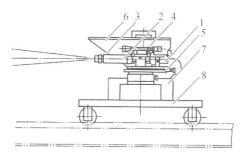

1—激光电源；2—激光管；3—光学系统；4—瞄准镜；5—发射调整架；
6—外罩；7—电池箱；8—激光发射小车。

图 4-86 激光发射器发射激光束

（a）激光发射装置指示灯闪烁　　（b）捣固车前端接收　　（c）激光发射装置端观察图

图 4-87 作业状态

JZT-A、JZTA-B 型激光准直系统，为一维检测，仅用于拨道作业，如图 4-88 所示。JZT-C 型激光准直系统是二维激光准直系统，可以输出线路水平和垂直方向的偏差，指导捣固车起拨道作业。

A 型激光系统，发射器采用的光源是 He-Ne 气体激光器，耗电量大，需要配用电容量较大的 12 V 蓄电瓶；接收器的控制电路为模拟电路。B 型发射器采用的光源是半导体激光器，省电、轻便，配用 3 节 1#普通干电池或充电电池；接收器的控制电路为数字电路。B 型可与 A 型互换，使用性能完全相同。

B 型发射器实物及结构如图 4-89、图 4-90 所示。

图 4-88 一维检测垂直光带　　　　图 4-89 B 型发射器实物

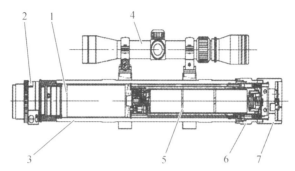

1—激光器及光学扩束系统；2—光束调平装置；3—外筒；
4—瞄准镜；5—电池；6—连接套；7—电源控制器。

图 4-90　B 型发射器结构

激光接收器结构如图 4-91 所示，柱面镜 1 将接收到的垂直条状激光束，还原成圆形光斑；经过窄波滤光镜，投射到光电接收屏 2 上；光信号被转换成电信号，由接收电路板转换成控制电信号，输出给司机室内的接收控制电路板（EK-104V）。

3．JZT-C 型激光准直系统

JZT-C 型激光准直系统是两维激光准直系统，可以输出线路水平和垂直方向的偏差，指导捣固车起拨道作业。

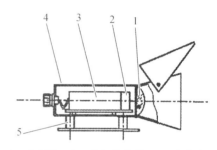

1—柱面镜；2—光电接收屏；3—电路盒；
4—外壳；5—减振器。

图 4-91　激光接收器结构

系统主要由以下几部分组成：C 型激光发射器、C 型激光接收器、激光发射小车（包含上架、中架和下架）、充电开关盒 B177 等。利用接收屏的大范围接收从而取消了跟踪架，如图 4-92 所示。

图 4-92　捣固车 JZT-C 型激光准直系统作业

1）使用条件

由于激光在传输过程中受天气变化影响较大，故在不同的天气情况下，激光准直系统作业距离会有所差别。雨天一般不推荐使用激光指导作业，在强烈阳光下，湿度较大时，热蒸汽影响，激光作业距离会显著缩短，光束数值抖动范围加大，距离一般在 200 m 左右，具体距离以光束数值抖动范围 ±2 mm 之内为宜。激光使用最佳时间为清晨、傍晚和晚上，天气良好时可达 600 m。

激光发射装置工作期间，禁止肉眼直接观看激光光束。应遵守国家激光装置使用的管理和规定。

2）系统性能技术参数

（1）JZT-C 型系统技术参数见表 4-6。

表 4-6　系统技术参数

1	工作距离	10～600 m（天气良好时）
2	准直精度	≤±2 mm（天气良好、距离 300 m 以内）
3	耐振动与冲击性能	符合 TB/T 3058 A 级试验的要求
4	工作环境温度	−10～＋50 ℃
5	存储环境温度	−25～＋70 ℃

（2）JZT-C 型激光发射器技术参数见表 4-7。

表 4-7　激光发射器技术参数

1	工作电压	DC 12 V
2	工作电流	光点：≤250 mA；光条：≤470 mA
3	光束调制频率	调制光，调制频率：8.5 kHz ±0.8 kHz
4	激光输出光功率	0.6～0.7 mW（在 −10～＋50 ℃ 环境温度中）
5	激光波长	670 nm
6	激光束光斑尺寸	距离 100 m 处：光点直径 12～17 mm；光条宽度 8～15 mm
7	光点光条转换精度	在 200 m 处每次光点光条转换后，光点每次的位置误差应不超过 5 mm。光点应在光条上下方向的对称中心。光条每次往复循环都应重合，无明显分离现象
8	瞄准镜倍率	3～9 倍可调
9	瞄准镜对中状况	距 200 m 处，瞄准镜的视镜十字丝交叉点对准光斑中心

（3）JZT-C 型激光接收器技术参数见表 4-8。

表 4-8　激光接收器技术参数

1	工作电压	DC 12～24 V，有电源反向保护功能	
2	（光斑≤ϕ15 mm）有效测量范围	水平方向	不小于 ±100 mm
		垂直方向	不小于 ±75 mm

3	面板接收状态指示	LA	激光束在接收屏上任何位置时亮
		H	激光束在接收屏垂直方向零点±20 mm 范围内时亮
		V	激光束在接收屏水平方向零点±20 mm 范围内时亮
4	开关量输出信号		E17、E18、E19、E20、E21、E22、E23 有信号时高电压；无信号时接地
5	模拟量输出信号		E12（X 方向）、E16（Y 方向）当量为 100 mV/mm，面向接收器，左侧为正，上部为正
6	逻辑控制信号	E9	高电压	有滤波处理
			低电压	无滤波处理
		E10	高电压	只拨道，只有 E12 输出
			低电压	起拨道，E12、E16 都有输出
7	开关量输出	无激光束	所有指示灯均不亮	E17、E18、E19、E20、E21、E22 均为低电压（接地）
		激光束在中央	中位指示灯亮	
		在右侧	右灯及中位指示灯亮	E18、E21、E22 高电压，其余为接地
8	开关量输出状态	无激光束	所有指示灯均不亮	E17、E18、E19、E20、E21、E22 均为低电压（接地）
		激光束在中央	中位指示灯亮	E18、E21 高电压，其余为接地
		激光束在右侧	右灯及中位指示灯亮	E18、E21、E22 高电压，其余为接地
		激光束在左侧	左灯及中位指示灯亮	E18、E21、E20 高电压，其余为接地
		激光束在上部	上灯及中位指示灯亮	E18、E21、E17 高电压，其余为接地
		激光束在下部	下灯及中位指示灯亮	E18、E21、E19 高电压，其余为接地
9	模拟量输出参数（E12、E16）	输出当量	100 mV/mm	
		线性度	0.5%（中心区域±80 mm 范围）其他区域小于 1%	
		分辨率	0.1 mm	
10	抗环境光干扰性能		接收器在工作状态时，不应受环境杂光的影响
11	绝缘性能		电源正极相对于接收器底座的绝缘电阻不小于 1 MΩ

（4）JZT-C型激光发射架技术参数见表4-9。

表4-9　激光发射架技术参数

1	垂直微调角度	＜0.95°（微调旋钮每转一周）
2	水平微调角度	≤0.1°（微调旋钮每转一周）
3	水平旋转角度	±10°
4	最大横移量	±90 mm
5	最大垂直移动量	100 mm
6	水平扭转锁紧可靠性	在较大外力情况下，≤2 mm/15 m
7	移动座横移偏摆误差	反向：≤2 mm/15 m 同向：≤1 mm/15 m
8	移动座垂直移动偏摆误差	同向：≤1 mm/15 m 反向：≤2 mm/15 m
9	垂直微调性能	位移灵活，自锁可靠
10	水平微调性能	位移、复位灵活
11	移动座锁紧机构	锁紧可靠
12	垂直微调性能	位移灵活，自锁可靠
13	水平微调性能	位移、复位灵活
14	移动座锁紧机构	锁紧可靠
15	水平泡指示正确	50 m距离时光条在接收屏上下两点的水平偏差小于5 mm

（5）接收装置技术参数见表4-10。

表4-10　接收装置技术参数

1	激光接收距离	600 m			
2	逻辑控制信号	状态	激光作业位	激光调整位	关机位
		E9	高电压	高电压	低电压
		b1	高电压	低电压	低电压
3	输入信号	E80、E81	E80手动起道信号、E81手动拨道信号、当量为50 mV/mm，左侧为正，上部为正		
		E12、E16	E12（X方向）、E16（Y方向）当量为100 mV/mm，左侧为正，上部为正		
4	绝缘性能	电源正极相对于接收器底座的绝缘电阻不小于1 MΩ。			

（6）发射装置技术参数见表 4-11。

表 4-11 发射装置技术参数

1	激光发射距离	600 m
2	充电时间	6 h
3	充电电压	12 V
4	可持续工作时间	4 h
5	绝缘性能	电源正极相对于发射器底座的绝缘电阻不小于 1 MΩ

3）部件说明

司机室控制面板，如图 4-93 所示。激光接收器，如图 4-94 所示。激光发射装置，如图 4-95 所示。发射调整架，如图 4-96 所示。激光发射装置，如图 4-97 所示。锁紧机构，如图 4-98 所示。激光发射器，如图 4-99 所示。司机室充电开关盒 B177，如图 4-100 所示。

1—激光操作方式选择开关/0-激光测量系统关闭/ALC-激光调整/激光测量运行/ALC 处理/作业状态/
同步激光测量/捣固作业；2—激光位置的 LED 发光二极管；3—激光作业方式选择开关/
激光拨道作业方式/激光起道/拨道作业方式。

图 4-93 司机室控制面板

1—锁紧旋钮；2—LA 指示灯，有激光指示灯亮；3—H 指示灯，激光束位于屏幕中心的
垂直方向正负 20 mm 内灯亮；4—V 指示灯，激光束位于屏幕中心的
水平方向正负 20 mm 内灯亮。

图 4-94 激光接收器

1—电池盒；2—激光发射小车；3—中架；
4—下架；5—上架。

图 4-95　激光发射装置

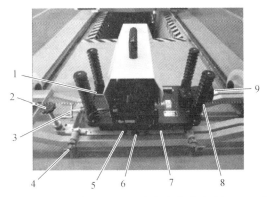

1—上架锁紧手柄；2—左右水平调整旋钮；3—底架左右移动手柄；4—左右水平锁紧手柄；
5—中架锁紧手柄；6—水平粗调锁紧旋钮；7—水平标尺；
8—竖直标尺；9—高度调整手柄。

图 4-96　发射调整架

1—竖直调节旋钮；2—水平泡；3—下架左右移动锁定手柄；4—竖直调节中位指示，
当微调钮端面与白漆平齐时，微调钮处于中位；5—外罩。

图 4-97　激光发射装置

图 4-98　锁紧机构

1—瞄准镜；2—瞄准镜放大倍率调节旋钮；3—发射器外筒；4—瞄准镜叉线水平调节旋钮；
5—瞄准镜叉线竖直调节旋钮。

图 4-99　激光发射器

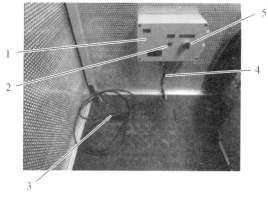

1—充电开关盒 B177；2—充电指示灯；3—输出充电线接头；4—输入电源电缆接头；
5—充电选择开关，选择"充电"位，指示灯亮，开始充电。

图 4-100　司机室充电开关盒 B177

使用技巧：使用锁紧旋钮时注意松开和锁紧的指示，不可用蛮力掰保护盖；松开和锁紧时一定要两侧同时松开或锁紧，务必将两侧旋钮都同时松开后才能转动屏幕盖。

4）瞄准镜校准

（1）找一段200 m内可以看见激光光斑的空旷地方，最好为光线较暗的环境。

（2）旋下调节钮护盖。

（3）调节旋钮，让十字丝的垂丝与激光束光斑重合，横丝在激光束光斑略高位置。

5）接收器零点标定

（1）准备好一段100 m左右的平直线路和相应的工具。

（2）在远处放下激光小车，选择基准轨，用力向基准轨拉小车让测量轮靠紧基准轨，先锁定基准轨一侧，再轻轻锁定另一侧。

（3）放上中架并用力推到限位位置，并锁紧。

（4）放上架到限位并锁定。

（5）松开锁定旋钮，旋左右水平调整旋钮，让水平泡居中，旋紧锁定旋钮。

（6）将竖直和水平指针调整到零，并锁定。水平指针有两个，用靠近基准轨的那一个。

（7）将微调旋钮转到中间位置处。

（8）打开车上的激光系统，并至调整位，手动输入均为零。

（9）打开电气盒电源开关进行对光。

（10）在对光时，通过瞄准镜来寻找接收屏，先调粗调按钮，可以先切换至光条，先进行左右粗调，激光照到屏幕时指示灯会亮。左右找到位置后切换至光点，高低进行粗调。粗调对光时尽量让接收屏上3个灯同时亮。

（11）对光到零点。

（12）让捣固车走行到激光发射器前1 m位置停下，先移动激光发射器左右和高低手柄，让接收器数据为零。

（13）移动标尺，让指针均指向零位。

（14）捣固车退回原位，重复上面操作，观察行至发射器前1m处接收器数据是否为零，如为零，则完成了一个基准的零点标定。

（15）进行另一个基准的零点标定。

6）对光的使用方法

（1）手动调节激光发射架，使激光束瞄准在接收器上；此时前司机室外的激光指示灯亮，指示激光束在接收器上的位置；激光接收器上的指示灯也会指示相应的位置。应先使用粗调钮，同时保证微调钮位于中间位置，便于上下有可以调整的量。尽量让接收器上3个指示灯均亮。

（2）调节激光束移动到相应的位置（此位置由手动起道量与拨道量决定）；当B4箱上的上、中、下、左、中、右的中间指示灯亮时，激光束对光操作即完成。

在对光前一定要注意手动起道量与手动拨道量的设定；B4箱上的4b2开关是只拨

道与起拨道的选择开关。给激光发射架电池盒充电时，要先连接好电池盒，再打开电源开关，不充电时关闭电源开关。

4．典型起拨道作业方法

1）作业准备

在使用该系统前，须做好如下的准备工作：

（1）激光系统零点标定。在标准的平直线路上进行标定，水平标定分左加载和右加载两种方式，标定后调整标尺的位置，标定后让发射小车和接收小车的实际中心线重合。

（2）确定基本起道量。捣固车的作业方式是全起全捣，必须要有一定的起道量从而消除轨道横向和纵向的误差（捣固车不能落道），但是过大的起道量对道床扰动较大，作业后的沉降较大，均匀性较差。

在维修作业中对线路过大的扰动百害而无一益。根据捣固车作业后轨面下沉规律研究表明，当基本起道量为 25～40 mm 时，作业后轨面下沉比较小且均匀；而基本起道量 < 25 mm 或 > 40 mm 时，下沉比较大。

为此，应本着从实际出发的原则，结合道床道砟多少和密实程度确定适当的起道量，这样既能最大限度地消除横向和纵向误差，又能控制起道量值，否则过大的起道量不仅难以保持，而且造成线路状态失稳，危及行车安全。一般对于线路维修作业，基本起道量定为 25～40 mm 较适宜。

（3）确定激光使用基准点。根据线路实际状况，选择合理的激光发射点和作业的距离，进行起道作业时激光发射点和接收起点尽量选择在高点上，否则作业过程中起道数值会为负。

2）作业方法

（1）在确定位置处放下激光小车，并选择合适的加载方式定位，根据基本起道量将中架竖直指针移动到基本起道量位置。

（2）在作业起始区域找到拨道零点，打开激光系统。

（3）将人工输入值均置零，利用对光系统对零点。

（4）对好激光后，作业选择开关选"只拨道"，开始作业，同时竖直方向利用人工输入进行顺坡。

（5）高度方向顺坡到基本起道量后停车，将当前水平激光测量值输入到人工输入，进行对光。

（6）对光到指定位置后，将作业选择开关选"既起道又拨道"，开始作业。

（7）作业到激光发射器位置，停止作业，记录当前激光两个方向的测量值，关闭激光系统

（8）根据当前测量值开始水平和竖直方向的顺坡，顺到起道、拨道零点则作业结束。

5．激光准直系统故障诊断

（1）将捣固车停靠于一段直线上，把激光发射小车放置于距离大机 10 m（发射器

与接收器距离 5 m 之内在热蒸汽大的情况下容易光饱和，此时接收器数值为零，应避免此距离内作业）左右的位置，按照作业要求将激光发射小车和激光接收小车左加载或右加载，并将激光接收器和激光发射器放置在各自位置，同时固定好。

（2）在司机室内将激光开关打到 ALC 位，观察激光接收器的自检情况。如果上电后拨道及接收器 3 个指示灯常亮，为电压冲击保护发挥作用，则关闭激光重新上电即可恢复正常。

（3）将激光发射器标尺置于零位，调节水平泡和驱动电机，打开激光发射器电源开关，将激光点光源打到接收器屏幕正中心，调节至 ALC 屏幕上起道、拨道值均为零，此时接收器 LA、H 和 V 3 个指示灯亮。如果此时指示灯发现异常，应关闭电源，检查接收器连接 19 芯插头是否松动。

（4）调整激光发射器的位置，将激光光点分别打到屏幕的 4 个角，观察指示灯和示数变化，面向接收器左、上为正，右、下为负，同时观察接收器最大、最小值，接收范围水平方向 ±100 mm，垂直方向 ±75 mm。

（5）将光点打到屏幕的任意一个位置，待示数稳定后观察数值变化情况。如果示数变化过大，应打开 B4 箱检查 E9 信号是否为高电压，E9 为高电压时接收器才有滤波功能，同时检查 E12、E16 观察接收器数值是否与 ALC 显示吻合。

（6）进行对光。

（7）将激光发射器从标尺零点处，按照上、下、左、右的顺序分别以 10 mm 为单位摇动发射架，观察 ALC 内相应值的变化，是否与标尺数值对应。如果均朝每个方向存在偏差，则应当检查标尺零点，重新进行零点标定。

（8）将激光发射器与激光接收器的距离拉大到 300 m，锁定良好，将激光发射器光点与光条之间进行切换，拨道量数值基本无变化。将激光发射器拨至光条，待示数稳定后应该基本无变化。如果同一位置光条出现较大范围的抖动而光点没有，则可能为发射器电机凸轮偏摆。

（9）使用激光指导作业时，应当选取好发射小车零点和大机位置零点，相应给予补偿，否则会将线路做成斜线。同时，应当观察拨道、起道指示仪表，观察是否作业到位，待作业到位时，方可继续前行作业，否则会出现作业不到位的情况。

子任务六　轨道几何参数计算系统认知

一、工作任务

通过学习捣固车轨道几何参数计算系统，能承担以下工作任务：
（1）能够认知轨道参数系统构成。
（2）能够正确进行轨道几何参数计算系统操作。

二、相关配套知识

D08-32 型捣固车网络控制系统是采用基于现场总线（CAN 总线）的大型养路机械通用网络控制平台设计开发的第一套新型大型养路机械的电气控制系统产品。整个网络电气控制系统以三点式双弦抄平法和单弦三点拨道法、单弦四点拨道法为理论基础，在各通用控制模块、GVA_CAN 计算机、传感器测量系统和激光准直系统的协调控制下，对 D08-32 型捣固车的抄平、起拨道和捣固作业进行精确控制。

DCL-32 型连续式捣固车网络控制系统是基于铁路大型养路机械网络控制平台研发的新一代电气控制系统。系统继承了网络平台数字化、网络化、模块化、分布式控制的优点。DCL-32 型连续式捣固车网络系统采用 CAN 总线开发，并通过网关模块外扩卫星小车子网络来实现整车的数据交换。网络系统以三点式双弦抄平法和单弦三点自动补偿拨道方法为理论依据，并配合有两维激光起拨道系统，TGCS-CAN 轨道几何参数计算机，能够对抄平、起拨道和捣固作业进行精确控制。

TGCS 轨道几何参数计算机系统是一套铁路线路轨道参数自动测量、计算和优化的专用工业控制计算机系统。系统采用全中文的界面，使用 WindowsXPE 嵌入式多任务操作系统，具有良好的人机交互性。系统主要功能包括线路几何参数自动采集与优化计算、线路理论参数输入、计算与输出等，用于实现捣固车前端作业参数自动给定。广泛应用于全路各工务机械化段 DCL-32（D09-32）型捣固车、CDC-16（CD08-475）型道岔捣固车和 DWL-48 捣固稳定车。

ALC 是 DCL-32 型系列捣固车的前端数据操作软件，能自动记录测量数据，是捣固车二号位学习的一个关键。ALC 系统与 GVA 系统（D08-32 系列使用）均是一种线路几何形状自动调整系统，其实体都是一台专用工业控制计算机。硬件主要是 I/O（输入/输出）外围设备及接口电路板，软件则基于硬件平台协调各硬件之间的联系，根据各测量装置的输入情况，按照事先编制的程序进行逻辑运算，输出指令控制各部件的动作。

ALC 计算系统有以下两种工作方式：

一种是与原 GVA 计算的"理论参数计算"工作方式相同。ALC 计算机根据输入的线路设计几何参数，计算出 DCL-32 型捣固车主控制系统所需的 8 种给定值参与作业控制。

另一种称为"测量与补偿"工作方式。这种工作方式适用于未知设计几何参数的线路，捣固车作业前对线路运行测量一次，根据采集到的线路数据，在随后的作业控制运行中计算、优化输出作业所需的理论参数。在测量作业运行中，正矢、实际超高（水平）、纵向高低状况按照作业里程设定位置进行记录。正矢由拨道测量系统测量；超高由前电子摆测量；纵向高低数据由抄平系统测量。

1. TGCS 计算机系统的硬件系统

TGCS 由显示器、主机和键盘组成，如图 4-101、图 4-102 所示。主机由工控机和辅助实现控制功能的板卡组成。

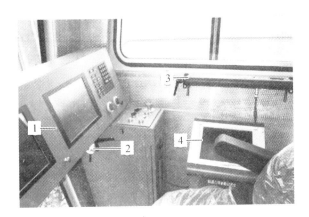

1—二号位操作面板 B4 箱；2—ALC 键盘座；3—ALC 键盘；4—记录仪。

图 4-101　前司机室右侧操作台 B4 箱（ALC 计算机硬件组成）

1—功能键按钮；2—输入键；3—手动前端偏移量输入旋钮；
4—手动基本起道量输入旋钮。

图 4-102　B4 箱操作面板上部

2．电源管理板

① 系统总电源控制；② 蓄电池的充电电源；③ 判断输入电压，过低时自动切换到蓄电池供电；④ 提供系统电源、硬盘和电压过低信号的指示，以及总电源开关和复位开关的接口。

3．电　源

将车上的通用 24 VDC 转换成 + 5 V、+ 12 V，以供系统使用。+ 5 V 给 CPU、存储器、I/O 接口、总线等数字电路供电。+ 12 V 给显示接口提供电源。

4．TGCS 系统中铁路线路相关参数

1）同步点

同步点是用来将捣固车运行时测量到的公里标位置与地面线路实际公里标位置一

致而设置的对位点。例如平面曲线直缓点、圆缓点，纵断面竖曲线起点等。

线路设计几何参数输入时，将把几何参数变化的起点自动设定为一个同步点。如果在一个捣固车长度之内，有几个几何参数变化点，将把同步点设定在第一个参数变化的起点。

作业中对同步点时，需要确保前测量车轮与实际同步点位置一致，即当距离测量轮走到地面线路该同步点位置时按下同步点，使捣固车作业位置与实际线路公里标一致。

作业期间，当机器接近同步点10 m时，报警蜂鸣器将鸣响，提醒操作人员注意进行同步点对标。

2）平面曲线参数

（1）曲线方向表示曲线的拐弯走向。沿线路公里数增大方向，往左转弯，叫左弦曲线；往右转弯，叫右弦曲线；曲线设置外股超高。

（2）在ALC屏幕显示窗，基准线的左边一侧表示右弦曲线，左股超高；基准线的右边一侧表示左弦曲线，右股超高，如图4-103-图4-104所示。

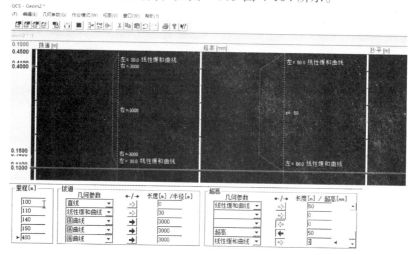

图4-103　ALC界面截图

图4-104　ALC参数输入过程截图

3）平面曲线资料输入

（1）普通曲线输入见表4 12。里程数仅为示意，作业时按实际里程输入。单位输入时为（m），显示为（km）。

表4-12　普通曲线参数输入示例

半径2 000 m，缓长60 m，超高25 mm，右弦，圆曲线长200 m						
里程/km	拨道几何参数	←/→	长度m/半径m	超高几何参数	←/→	长度m/超高mm
0	直线	→	0	超高	→	0
100	线性缓和曲线	→	60	线性缓和曲线	←	60
160	圆曲线	→	2000	超高	←	25
360	线性缓和曲线	→	60	线性缓和曲线	←	60
420	直线	→	0	超高	→	0
500	直线	→	0	超高	→	0

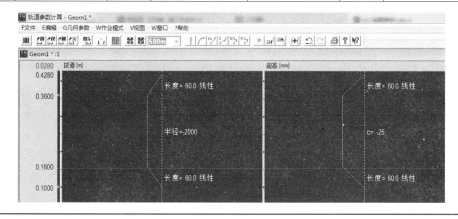

（2）特殊曲线的输入，输入参数见表4-13，如图4-103，图4-104输入过程截图。

表4-13　特殊曲线输入示例

曲线超高顺坡递增率过高，将超高在直线段和圆曲线顺延（外延）						
曲线资料：$R = 3\,000$ m，超高$h = 50$ mm，缓和曲线长$l = 30$ m，圆曲线长270 m，方向：右向，其中10 mm超高在直线10 m外延中顺，10 mm在圆曲线10 m中顺						
里程	拨道几何参数	←/→	长度m/半径m	超高几何参数	←/→	长度m/超高mm
0	直线	→	0	超高	→	0
100	直线	→	0	线性缓和曲线	→	50
110	线性缓和曲线	→	30		→	0
140	圆曲线	→	3 000		←	0

里程	拨道几何参数	←/→	长度 m/半径 m	超高几何参数	←/→	长度 m/超高 mm
150	圆曲线	→	3 000	超高	←	50
400	圆曲线	→	3 000	性缓和曲线	←	50
410	线性缓和曲线	→	30		→	0
440	直线	→	0		→	0
450	直线	→	0	超高		0
600	直线	→	0	超高	→	0

4）纵断面数据

纵断面数据表示纵断面的几何形状变化，即线路坡度和竖曲线半径等资料。

从输入方向看，基准线左边一侧表示下凹曲线；右边一侧表示上凸曲线的变化。

绝对坡度值以 ppt（‰）来表示，"＋"表示坡度上坡，"－"表示下坡。

竖曲线切线长"／ ＼"（向上，向下箭头）表示"上下坡"，"⌒⌣"表示"凸型凹型竖曲线"，"slope"表示坡度值。

5．作业前注意事项

（1）与工务段认真核对资料并正确将资料输入 ALC（TGCS）。

（2）ALC 单独进行作业模拟走行，查看确认各参数输入是否正确（正矢、前理论超高、前端位置等），如图 4-105 所示。

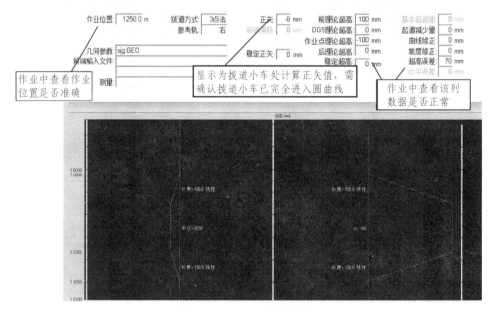

图 4-105　ALC 数据检查

任务二　捣固车作业标准与岗位职责

捣固车的主要作业目标是使线路几何状态和道床捣固质量达到良好状态，在捣固车作业前、中、后，都需要对线路状态、捣固车车况进行检查、监测和确认。捣固车作业人员不仅需要掌握相应的技术知识，还应掌握作业流程和各类注意事项，具有较强的责任心和安全风险意识。

另外，作业人员需要掌握《铁路技术管理规程》（普速铁路部分）（高速铁路部分），《普速铁路线路修理规则》《高速铁路有砟轨道线路维修规则》《普速铁路工务安全规则》《高速铁路工务安全规则》《大型养路机械使用管理规则》的相关规定，保证作业安全、作业质量。

子任务一　捣固车作业标准

一、工作任务

通过学习作业标准与岗位职责，能承担以下工作任务：

（1）能够判定线路状况是否能够进行捣固作业。

（2）能够判定作业过程是否有错漏。

二、相关配套知识

1．作业条件

线路捣固作业根据线路状况和相关作业规定，作业条件如下：

（1）作业时必须封锁线路。

（2）作业地段的枕下道床厚度不小于 150 mm。

（3）正线作业地段的曲线半径不小于 120 m。

（4）不适于在整体道床地段作业。

（5）道床严重板结地段不能作业。

2．作业程序及作业要求

1）线路封锁前作业准备

（1）按《大型养路机械使用管理规则》做好施工前准备及配合工作。

（2）完成对机械设备的全面检查。

检查以下工作装置和测量装置是否正确锁定和安全：

① 捣固装置。

② 枕端夯拍器。

③ 排砟器。

④ 捣固小车。

⑤ 线路起道、拨道装置。

⑥ 前测量装置（测量构架）。

⑦ 后测量装置（测量构架）。

⑧ 中部测量装置。

⑨ 拨道小车。

⑩ 后张紧小车。

⑪ 记录仪测量小车。

⑫ 测量弦。

⑬ 钢轨扣件清扫器。

提前运行到施工区间的一端站。运行时，不允许发动机转速低于 1 000 r/min，不允许机器停止之前关掉发动机。在上坡和下坡运行时，应在适宜的情况下将变速箱降到较低挡位。

（3）作业地段的轨道几何参数提前输入到 ALC。

（4）根据《普速铁路工务安全规则》《高速铁路工务安全规则》规定办理施工封锁手续，设置防护。

2）线路封锁后捣固作业

（1）准备作业程序。

① 按封锁命令进入作业区间，到达作业地段后，与其他作业车解体，运行至本车作业地点，停机，转换驱动齿轮箱至空挡。

② 啮合液压泵离合器，启动发动机（为结合和切断泵驱动需关闭发动机）。

③ 解开各作业机构安全锁定装置，打开气动作业系统。将发动机提速至 2 000 r/min，接通作业控制系统。

④ 以下工作装置按序就位：

a. 下放各检测小车。

b. 下放起拨道装置并夹紧钢轨。

c. 下放夯拍器。

d. 解锁捣固小车纵向固定装置和锁定装置，解锁捣固小车横向固定装置，下放捣固装置。

e. 确定全部测量装置、张紧和测量小车都正确放置在钢轨上，并且测量装置的测量弦都在拨叉里。打开气动阀张紧方向测量弦，张紧抄平弦。

⑤ 根据需要安放激光小车，并调试激光发射器。

⑥ 确定超高股及小车预压加载方向。

⑦ 接通抄平拨道作业系统。

⑧ 旋开捣固装置自动横移开关，接通辅助走行马达。

⑨ 打开、调整好记录仪。

⑩ 轨道参数输入 ALC 完毕。

（2）准备作业要求。

① 确认液压泵离合器正常啮合。

② 严格按操作规程转换工作状态，确认各作业给定值旋钮开关必须回零后才能进行作业。

③ 捣固装置解锁放下后才能启动振动马达。

（3）捣固车放车作业程序。

① 移动捣固车，使拨道表指针位于红区，打开自动拨道系统，开始作业。

② 选择捣固深度，按需要给定起拨道数值。

③ 曲线地段打开 ALC，确认同步点后，继续作业。

④ 重轨地段一般应将拨道控制增益开关及抄平控制增益开关拨在右位。

（4）捣固作业要求。

① 作业开始时，按《修理规则》规定的顺坡率，起道顺坡至设计起道量。终止作业前，必须以同样顺坡率顺坡，并确认轨道状态参数良好后方可收车。

② 捣固频数控制在 22 次/min 以内。

③ 进入曲线地段前，必须预先核对现场数据，确认与 ALC 输入轨道参数值一致方可进入曲线作业。

④ 捣固车距激光小车 10～20 m 时应停车，待激光小车安装至下一个固定位置，调整好系统后才能继续作业。

⑤ 遇障碍物时，监视号位应及时通知主操作手并采取相应措施。

（5）捣固车收车作业程序。

确认已完成轨向和高低顺坡，起拨道量为零，轨道状态参数良好之后，按以下步骤收车：

① 实施制动。

② 关闭拨道系统。

③ 拨道测量系统预加载开关拨至位置 0。

④ 放松抄平弦。

⑤ 放松拨道弦。

⑥ 关闭捣固装置振动驱动。

⑦ 捣固小车移至后位并锁定。

⑧ 横向固定装置插入正确位置。

⑨ 捣固小车横向固定锁定。

⑩ 横向固定装置插入正确位置。

⑪ 提起并锁定捣固装置。

⑫ 枕端夯拍器提起时，枕端夯拍器振动自动关闭。

⑬ 锁定枕端夯拍器。

⑭ 关闭抄平系统。

⑮ 提起并锁定中部测量小车。

⑯ 提起并锁定拨道小车。

⑰ 提起并锁定测量小车。

⑱ 在测量司机室内的全部开关拨至位置 0。

⑲ 提起并锁定前张紧小车。

⑳ 提起并锁定后张紧小车。

㉑ 提起并锁定排砟器。

㉒ 打开滚轮夹钳。

㉓ 提起并锁定起道装置。

㉔ 关闭轴支撑。

㉕ 打开高压控制阀。

㉖ 打开开启压力控制阀。

㉗ 打开系统压力控制阀。

㉘ 关闭气动截止阀。

㉙ 绕机器走一圈，做整体检查。

㉚ 检查全部锁定指示灯。

㉛ 检查液压作业走行。

㉜ 当作业液压马达结合时，机器不能高速走行。

㉝ 当液压作业走行马达切断时，绿色指示灯亮。

㉞ 各控制旋钮回零复位，关断作业气动塞门，液压支撑手柄回零位卸荷。

㉟ 关闭发动机分离液压泵离合器。

㊱ 连挂返回车站，开通线路。

3）捣固车收车作业要求

结束作业前，捣固车应驶离顺坡终点 20 m，目视线路方向直顺方收车。

3．作业安全

1）捣固作业安全

（1）操作人员作业前仔细检查机械设备，作业中严格按操作规程、作业程序及要求操作机器，遵守有关的安全操作规定，作业后应对设备进行认真保养，确保设备状态良好。

（2）运行时，应按《大型养路机械使用管理规则》的规定，加强瞭望，呼唤应答，严禁超速。作业时，各机械间隔不得小于 10 m。

（3）启动发动机，下放夯拍器、捣固装备及作业前应鸣笛警告。

（4）地面作业人员距捣固车前、后的距离应不少于 5 m，严禁紧跟。

（5）无论电气化区段是否停电，所有作业人员均按有电作业标准执行，严禁攀顶。手持工具与接触网的距离应在 2 m 以上。

（6）在复线地段作业，监视号位禁止在邻线道心上跟进。

（7）作业中，应密切监视设备运转状况，发现异常及时处理。遇有紧急情况，应立即按下紧急停机按钮。

（8）未经许可，禁止非本机组人员上机。

（9）严格执行一套钥匙制度。在转换司机室时，必须先关闭原司机室操纵装置取走动动力换挡变速箱钥匙，到指定司机室进行操作。

（10）捣固车应配备行车安全备品。

（11）在任何状态下停机，应采取空气制动，并将运行手柄置于空挡位。

（12）在作业中，现场施工防护人员要加强嘹望，发现邻线来车及时通知车组。

（13）如机械发生故障，应按《大型养路机械使用管理规则》的规定执行，防止安全事故发生。

2）设备安全

（1）发动机。

① 启动发动机间隔不得少于 1 min。

② 启动发动机后应避免立即高速运行，以怠速运行时间不少于 5 min。

③ 发动机运转时，机油压力在 0.2～0.6 MPa 左右。

④ 在正常情况下，不能在满负荷工况下突然停机，需逐渐降低转速至怠速并保持一段时间后方可停机。

⑤ 发动机温度表指针进红区必须停机检查。

⑥ 发动机机油油位必须经常检查。

（2）液压系统、润滑系统和机械系统。

① 经常检查各车轴齿轮箱、分动箱、ZF 的油位，ZF 压力应在 1.2 MPa 以上。

② 液压油工作温度在 80 ℃ 以下。

（3）制动系统。

① 确认制动系统达到规定压力，且面板各指示灯显示正常时方可动车。

② 主风缸压力达到 0.7 MPa，列车管压力保持在 0.5 MPa。

③ 连挂运行时使用司机制动阀（大闸）制动，直接制动阀（小闸）只能用于单机运行或作业。正常情况下禁止使用紧急制动阀。

应始终保持基础制动及手制动状态良好。

子任务二　捣固车岗位职责

一、工作任务

通过学习作业标准与岗位职责，能承担以下工作任务：

（1）能够明确各岗位的作业职责。

（2）能够说明各岗位职责相关关系。

二、相关配套知识

1．司机长岗位职责

（1）在队长领导下负责本机组的全面管理工作。

（2）负责本车的调车、连挂驾驶运行，指导副司机驾驶操纵，确保行车安全。

（3）熟练掌握使用设备结构原理、技术性能作业条件，熟悉本机各号位的操作，能组织排除设备常见故障。

（4）施工前召开机组会议，按施工命令对机组人员分配任务提出安全要求，检查各岗位完成作业准备完毕。

（5）作业中监督各岗位严格执行操作规程，检查作业质量，发现异常即时向施工负责人汇报处理；按时收车，保证线路正点开通，圆满完成施工任务。

（6）施工后组织机组人员认真检查保养设备，及时填写机械运转日志。

（7）转场前组织机组人员彻底检查须锁定部位安全锁定良好，确认机械车的作业与运行转换机构位于挂运状态。转场时指定押车人员，严格履行押运职责。到达新场做好防护、防溜工作。

（8）负责管理本机组配置的工具器材、配件防护用品等，及时提报配件计划和有关报表。

（9）抓好班组管理，遵章守纪，带领机组人员学习、钻研业务技术，不断提高思想觉悟和技术水平。

2．后司机室操作人员岗位职责

（1）严格按照操作规程，启动、关闭各工作装置及锁定机构。

（2）工作前检查发动机润滑油和液力传动油的油位。

（3）负责检查制动系统、走行系统是否安全可靠。

（4）作业前或运行前松开手制动，停车后拧紧手制动。

（5）检查镐头磨损情况，确认是否安装牢固。

（6）负责作业前发动机的启动，启动前必须鸣笛警告。

（7）作业前确认各岗位准备工作完毕，确认无误后，选定作业零点，鸣笛作业。

（8）按照操作规程正确操纵捣固、夯实、起拨道、抄平系统。

（9）负责收放 C、B 点小车起拨装置、捣固装置，并且和左右侧辅助作业人员配合打开和锁定夯实器。

（10）对捣固装置、液压系统、发动机和蓄电池进行检查和保养。

（11）在作业中，注意车下辅助作业人员的动态，并及时联系，防止捣镐及夯实器碰撞线路设备和障碍物。

（12）和前司机室操作人员不断联系，坚持呼唤应答，发现异常情况及时停止作业。

（13）注意观察轨枕标记的符号和数据，发现问题及时与前司机室操作人员联系解决，防止施工错误。

（14）注意监视后司机室的各种仪表显示情况和各种按钮、手柄位置是否正确，监听后司机室内报警装置，发现问题后及时停车处理。

（15）负责打开作业主开关，并确认制动闸的手柄是否在缓解位，制动风缸的压力是否为零。

（16）负责检查作业完毕收车后的各装置安全锁定开关，以及各按钮、开关是否处在正确位置。

（17）负责调整夹轨轮间隙及起拨道装置的保养。

（18）负责检查监视多路检查装置的显示情况。保养机械后，负责打扫后司机室内的清洁卫生，包括各操纵台、司机室玻璃的清洁。

3．前司机室操作人员岗位职责

（1）严格按照操作规程进行作业。

（2）作业前将各曲线技术条件按操作规程输入 GVA 或 ALC。负责收放 D 点测量小车。

（3）根据提供的线路施工作业资料数据，正确输入起道量和拨道量。

（4）在前司机室进入曲线前，将曲线要素（圆曲线半径、缓和曲线长度和超高值）准确地通知后司机室操作人员，并听到后司机室操作人员正确复述后再答复后司机室操作人员可以作业。如果发现异常，鸣笛停止作业。

（5）确认前轨枕标记和提供的资料数据是否相符。正确按技术资料进行作业，随时做好拨道量的记录。

（6）作业中，监视前司机室内的横向水平、拨道表的工作情况，观察轨道状态，发现起拨道量异常及时通知后司机室操作人员，判定引发原因并采取相应措施。

（7）使用激光作业时，协助前方操作人员做好准备工作。

（8）经常保持与前方操作人员的联系，观察激光装置是否工作正常。

（9）负责记录仪操作，并监视其工作情况。

（10）负责保持前司机室的清洁卫生，重点是前司机室的玻璃操纵台的清洁。

（11）激光小车使用、管理工作及材料小车照明小车使用管理工作。

4．机械右侧岗位职责

（1）严格按操作规程进行作业。

（2）负责监视机械右侧捣固装置、夯实器，起拨道装置和测量装置的工作情况。

（3）严格监视起拨道装置的夹轨轮是否正确夹住钢轨，是否有脱轨现象。一旦发现，及时通知后司机室操作人员，并采取措施处理。

（4）监视右侧测量小车和中间探测杆工作是否正常，发现情况及时通知后司机室操作人员。若遇非常情况，应立即采取停车措施。

（5）注意观察轨道附近的各种线路设备和障碍物是否影响机械的作业。若影响应及时通知后司机室操作人员，必要时采取停车措施（不捣固或收起夯实器，不进行夯实作业），并监督执行情况。

（6）经常监视起拨道作业是否正确，尤其要注意曲线段超高值的设定是否正确。如发现问题，及时通知后司机室操作人员或采取停车措施。

（7）与后司机室操作人员配合，打开、锁定夯实器锁销，完成后通知后司机室操作人员。

（8）监听发动机及右侧捣固装置运转情况。

（9）负责收放与锁定 A 点小车。

（10）负责监视右侧液压系统及气动系统有无泄漏等情况。

（11）负责辅助启动发动机（拉起放下手油门）。

（12）负责后转向架及基础制动、手制动部分的保养和检查。

（13）作业完毕后，应检查、确认右侧捣固装置起拨道装置，测量小车夯拍器机械销锁定是否牢靠，并向后司机室操作人员报告。

（14）负责连挂时前部车钩及风管的摘挂。

（15）材料小车、照明小车使用管理以及激光小车使用管理工作。

5．机械左侧岗位职责

（1）严格按照操作规程进行作业。

（2）负责监视左侧捣固装置、夯实器、起拨道装置和测量装置的工作情况。

（3）严格监视左侧起拨道夹持轮是否夹住钢轨，是否有脱轨现象。一旦发现问题，及时鸣笛通知后司机室操作人员，并采取措施。

（4）监视左侧小车和中间探测杆工作是否正常，发现情况及时通知后司机室操作人员。若遇非常情况，及时采取停车措施。

（5）注意观察轨道附近的各种线路设备和障碍物是否影响作业。若有影响，及时通知后司机室操作人员，必要时立即采取停车措施（不捣固或收回夯实器，不进行夯实作业），并监督执行情况。

（6）经常监视起拨道作业是否正确，尤其要注意在曲线段超高值的设定是否正确。如发现问题，及时通知后司机室操作人员采取停车措施。

（7）与后司机室操作人员配合打开锁定夯实器锁销，完成后通知后司机室操作人员。

（8）监听发动机及左侧捣固装置工作情况。

（9）负责监视左侧液压系统及气动系统有无泄漏等情况。

（10）负责液压泵离合器的摘挂，工作前后运行前后尤其要检查、确认处在正确位置。

（11）作业完毕后，检查确认左侧捣固装置、起拨道装置、测量小车和中间探测杆的锁定是否锁牢，并向后司机室操作人员报告。

（12）负责前转向架及走行机构的保养，并协助后司机室操作人员的保养检查工作。

（13）协助五号位收放激光小车。

（14）负责连挂时后部车钩及风管的摘挂工作。

（15）负责最终驱动的正确摘挂。

6．机械前方操作岗位职责

（1）严格按照操作规程进行作业。

（2）负责收放激光小车、安装激光发射器和电池箱。

（3）调整校准激光发射器到正确位置，并通知前司机室操作人员。

（4）随时监视激光装置工作是否正常。如有问题，及时通知前司机室操作人员。

（5）在不使用激光拨道时，着重进行作业前线路状态的调查。对不能作业的地段划上标记，发现问题及时通知前司机室操作人员。

任务三　捣固车标准化施工作业与岗位实操

本部分将介绍线路作业中捣固车进行作业的实施流程，对各操作岗位的作业内容和标准进行详细说明。

子任务一　捣固车标准化施工作业

抄平起拨道捣固车
作业操作

一、工作任务

通过学习作业标准与岗位职责，能承担以下工作任务：

（1）能够按照线路作业要求安排捣固车进行作业。

（2）能够按各岗位作业标准进行捣固车的操作。

二、相关配套知识

按照线路维修天窗作业的施工组织安排，大机作业一般可分为以下步骤：整备作业—连挂运行—作业准备—作业操纵—作业结束—返回驻地。每个阶段都需要系统地安排各类事项。

整备作业具体参见项目二任务六。

连挂运行具体参见项目三任务六。

1．作业准备

1）作业地点停车

（1）连续走行捣固车摘挂后续行至作业地点或直接运行至作业地点后，降低柴油发动机转速，施加空气制动。

（2）下压 ZF 换挡手柄回空挡位，注意挡位转换时间不少于 1 s。

（3）逆时针旋转 ZF 驱动主开关钥匙到"0"位，切断动力换挡变速箱控制总电源。末级离合器脱挡指示绿灯亮（网络版无末级离合器指示绿灯），ZF 变速箱输出轴处于分离状态。

（4）降低柴油发动机转速至怠速位，按下发动机停机按钮，使柴油发动机停止转动。

2）作业转换

作业转换是将连续走行捣固车从运行状态转换成作业状态。

（1）调整作业系统两台液压泵和 1 台走行驱动泵离合器"接合-脱开"手柄，使离合器置于"接合"位。注意，液压泵离合器在接合和脱开时，一定要关闭柴油发动机。

（2）待确认液压泵离合器已结合后，重新启动柴油发动机，并置转速略高于怠速。打开网络电源。

（3）将作业控制主开关旋至右位，接通作业主电源，并确认开关指示灯亮。

（4）检查作业主驱动脱挡指示红灯亮（网络版为观察显示器上的作业主驱动脱挡指示红灯亮）。若主驱动没有挂上，可打开 ZF 驱动主开关钥匙，缓解空气制动，换挡手柄挂上 I 挡，然后点动短时辅助驱动按钮，使主驱动离合器接合。再施加空气制动，换挡手柄回空挡位，关闭 ZF 驱动主开关钥匙。

（5）将发动机油门电控开关扳至右位。

（6）将气动工作系统停止旋转开关旋至右位，接通作业风路（网络版按下液压总开关）。

（7）将车轴支承开关阀扳至作业位（网络版将车轴支承压力按点或直钮按下），使转向架及车体的支撑油缸处于作业位置。

（8）打开安全系统。

（9）按下列顺序关闭液压系统开关阀：

① 作业压力开关阀。

② 作业油路蓄能器开关阀。

③ 高压油路开关阀。

④ 高压油路蓄能器开关阀。

⑤ 中间捣固镐臂张开压力开关阀。

网络版为按下作业系统压力按钮。

（10）缓解空气制动，将大、小闸手柄置于运转位。

（11）检查辅助驱动和工作小车液压马达脱挂指示红灯，若不亮，点动作业走行踏板使辅助驱动和工作小车液压马达离合器接合，辅助驱动和工作小车脱挂挡指示红灯亮。

（12）扳动工作小车"前进-后退"开关至后退位，使工作小车向后移动，将工作小车横向和纵向锁定开关置于解锁位（平行位），确定工作小车解除锁定后，松开"前进-后退"开关。

3）落下测量小车和作业装置

落下测量小车和作业装置时，前、后张紧小车由地面操作人员操纵，拨道、抄平小车由后司机室操作人员操纵，按照提升—解锁—下降程序，依次放下前张紧小车、后张紧小车、拨道小车、抄平小车和起拨道装置、枕端夯实器，最后放下捣固装置。

（1）放下各测量小车。

① 锁定前张紧小车（D 点检测小车）。

a. 锁定作业走行距离测量轮。

b. 将前张紧小车升降开关置于提升位，使前张紧小车向上提起。

c. 将前张紧小车锁定/解锁开关置于锁定位，锁定机构的锁钩闭合，前张紧小车锁定指示灯熄灭。

d. 再将前张紧小车升降开关置于下降位，使前张紧小车与锁钩贴实。

e. 拴上前张紧小车两侧的安全链。

② 锁定后张紧小车（A 点检测小车）。

a. 将后张紧小车升降开关置于提升位，使后张紧小车向上提起。

b. 将后张紧小车锁定/解锁开关置于锁定位，锁定机构的锁钩闭合，后张紧小车锁定指示灯熄灭。

c. 再将后张紧小车升降开关置于下降位，使后张紧小车与锁钩贴实。

d. 拴上后张紧小车两侧的安全链。

③ 锁定拨道小车（C 点检测小车）。

a. 将拨道小车升降开关置于提升位，使拨道小车向上提起。

b. 将拨道小车锁定/解锁开关置于锁定位，中间测量杆左侧锁定机构闭合，拨道小车锁定指示灯熄灭。

c. 再将拨道小车升降开关置于中位，使拨道小车与锁钩贴实。

d. 拴上拨道小车两侧的安全链。

④ 锁定测量小车（B 点检测小车）。

a. 将测量小车升降开关置于提升位，使测量小车向上提起。

b. 将测量小车锁定/解锁开关置于锁定位，锁定机构的锁钩闭合，测量小车锁定指示灯熄灭。

c. 再将测量小车升降开关置于下降位，使测量小车与锁钩贴实。

d. 拴上测量小车两侧的安全链。

⑤ 锁定抄平小车。

a. 将抄平小车升降开关置于提升位，使抄平小车向上提起。

b. 将抄平小车锁定/解锁开关置于锁定位，抄平小车锁定指示灯熄灭。

c. 插入抄平小车两侧锁定销。

网络版为依次选中 A、B、C、D 及抄平小车，按下测量小车下降按钮，按下测量小车解锁按钮，再按下测量小车下降按钮。

（2）工作小车对位。

① 按下"捣固装置自动对中开关"白灯亮（网络版为按下对中按钮，绿灯亮）。

② 将"工作小车支撑开关"旋至右位（网络版为将工作小车支撑开关按钮按下，绿灯亮），打开工作小车上支撑。

③ 鸣笛（电喇叭），上下搬动工作小车"前进-后退"开关，使工作小车前后移动，让捣镐与轨枕空对正。

（3）卸下激光小车。

如果作业中使用激光矫直法拨道，则卸下激光小车、激光发射器，并在位于连续走行捣固车前方的线路上进行安装和固定。

（4）下降作业装置。

① 降下起拨道装置。

a. 解开起拨道装置安全链。将起拨道装置全提升开关旋至右位（网络版为按下提升按钮，绿灯亮），提升起拨道装置，解除锁定机构的负荷。

b. 确认起拨道装置已提升至上位后，旋动起拨道装置锁定/解锁开关至解锁位，使锁定机构的锁钩脱开（网络版按下起拨道装置锁定、解锁按钮）。

c. 起拨道装置锁定指示灯亮后，把起拨道装置全提升开关旋回到左位（网络版为按下起拨道装置全提升按钮）。

d. 按下夹钳张开按钮，指示灯亮。

e. 按下左侧起拨道装置提升并保持按钮，指示灯亮。点动右侧按钮，起拨道装置下降按钮，同时旋动手动拨道开关，调整右侧起拨道装置横向位置，直至右侧拨道轮与右股钢轨对中，使右侧起拨道装置降于钢轨上。

如果在起拨道装置下降过程中，横向位置调整动作不够准确使拨道轮未正确降落到轨顶，可提起重新对位。

待右侧起拨道装置已落至正确的位置后，按下右侧起拨道装置提升并保持按钮。

指示灯一亮即刻松开按钮，以防止该侧起拨道装置又重新提升脱离钢轨。

f. 左侧起拨道装置下降，点动左侧按钮，同时旋动手动拨道开关，调整左侧起拨道装置横向位置，使左侧起拨道装置降于钢轨上，步骤同右侧。

g. 待左侧起拨道装置已正确地降在钢轨上后，按下右侧起道装置下降按钮。

h. 视作业情况按下相应按钮选择夹钳轮工作方式，该项操作也可在作业中随时转换。

捣固信号控制夹钳闭合按钮：夹钳轮闭合受控于捣固下插信号。

驱动信号控制夹钳张开按钮：夹钳轮闭合受控于驱动走行信号。

加强常闭按钮：夹钳轮作业中始终处于闭合状态，机器行进时夹钳张开。一般作业，都选择这种工作方式。

i. 通过左右旋动夹钳前后选择控制开关，配合夹钳轮工作方式按钮，可以实现起拨道装置的前夹钳或后夹钳参与作业。如果夹钳前后选择控制开关处于中位，则表示起拨道装置的前后夹钳均参与作业。

② 放下枕端夯实器。

a. 解开枕端夯实器安全链。

b. 将夯实器全提升开关旋至左位（网络版为按下提起按钮，绿灯亮），提起枕端夯实器。

c. 将夯实器锁定开关按下（解锁开关红灯亮）解锁夯实器（网络版为按卜夯实器锁定/解锁按钮）。

d. 确认枕端夯实器锁销已脱开后，将夯实器全提升开关旋回右（"1"）位（网络版为按下夯实器按钮，绿灯灭）。

e. 根据作业要求选择枕端夯实器单侧或双侧夯拍作业。如果同时作业，则夯实器左右选择开关置于中位（网络版为按下"夯实器开"按钮）；如果只需要单侧枕端夯实器作业，则将夯实器左右选择开关置于相应一侧（网络版将夯实器左右选择按钮显示置于相应一侧）。

f. 按下只拨道不捣固开关。

g. 鸣笛（电喇叭）（网络版按下"夯实器开"按钮），踩下捣固装置下插踏板，放下枕端夯实器。此时，夯实器锁定指示灯亮。

h. 将枕端夯实器操作开关旋至右（"1"）位，打开夯实器振动（网络版无此步骤）。

i. 若捣固作业时使用枕端夯实器，枕端夯实器的提升和下降与捣固装置的提升和下降是协调进行的。

4）捣固装置的作业准备

（1）下降捣固装置。

① 解开捣固装置安全链。

② 旋动捣固装置操纵开关至左位，提升捣固装置至上位，以解除锁定机构的负荷。

③ 待捣固装置已提升到位后，将捣固装置锁定/解锁开关旋至右位，使锁杆脱离锁定位。

④ 捣固装置锁定指示灯亮后，再将捣固装置操纵开关旋至中位。

⑤ 视作业要求扳动中间状态开关，选择相应侧的捣固装置下降参与作业。

a. 中间状态开关在中位：两侧捣固装置同时下降参与作业。

b. 中间状态开关在左位：左侧捣固装置单独下降参与作业。

c. 中间状态开关在右位：右侧捣固装置单独下降参与作业。

上述 3 种工况的选择在作业中也可随时进行调整，但只能选其中一种作业方式。

⑥ 将捣固深度给定编码开关置于 000 位置（网络版检查左侧显示屏，捣固深度为 0）鸣笛（电喇叭），踩下捣固装置下插踏板，放下捣固装置。

⑦ 顺时针转动左、右侧捣固装置振动驱动开关阀（网络版按下左、右侧捣固装置振动压力开关按钮，绿灯亮），捣固装置的振动驱动机构启动，使捣固装置处于作业准备位置。左侧捣固装置和右侧捣固装置的振动驱动可以分开控制。

（2）选择捣固装置的下插深度和速度。

① 选择捣固装置下插深度。

a. 为获得良好、持久的捣固作业质量，需要选择合适的捣固深度。捣固深度的选择原则是依据道砟的粒径和厚度、钢轨与轨枕的总高度来确定。

b. 在标准粒径道砟情况下，一般规定枕下与镐掌上顶面间的距离不得少于 15 mm。

c. 根据实际线路情况，预先设定捣固深度，踩下捣固装置下插踏板，使捣固镐掌顶部达到枕底以下 15～20 mm 的高度。

一般将轨顶到枕底的总高度输入到捣固深度给定编码开关（网络版为在左侧显示屏上，点击输入）。

② 选择捣固装置下插速度。

a. 捣固装置的下插速度可根据作业场地的条件予以变更。对于较硬的道床（如板结道床）一般选择快速下插，疏松的道床一般选择低速下插，一般道床可选择正常速度下插。

b. 拨动捣固装置下降速度控制开关和捣固装置下降速度增益开关，选择需要的捣固装置下降速度，即为作业中的下插速度，在作业中也可随时调整。

正常速度下插：捣固装置下降速度控制开关和捣固装置下降速度增益开关均置于"1"位（网络版为按钮，绿灯显示亮）。

低速下插：捣固装置下降速度控制开关置于"2"位，捣固装置下降速度增益开关置于"1"位（网络版为按钮，绿灯显示亮）。

高速下插：捣固装置下降速度控制开关置于"1"位，捣固装置下降速度增益开关置于"2"位（网络版为按钮，绿灯显示亮）。

c. 为防止在道床板结的线路上捣固下插减速过大，需要选用下插助力功能，从而起到加速下插的作用。

d. 捣固装置升降电流显示表可以显示控制捣固装置提升和下降的比例阀的供油状况，拨动比例电流显示器选择开关，可选择显示左侧或右侧捣固装置的比例电流数值。

（3）预设捣固镐头夹持时间。

a. 夹持时间是指两相对的镐头相对靠近的时间，一般夹持时间较长则捣搞夹持的距离相应较大，使枕下的石砟密实，提高作业后的道床稳定性。

b. 设定夹持时间的原则，既要有效地发挥夹持的作用，又不会降低作业效率。

c. 夹持时间的设定根据线路实际状况确定，道床道砟较松或有特殊要求时时间可长些，道床稳定则夹持时间可短些，作业中应视情况需要随时调整。夹持时间长可以起到稳定捣固质量的作用。

d. 夹持时间设定由夹持时间编码开关给定，编码开关每个单位数值间隔为 0.2 s。

（4）捣固装置的横移。

① 将捣固装置自动横移控制开关按下（指示灯亮）（网络版为自动对中按钮，绿灯显示亮）。捣固装置横向移动自动受控于线路方向的变化。

② 如果需要手动横向调整捣固装置，需在关断自动横移控制开关后，使用捣固装置横移手动开关视移动方向手动调节。

5）前司机室的作业准备

（1）调整开关位置及仪表显示，确认下列开关位置及仪表显示值，并做相应的调整。

① 前端给定理论超高电位计的显示为零，如不为零则需调整至零，并将旋钮锁定，防止数值发生异动。

② 理论正矢给定电位计的显示为零，如不为零则需调整至零，并将旋钮锁定，防止数值发生异动。

③ 起道输入数据选择开关置于"4"位，起道输入数据显示器的显示值应为零，如不为零则调整前端给定起道量旋钮使其显示为零。

④ 拨道输入数据选择开关置于"4"位，拨道输入数据显示器的显示值应为零，如不为零则调整前端给定拨道量旋钮使其显示为零。

⑤ 激光拨道作业：

未采用激光拨道作业时，将激光作业控制主开关置于左"0"位。

采用激光拨道作业时，激光作业控制主开关首先置于中位，即"ADJ"位，并将拨道输入数据选择开关置于"2"位，检查拨道输入数据显示器的显示值应为零，如不为零则调整激光接收器左、右调整按钮直至显示为零。

待轨道前方的激光发射器调整完毕后，再将激光作业控制主开关置于右"ON"位，即作业状态位。

最后，将激光接收器电源开关旋至右操作位。

（2）ALC 数据输入。

在作业前将作业地段的曲线各要素按照 ALC 操作方法输入 ALC。

曲线原始数据由工务段提供。输入时要保证各参数正确无误，特别是曲线同步点的公里标、缓和曲线长度、曲线超高、曲线旋向及半径等一定要核准。

（3）调整记录仪。

① 接通记录仪电源，电源指示灯亮。

② 选择记录方式打点或是打线。

③ 选择合适的公里标。

④ 通知后司机室，并与后司机室联系是否开始作业。

⑤ 点击开始按钮，开始作业。

2．作业操纵

1）测量小车预加载

（1）张紧弦线。

① 确认所有检测小车已降到正确位置后，旋动中间抄平传感器升降开关至张紧位，张紧前、后测量杆上的左、右股钢轨抄平钢弦。

② 旋动拨道弦张紧开关至张紧位，张紧拨道测量钢弦和记录仪测量钢弦。

③ 拨道弦张紧的同时，通过预加载荷压力调节阀，将垂向预压力加载至所有测量小车。

④ 确认拨道测量弦和记录仪测量弦位于测量传感器的拨叉内。

（2）选择基准轨。

① 基准轨由前司机室操作人员选定，然后通知后司机室操作人员完成相应的操作。因为前司机室操作人员面向前方作业线路，便于观察线路状况。在前司机室相应的指示灯亮，确认后司机室的操作是否正确。

② 超高轨选择后，非超高股钢轨即为拨道基准轨。直线地段可任选一侧为超高轨，曲线地段则必须以实际的超高轨作为选定的超高轨。

③ 将横向水平超高选择开关旋向超高轨一侧，相应的超高股侧指示灯亮。

（3）拨道预加载。

① 按照近似法进行拨道作业时，在直线地段可选任一侧钢轨作为预加载方向，在曲线地段预加载方向必须选择超高轨一侧，将测量系统预加载开关旋至预加载方向，相应侧的测量小车加载指示灯亮。

② 按照精确法进行拨道作业时，预加载方向必须选择预先测量的钢轨侧，将测量系统预加载开关旋至预加载方向，该侧的测量小车加载指示灯亮。

③ 预加载方向选择哪侧钢轨，A、B、C、D 点检测小车相应侧小车轮轮缘靠紧在该侧钢轨内侧，且该侧的测量小车加载指示灯亮。

④ 当各检测小车向钢轨适当预加载后，横向预加载压力即可达到适当程度，可避免检测小车脱轨。

（4）起拨道作业系统操纵准备。

① 旋动起道控制主开关至右位，开关指示灯亮。

② 旋动夹钳轮脱轨感应开关至右位，开关指示灯亮。作业中如果左侧或右侧起拨道装置夹钳轮脱轨，则相应侧的夹钳脱轨指示灯亮。

③ 视具体作业情况选择捣固装置与起拨道装置的配合模式，按压其中一种起拨道操作灯光按钮：

对只需要捣固作业而不进行起拨道作业的情况，按下起/拨道控制关闭按钮，按钮指示灯亮。

对只需要进行拨道作业而不需要捣固作业的情况，按下拨道起道开关（不捣固），按钮指示灯亮。

捣固装置一下降起拨道作业就开始的地段，按下起拨道开始带捣固装置下降按钮，按钮指示灯亮。

捣固装置下降到位后，起拨道作业开始的地段，按下捣固装置下降到位后起拨道开始按钮，按钮指示灯亮。

2）作业走行

（1）将发动机调速开关打至右侧——工作转速位。

（2）连续式捣固车前行：

旋动工作小车步进、连续走行开关至右位"cont"位，选择连续式捣固车向前走行（网络版为按下工作小车模式按钮，上位绿灯亮），作业时驱动方向只能向前。

① 踏下作业走行踏板，适当调节走行速度调节旋钮，让工作小车与主车速度匹配，连续走行捣固车向前走行，工作小车从一组轨枕移至下一组轨枕。

② 松开脚踏板，自动施加液压制动，作业走行停止。

③ 如果制动距离达不到要求或制动不住，需调整液压制动压力，直至达到要求。

（3）连续式捣固车退行：

① 将工作小车步进、连续走行开关旋至左位"步进"位，将工作小车"前进-后退"开关扳至后位（网络版为按下工作小车模式按钮，下位绿灯亮），适当调节走行速度调节旋钮，连续走行捣固车后退。

② 松开工作小车"前进-后退"开关，退行停止，液压制动开始作用。

③ 当连续走行捣固车完全停稳后，才可改变作业走行方向。

④ 连续式捣固车在退行过程中工作小车步进、连续走行开关选择一定要正确，工作小车与主车速度一定要匹配，即工作小车一定要处于中间自运行状态，不能出现主车拖工作小车后退，否则会导致工作小车液压马达损坏。

（4）作业地段曲线半径小于800 m或在不良的线路区段上时，前转向架轴支撑开关必须置于"0"位。

3）捣固作业

（1）捣固作业程序。

① 自动循环捣固。

a. 旋转自动捣固模式选择开关至"1X"位，连续式捣固车处于向前走行状态，踩下右脚向前走行踏板，连续式捣固车向前走行，工作小车随行，当轨枕正好处于两相对高头中间后，踩下右脚捣固装置下插踏板并保持住，捣固装置按预定的速度下降，待达到预定的捣固深度后捣固装置自动夹持。完成规定时间内的夹持动作后，捣固装置自动提升，此时可松开捣固装置下插踏板。工作小车前行到下两根轨枕后再次踩下捣固装置下插踏板，第二个作业循环开始，重复上述作业过程。每个捣固循环均计入捣周循环计数器。在整个作业过程中，右脚一直踩住向前走行踏板，连续式捣固车主车连续走行，当轨枕刚好处于两相对镐头中间时踩下右脚捣固装置下插踏板，工作小车停止，进行捣固作业，完成捣固作业后，工作小车加速前进，进入第二次循环。

b. 如果需要对同一对轨枕进行两次下插捣固（大起道量或需要加强捣固），则必须将起道保持开关旋至右位，自动捣固模式选择开关旋至"2X"位，踩下捣固装置下插踏板，捣固装置完成两次下插后，工作小车方可加速前行到下一组轨枕位置。两次捣固时主车走行速度选择应与工作小车速度匹配。

② 等距式自动捣固模式。

a. 捣固小车自动定位开关选择至"0"位（网络版为自动定位模式按钮，按下距离输入开始按钮），自动距离测量系统"开"。

捣固装置的下降受控于距离脉冲，该脉冲来自于拨道测量小车上的脉冲传感器。自动捣固作业的作业速度也由该脉冲传感器控制。

b. B52箱上自动作业模式开关打开。

c. 等距式自动捣固作业过程中，可通过B52箱上的电位器对捣固下镐距离进行修正。

d. 每次等距捣固完成，B52箱上的AUTO-POS红色发光二极管会亮。

③ 感应自动捣固模式。

a. 捣固小车自动定位开关选择至"1"位，自动脉冲测量系统"开"，拨道测量小车左侧安装的扣件感应传感器会落到工作位置。根据不同的扣件高度，需要对传感器的工作位置进行调整。

b. 通过风控减压阀，可以调节传感器的预加载压力。

c. 踩下走行踏板，机器向前作业走行，感应开关能检测到所经过的扣件。

d. 每次捣固装置下降，B52箱上的SENS红色发光一极管会亮。

e. 通过SENS信号及蜂鸣器信号，检查捣固装置下降信号产生时，镐头应正对轨枕的中间。

f. 感应式自动捣固作业模式下，可通过B52箱上的电位器对捣固步行距离进行修正。

g. 一旦确认捣固装置能正确下降，B52箱上自动作业模式开关可以打开，捣固装置将在感应开关感应信号的控制下自动进行捣固作业。

h. 两个感应信号对应一个合理的距离，引导自动捣固。一旦检测到的距离变化很大，自动捣固作业将被终止（终止捣固下降及作业走行）。当自动捣固作业被终止后，必须按下自动作业模式重置开关，自动捣固作业被恢复。

i. 操作机器倒车时，感应开关会自动提升。

④ 捣固注意事项。

a. 为防止捣固镐头碰撞轨枕，捣固装置下插前必须保证镐头处于两枕之间，如果未处于正确位置必须进行调整，此时可松开走行踏板，主车液压制动产生，停止走行，通过前后移动工作小车位置可将镐头调整于两枕之间。

b. 当道床轻微板结时，打开捣固装置辅助下插控制开关，当板结十分严重时禁止连续走行捣固车进行捣固作业。

c. 为防止产生惯性冲击，在捣固装置加速下插时不要松开下插踏板。

（2）捣固夹持。捣固夹持分手动控制夹持和自动控制夹持两种，作业中常用自动控制夹持。

① 手动控制夹持时间。手动控制夹持是通过向前推动中间状态开关来实现的，松开中间状态开关，夹持动作结束，捣镐张开。

② 自动控制夹持时间。自动控制夹持动作是在自动捣固模式选择开关接通后自动进行，在捣固装置下降到有效捣固深度约 40 mm 处开始、下降到预定深度后自动完成。

为了达到良好的捣固作业质量，作业中需根据不同的道砟工况对夹持压力和夹持时间给予相应的调整。夹持压力可根据不同的道床，通过调节"夹持压力调节电位计"进行调整，并显示在压力显示表上。为获得合适的夹持压力，应注意观察捣固镐掌的动作。当捣固镐掌不动作或道砟流过捣固镐掌时，说明道砟没有被夹实。通过"夹持压力调节电位计"选择不同的夹持压力。还可分别将左、右侧捣固夹持压力增加，以分别增加夹持压力。

（3）捣固加宽。

在作业中经常遇到捣固地段轨枕间距不标准的情况，此时需及时调整外镐的张开宽度，以免镐头碰撞轨枕，同时可提高作业质量。在轨枕间距较大但间距一定的作业地段，捣固装置处于作业状态时，推动中间开关至前位，按下"右侧前部限位块动作开关""右侧后部限位块动作开关""左侧前部限位块动作开关""左侧后部限位块动作开关"，捣固头加宽自动打开（网络版为按下捣固装置前加宽按钮、捣固装置后加宽按钮）。

如果需要对前、后捣固镐头行程单独调整，则只需单独操作"前部限位块动作开关"或"后部限位块动作开关"。

4）后司机室的起拨道操作

（1）起道抄平作业。

连续走行捣固车的起道抄平作业既可与捣固、拨道作业同时进行，也可单独进行。但在通常情况下，起道抄平作业是受捣固作业的指令控制的。

后司机室操作人员主要完成起道抄平动作的控制、各仪表显示情况的监视，以及根据显示情况适时地予以修正。

① 打开起道控制主开关（网络版为按下抄平系统开按钮），接通起道抄平系统，选择起拨道开始带捣固装置下降按钮，捣固装置放下的同时开始起道。通过左、右侧起道显示表分别监视左、右侧钢轨的起道量。

② 起道抄平作业时，如果左、右股钢轨起道指示表及横向水平指示表的指针均在红区内，表明起道抄平状态良好，可进行下一次起道抄平作业。

③ 起道动作终结时，起道指示表显示纵向误差并以此作为起道依据。

a. 若左侧或右侧起道指示表指针向左偏转（箭头向上），表明该点仍需起道，此时相应的起道指示灯处于发光状态。

b. 若左侧或右侧起道指示表指针向右偏转（箭头向下），表明此位置轨道过高，相应的起道伺服阀转换为落道，该侧的起道指示灯熄灭。此时应拨动该侧的起道补偿修正手柄，改变起道中止点。

c. 若起道显示表指针停留在中间位置，起道伺服阀切断，停止起道，表明当前轨道处于正确位置，起道指示灯熄灭。

④ 通过起拨道电流显示转换开关和伺服阀电流显示表可以检查供给起道伺服阀的电流值。

⑤ 起道速度应根据轨道状况和起道量，通过顺时针旋动左、右侧起道增益控制开关进行调整。如在重型钢轨地段，就需要加快起道速度。

⑥ 横向水平由与当前捣固的轨枕相邻近的精密电子摆测量（作业区），并在横向水平表上显示。

⑦ 横向水平表指针在红区内的中间位置，表示线路的横向水平偏差为零。指针偏向某一侧，则表示该侧钢轨在该点低，指针处于某侧红区的边缘，则表示该侧水平低1.5~2 mm。

⑧ 当横向水平表指针连续偏离红区，与实测水平检查一致时，需要进行横向水平修正，操纵起道修正电位计。

增加起道量的调整方法为：拨动起道修正电位计，对低侧钢轨进行1~5 mm的起道补偿。

随道作业不断进行，可能会出现对起道量补偿的这一侧实测钢轨反而高出另侧的情况，则该侧钢轨的起道量补偿值需减小乃至为零。旋动起道修正电位计使其数值减小，直至横向水平指示表的指针回零。

⑨ 曲线作业时如果ALC出现故障而不能对曲线实行自动起拨道作业时，需要手动输入数值进行作业。

后司机室操作程序为：

a. 确认起道基准股钢轨。

b. 将捣固装置所在位置处轨枕上标注的超高值输入到手动超高给定调整电位计内，并随着连续走行捣固车的前行改变输入值，直至曲线作业结束超高值回零为止。

c. 该操作也适用于整条曲线的作业控制。

⑩ 如果起道量明显地不相等，可实施对较低股钢轨的起道量进行自动补偿。该补偿量可通过沉降补偿量调整电位计进行调整，通过沉降补偿指示表显示。如不需要补偿时及时调整回零。

⑪ 如果进行多次捣固（高起道量），应接通起道保持开关。

（2）拨道作业。

连续走行捣固车的拨道作业既可与捣固、起道抄平作业同时进行，也可单独进行。通常情况下是几种作业同时进行的。后司机室操作人员主要负责拨道动作的控制、拨道数值的修正及仪表的监视等工作。

① 手动拨道。需要手动控制拨道作业时，旋动手动拨道开关，旋动的方向与拨道的方向一致，轨道可以随时横移，实现手动拨道。待拨道指示表指针回到红区后松开手动拨道开关，开关自动回到中位。

② 自动拨道。

a. 自动拨道是拨道作业中常用的拨道方式。在进入自动拨道作业循环前，必须待拨道指示表的指针已处于红区内方可接通自动拨道系统，旋动拨道控制主开关至右位即可（网络版为按下"拨道系统开"按钮）。如果拨道指示表指针没有在红区内，禁止接通自动拨道系统，需要前后移动连续走行捣固车或随着作业的进行当指针回到红区内时，再接通自动拨道系统。如遇特殊情况，允许输入拨道值使拨道指示表指针回到红色区内。

b. 当自动拨道接通后，捣固装置放下（踩下捣固装置下插踏板）的同时，拨道作业开始。

c. 拨道作业以及拨道零点在拨道指示表上予以显示。指针向有拨道误差的一侧偏转。作业中时刻监视拨道表针的变化，当表针打到底时或有异常波动时，应立即停止拨道作业，前后移动作业车不少于 10 m，观察表针的变化是否正常，以确定是线路问题还是设备问题。

d. 在拨道动作结束后，拨道指示表的指针应在红区内。若未在红区内，指针偏向一侧的反方向即应继续进行拨道的方向。用拨道调零电位对拨道系统的零点进行修正，此时需视指针偏差量的大小逐步调整拨道调零电位计，直到拨道指示表的指针回到红区内，方能启动连续走行捣固车运行到下一捣固区实施第二个拨道作业循环。拨道调零电位计的数值应视拨道指示表指针的偏转情况随时注意调整。

e. 如果作业地段线路轨道应力较大时会使拨道后的轨道向原先的位置回弹，影响拨道质量。此时应接通过拨道自动控制开关，使轨道在拨道作业中实现过拨道。同时视应力大小随时调整过拨道调整电位计的设置超调值。过拨地段作业结束，将过拨道调整电位计恢复到零。

F. 如果作业中轨道横向应力不大或者轨道状况良好时，可采用交替（间断）拨道作业方式，即每捣固两次进行一次拨道作业，此时需旋动拨道变更开关至右位（网络版按下交替拨道按钮）。

g. 当进行只拨道不捣固作业时，按下拨道起道开关（不捣固）（网络版为按下只拨道不捣固按钮），踩下捣固装置下插踏板，自动进行拨道作业，同时前司机室应设置适当的起道量以保证拨道作业后的质量。

h. 通过起拨道电流显示转换开关（置于 3 位）和伺服阀电流显示表可以检查供给拨道伺服阀的电流值。

i. 如果作业中需用三点法应将测量小车上的弦线固定叉手动放下，并打开三点法拨道开关（网络版为按下三—四点法选择按钮，相应绿灯亮）。

（3）顺坡操作。

在顺坡过程中后司机室操作人员在接到前司机室顺坡指令后，完成下列操作：

① 按照前司机室的顺坡指令进行顺坡作业，将所有作业中调整过起道抄平、拨道补偿电位计的数值均按规定比例递减至 0。

② 确认拨道指示表的指针在红区范围内，并且已得到前司机室关断拨道的指令后，旋动拨道控制主开关至左位，关断拨道系统。

③ 确认左、右起道指示表指针在红区内。

④ 确认横向水平指示表指针在红区内。

⑤ 向有关人员发出作业结束的指令。

5）前司机室的起拨道操作

在前司机室设置有起道抄平、拨道动作的操纵、调整、监视开关和仪表，由操作人员完成起道抄平、拨道动作的控制、ALC 线路数据及手动数据的输入，同时监视作业前方线路，负责作业指令的发出。

（1）直线地段的操作。

① 起道抄平作业。

在起道抄平作业的开始和结束时，都需要对线路进行顺坡作业，即起点或者终点起拨道量均为零。

在作业中还经常会遇到个别地段不能进行起道抄平作业而需要越过的地段，为此在到达该地段前需要进行顺坡作业。顺坡起始点一般情况下应标注在轨枕上，如果未标注，操作人员应根据系统的起道设定值及要求的顺坡率选择顺坡起点的位置，并在轨枕上做标记。顺坡作业完毕，越过该地段继续进行作业，需要由低向高以规定的顺坡率顺坡，直至要求的起道量。一般控制在千分之一以下。

顺坡作业由前司机室操作人员完成，后司机室操作人员配合，顺坡作业的起始、结束操作指令一般由前司机室操作人员决定，并通知后司机室操作人员。顺坡作业的具体操作方法有以下几类。

a. 作业开始顺坡。

● 开始起道抄平作业，顺时针旋转前端给定起道量旋钮，按规定比率顺坡，直到作业需要的起道量，告知后司机室完成起始顺坡作业。

● 按近似法起道抄平作业时，轨道未进行事前测量，需要设定基本起道量。一般情况下，基本起道量为 10 mm。

● 按精确法起道超平作业时，基准轨的起道量须在捣固前进行水准测量（抄平）予以确定。将基准轨确定的起道量提前标记在轨枕上，比如每隔 5 根轨枕标记一次，操作人员随时注意观察捣固车前方轨枕上标记的起道数据，根据此值随时调整抄平系统的起道量设定值。作业中，根据前方轨枕上标记的数据在设定基本起道量基础上进行相应调节。当前张紧小车通过这一标记轨枕时，通过均匀地旋动前端给定起道量旋钮改变起道设定值，使前张紧小车所在点起道数值为起道设定值。

b. 作业结束顺坡。

到达顺坡点，结束起道抄平作业，按照规定的顺坡率均匀减少前端起道量旋钮的设定值。待起道输入数据显示器的显示值为零后，继续均匀减小该值。即向负值发展，直至左、右起道指示表的指针位于落道区，满足实际起拨道量为零，即结束顺坡作业。并告知后司机室结束起道抄平作业，然后将前端给定起道量旋钮恢复至"0"位。

c. 起道值显示。

前端给定起道量旋钮进行调整可得到所需要的起道量，顺时针转动使起道量增大，逆时针转动使起道量减小。起道量设定值由起道输入数据显示器显示。如要在显示器上检查设定的起道调整值，将起道输入数据选择开关置于相应的挡位，可以分别显示出总起道量、手动 + 激光起道量、ALC 起道量、手动给定起道量以及起道减少量。

d. 注意事项。

● 不宜在圆曲线上进行顺坡作业，严禁在缓和曲线上顺坡作业。作业中要随时注意观察左右起道指示表及横向水平表的指针摆动状态，加强与后司机室的协调联系，保证双方对起拨道量显示的一致性。

不能进行起道作业的地段包括：轨枕板、整体道床、未拆道口。桥梁、未拆护轨地段、车站等视具体情况而定。

② 拨道作业

a. 拨道开始。

● 按近似法进行拨道作业时，前端给定拨道值旋钮始终保持在"0"位。

● 采用精确法拨道时，需要在机器前方轨枕上提前做好拨道值的标记工作。操作人员随时注意捣固车前方轨枕上标记的拨道数值及拨道方向，并根据该值随时调整拨道量设定值。通过均匀地旋动前端给定拨道值旋钮，改变拨道设定值，使 D 点前张紧小车检测点的拨道值为设定值。

● 利用激光装置进行拨道作业时，作业开始时将激光作业控制主开关旋至作业"ON"位，前端给定拨道值旋钮始终处于"0"位。

b. 拨道结束。

● 作业结束时，按压拨道/横平指示转换按钮将拨道/横平指示表转至拨道显示，拨道/横平指示转换按钮指示灯灭。待前端给定拨道量旋钮保持在"0"位后，观察指示表指针偏转情况，当指针在红区内做微小摆动时，实际拨道量为零后，通知后司机室关断拨道控制主开关。

● 遇不能进行拨道作业的地段，在连续走行捣固车到达该地段前就应使设定的拨道值逐渐均匀地减少至 0，或者按照轨枕上已标记好的值（由精确测量得到的拨量值）进行输入。待拨道输入数据显示器的显示值为零后，检查拨道指示表的指针偏转位置，若指针处于红区内，则通知后司机室关断拨道控制主开关。

c. 拨道值显示。

● 拨道量设定值由拨道输入数据显示器显示，正值表示向右拨道，负值表示向左拨道。

● 如要在显示器上检查拨道设定值，将拨道输入数据选择开关置于相应的挡位，可以分别显示出：总拨道量、手动＋激光拨道量、ALC 拨道量、手动给定拨道量以及拨道正欠数据。

d. 注意事项：

● 作业中随时注意监视拨道指示表的指针摆动状态，加强与后司机室的协调联系，保证双方对拨道作业控制调整的一致性。不能进行拨道作业的地段包括：整体道床、木拆道口。桥梁、木拆护轨地段等，视具体情况而定。

（2）曲线地段的操作。

① ALC 自动作业。

a. 在进入曲线作业地段前，接通 ALC 电源，显示器进入计算机主界面，按下开始工作键。根据界面显示的提示信息，选择三点式或四点式拨道法。

b. 输入当天的作业开始位置（公里标等）。不需要考虑公里标位置的作业，输入任意一个大于车长 27 m 的公里标。

c. 设定好参数后，ALC 进入作业模式，通知后司机室开始起拨道作业。

d. 连续走行捣固车作业前行，当 D 点检测小车与输入 ALC 的同步点（线路特征点）位置相差 10 m 时，蜂鸣器发声提醒注意观察前方标记的同步点位置。D 点检测小车车轮到达该点，即刻按 "F4" 键确认同步。若 D 点检测小车已到达实际的同步点而测距系统的前测点距离同步点大于 10 m 时，ALC 未发出蜂鸣声，则先按 "F3" 键，再按 "F4" 键，使测距系统与实际距离同步，即捣固车设定里程数与实际线路里程数一致。

e. 曲线作业中需要设定同步的曲线点包括：直缓点、缓圆点、圆缓点、缓直点。

f. 作业时必须经常转换数字显示选择开关位置，以通过该开关上方的横向水平数字显示器对抄平状态进行监视，便于及时调整。

数字显示选择开关共有 5 个位置，分别控制不同的显示数据：

● 数字显示选择开关转到 "1" 位，横向水平数字显示器的显示值为 D 点检测小车 ALC 输出的横向水平值与实际水平值的代数差。

● 数字显示选择开关转到 "2" 位，横向水平数字显示器的显示值应等于 ALC 操作键盘上显示屏显示的 D 点检测小车的测量值。

● 数字显示选择开关转到 "3" 位，横向水平数字显示器的显示值为左、右股钢轨横向水平差值，负值表示右股较低，正值表示左股较低。

● 数字显示选择开关转到 "4" 位，未设置功能。

● 数字显示选择开关转到"5"位，横向水平数字显示器的显示值为 B 点检测小车处的横向水平差值。

g. 全部曲线作业结束后，先关闭 ALC 电源开关，再关闭监视器开关。

② 操作注意事项。

a. 作业中，随时注意监视拨道显示表的指针摆动状态。加强与后司机的协调联系，保证双方对拨道作业控制调整的一致性。

b. 作业中如遇到不能进行拨道作业的地段，在连续走行捣固车到达该地段前就应使设定的拨道值逐渐均匀地减少至零。或者按照轨枕已经标记好的数值进行输入，因为这些标记值是预先考虑到不能在前方某点实施拨道而设计的。待拨道输入数据数字显示器的显示值为零后，检查拨道指示表的指针偏转位置，若指针处于红区内，则通知后司机室关断拨道控制主开关。

3．作业结束

1）收车准备

（1）顺坡作业。

按照二号位（前司机）发出的指令进行顺坡作业，并将起道、拨道等补偿调零电位计数值逐渐恢复到零，前端给定理论超高电位计数字也回零。

（2）关断自动拨道系统。

听到二号位发出的关断自动拨道的指令后，将拨道控制主开关旋至"0"（左）位（网络版为按下抄平系统开按钮），开关指示灯灭。

如果作业中使用了过拨道自动控制开关，在关断拨道控制主开关前，须将过拨道调整电位计设定值递减至零，并将过拨道自动控制开关旋至"0"（左）位（网络版为按下过拨道开按钮，绿灯灭）。

（3）停车。

① 听到二号位发出的停止作业的指令后，并且左、右起道指示表在落道区，横向水平指示表指针已在红区范围内，鸣笛停止作业。

② 待连续走行捣固车停稳后将作业走行方向控制开关旋至中间位，切断走行控制信号。

③ 发动机加速器电子调整开关拧至左侧，降低柴油发动机转速。

2）放松测量弦

（1）旋动拨道弦张紧开关至垂直位，松开拨道弦线。

（2）旋动抄平小车升降开关至中位，放松抄平弦。

（3）将测量系统预加载开关旋至中间位，撤除各检测小车的横向预加载。

3）锁定作业装置

（1）锁定捣固装置。

① 将左、右捣固装置振动驱动开关阀逆时针旋紧，捣固装置振动马达停止工作。

② 将捣固装置自动横移控制开关按灭。

③ 旋动捣固装置操纵开关至左位，待捣固装置全提升后，旋动捣固装置锁定/解锁开关至左位，捣固装置锁定指示灯熄灭后（捣固装置锁定），再将捣固装置操纵开关旋至右位。

④ 拴上左、右两侧捣固装置的安全链。

（2）锁定枕端夯实器。

① 将枕端夯实器操作开关旋至"0"位（网络版为按下夯实器操作按钮，绿灯灭），夯实器振动马达停止工作。

② 将夯实器全提升开关旋至左位（网络版为按下夯实器提起按钮），提起枕端夯实器。

③ 按下夯实器锁定/解锁开关，枕端夯实器锁定指示灯熄灭。

④ 拴上两侧枕端夯实器的安全链。

（3）锁定起拨道装置。

① 按下夹钳轮张开按钮，起拨道装置的夹钳轮张开。

② 将起拨道装置全提升开关旋至右位，提升起拨道装置。

③ 确认起拨道装置已提升至锁定位置时，将起拨道装置锁定/解锁开关置于锁定位，锁定机构的锁钩闭合，将起拨道装置全提升开关旋至左位后分别按下左、右侧起拨道装置下降开关，锁定指示灯熄灭后表示起拨道装置锁定到位。

④ 分别调整左、右侧起拨道装置横向位置，拴上起拨道装置两侧的安全链。

（4）回收工作小车。

① 下压 B2 箱上"捣固小车'前进-后退'"开关，回收工作小车。

② 将气动控制面板上的"锁定和解锁捣固小车的气动阀（纵向固定）"和"锁定和解锁捣固小车的气动阀（横向固定）"开关旋至垂直位。

③ 通过"捣固装置向左/右侧手动给定位移量"两开关左右移动捣固装置，将捣固装置横向锁定。B19 面板上"捣固小车解锁指示灯"熄灭。

④ 下压 B2 箱上"捣固小车'前进-后退'"开关，纵向锁定工作小车，B19 面板上"捣固小车解锁指示灯"熄灭。

（5）固定激光小车。

① 从激光小车上卸下激光发射器及电源箱，放置于前司机室的固定位置。

② 把激光小车放置于材料车下部的激光小车存放托架上。

③ 拴上激光小车存放固定销。

4）锁定各检测小车

（1）锁定前张紧小车（D 点检测小车）。

① 锁定作业走行距离测量轮。

② 将前张紧小车升降开关置于提升位，使前张紧小车向上提起。

③ 将前张紧小车锁定/解锁开关置于锁定位，锁定机构的锁钩闭合，前张紧小车锁定指示灯熄灭。

④ 再将前张紧小车升降开关置于下降位，使前张紧小车与锁钩贴实。

⑤ 拴上前张紧小车两侧的安全链。

（2）锁定后张紧小车（A 点检测小车）。

① 将后张紧小车升降开关置于提升位，使后张紧小车向上提起。

② 将后张紧小车锁定/解锁开关置于锁定位，锁定机构的锁钩闭合，后张紧小车锁定指示灯熄灭。

③ 再将后张紧小车升降开关置于下降位，使前张紧小车与锁钩贴实。

④ 拴上后张紧小车两侧的安全链。

（3）锁定拨道小车（C 点检测小车）。

① 将拨道小车升降开关置于提升位，使拨道小车向上提起。

② 将拨道小车锁定/解锁开关置于锁定位，中间测量开左、右侧锁定机构闭合，拨道小车锁定指示灯熄灭。

③ 再将拨道小车升降开关置于中位，使拨道小车与锁钩贴实。

④ 拴上拨道小车两侧的安全链。

（4）锁定测量小车（B 点检测小车）。

① 将测量小车升降开关置于提升位，使测量小车向上提起。

② 将测量小车锁定/解锁开关置于锁定位，锁定机构的锁钩闭合，测量小车锁定指示灯熄灭。

③ 再将测量小车升降开关置于下降位，使测量小车与锁钩贴实。

④ 拴上测量小车两侧的安全链。

（5）锁定抄平小车。

① 将抄平小车升降开关置于提升位，使抄平小车向上提起。

② 将抄平小车锁定/解锁开关置于锁定位，抄平小车锁定指示灯熄灭。

③ 插入抄平小车两侧锁定销。

网络版为选择 A、B、C、D 抄平小车按钮，按下测量小车按钮、测量小车解锁按钮、测量小车下降按钮。

5）后司机室作业开关回位

检查以下开关：

（1）捣固装置辅助下插控制开关旋至"0"（上）位（网络版为按下捣固装置辅助下插控制开关按钮，绿灯灭）。

（2）捣固装置下降速度控制开关拨到"1"（左）位（网络版为按下捣固装置下降速度控制开关按钮，绿灯灭）。

（3）捣固装置下降速度增益开关拨到"1"（左）位（网络版为按下捣固装置下降速度增益开关按钮，绿灯灭）。

（4）夯实器左右选择开关旋至中位（网络版为按下夯实器左右选择左右按钮，绿灯灭）。

（5）夯实器作业开关旋至"0"（中）位（网络版为按下夯实器作业开关按钮，绿灯灭）。

（6）拨道控制主开关旋至"0"（左）位（网络版为按下夯实器作业开关按钮，绿灯灭）。

（7）过拨道自动控制开关旋至"0"（左）位（网络版为按下过拨道自动控制开关按钮，绿灯灭）。

（8）三点法拨道开关旋至"0"（左）位，开关指示灯灭。

（9）自动过度拨道开关拨到"0"（左）位（网络版为按下自动过度拨道开关按钮，绿灯灭）。

（10）测量系统零点调节用电位器数字回零（网络版显示屏上输入0）。

（11）过拨道量电位器数字回零（网络版显示屏上输入0）。

（12）控制主开关旋至"0"（左）位，开关指示灯灭（网络版为按下起道控制主开关按钮，绿灯灭）。

（13）夹钳轮脱轨感应开关旋至"0"（左）位，开关指示灯灭（网络版为按下夹钳轮脱轨感应开关按钮，绿灯灭）。

（14）确认所有锁定指示灯均灭。

6）前司机室作业开关复位

（1）前端给定起道量旋钮回零。

（2）前端给定拨道量旋钮回零。

（3）前端给定理论超高电位计回零并锁定。

（4）理论正矢给定电位计回零并锁定。

（5）激光作业控制主开关旋至"0"位。

（6）激光接收器开关旋至充电位。

（7）关断记录仪电源开关。

7）作业转换

将连续走行捣固车从作业状态转换成运行状态。

（1）作业气动塞门手柄置泄压位，关闭作业风路（网强版为按下作业气动塞门手柄，白色按钮灯灭）。

（2）将车轴支承开关阀拨至走行位，液压支承卸荷。

（3）操作单独制动阀（小闸）手柄，施加制动压力不小于 200 kPa 的空气制动力。

（4）按顺序开启液压系统开关阀，并拧紧作业压力开关阀：

① 作业油路蓄能器开关阀。

② 高压油路开关阀。

③ 高压油路蓄能器开关阀。

④ 中间捣固镐臂张开压力开关阀。

（网络版为按下"作业系统压力"按钮，灯灭）。

⑤ 在征得二号位同意后，按下"安全系统打开"开关，绿灯熄灭。

⑥ 将作业控制主开关旋至"0"（左）位，切断作业主电源，开关指示灯灭。

⑦ 检查确认作业主驱动脱挡指示绿灯亮。

⑧ 检查确认辅助驱动脱挡指示绿灯亮。

⑨ 接到其他号位收车完毕的指令后，按下发动机停机按钮。

⑩ 待柴油发动机停机后，将两台液压泵和一台走行泵离合器"接合-脱开"手柄转至"脱开"位。

⑪ 根据作业情况，对全机的各部位进行安全检查，以确保各装置及机构处于可靠状态。

4. 连挂返回驻地

DCL-32 型连续走行捣固车作业结束后的连挂操作和连挂运行中的注意事项与进入作业地段前的内容一致。

5. 交班前的维护保养

DCL-32 型连续走行捣固车收工返回驻地后，机组人员必须对机械进行必要的维护保养。维护保养工作按照"一检、二修、三给油、四擦车"的作业程序进行。

"一检"就是要细心彻底地做好连续走行捣固车的日常检查工作，检查机器各部有无异常现象，排除空气制动系统风缸内的积水。

"二修"就是针对当日机械在运行与施工作业中出现的故障或故障隐患进行修理，做到处理事故不过夜，保证生产施工按计划正常进行。

"三给油"就是按机械的使用、保养要求，给各磨动部位加注适当规格、适当数量的润滑油，以延长机械的使用寿命。

"四擦车"就是由机组人员对使用机械进行清扫保养作业。由于大型养路机械施工环境恶劣，每天都会有大量的灰尘覆盖。

子任务二　标准化作业岗位实操

一、工作任务

通过学习作业标准与岗位职责，能承担以下工作任务：

（1）能够明确各岗位操作内容、操作标准、步骤。

（2）能够按岗位进行捣固车的操作。

二、相关配套知识

DCL-32 型连续走行捣固车须配备 5 个号位的操作人员，共同完成连续走行捣固车的操纵与作业。

DCL-32 型连续走行捣固车各操作号位分布如图 4-106 所示。一号位在后司机室，主要负责作业车工作装置的操作，并配合二号位进行作业操作；二号位在前司机室，主要负责加载方向的确定、作业数据的输入和 ALC 操作，同时监视作业前方线路；三号位在连续走行捣固车的左侧，负责监视作业车左侧各部位的工作状态；四号位在连续走行捣固车的右侧，负责监视作业车右侧各部位的工作状态；五号位在连续走行捣固车的运行前方，负责线路状态调查和激光准直系统的操作。

四号位

材料车	后司机室 一号位	工作装置区	前司机室 二号位	五号位

三号位

图 4-106　DCL-32 型连续走行捣固车各操作号位示意图

1．岗位实操编制依据

根据大型养路机械在铁路线路养护中的作业功能，施工流程和《大型养路机械使用管理规则》《DCL-32 型连续式捣固车操作手册》《DCL-32 型连续式捣固车保养手册》《普速铁路线路修理规则》《高速铁路有砟轨道线路维修规则》《普速铁路工务安全规则》《高速铁路工务安全规则》等系列规章现列岗位作业标准如下。

2．一号位作业实操标准

1）作业准备

每日按照司机长安排完成相应检查保养项目，确保设备状态良好。

参加班组点前交班会，明确掌握环境情况、任务安排、作业要求、安全卡控重点，并做好风险预想。

穿戴有反光标志的标准防护服，出乘时集中行走，上车前列队点名。

2）作业程序（见表 4-14）

表 4-14　一号位操作标准

项目	作业程序及质量标准	安全提示	备注
1. 动车前检查	1.1 检查后拖车无易燃杂物，装载无超载、偏载、集重。 1.2 检查生活发电机外观正常无渗漏；按线刻度检查发电机机油油位，不足时补充。 1.3 检查司机室各灭火器压力指示正常，无过期，每周填写检查记录，异常时及时向司机长汇报。 1.4 打开后司机室车载电台，进行通话试验，确认正常。 1.5 将蓄电池电源钥匙开关和发动机启动钥匙开关打到 1 位，打开网络电源开关，打开视屏监控系统。 1.6 检查确认后司机室一号位作业位置的 B2、B8、B19、B51、B52 箱各开关位置正确、指示灯显示正常。 1.7 检查确认后司机室空调开关在关闭位。 1.8 请示司机长，得到允许后按要求从司机室启动生活发电机。 1.9 将检查结果向司机长汇报，对不正常的项目请示司机长回复处理	1. 检查过程中注意力集中，注意人身安全，防止挤手碰脚。 2. 检查完毕，向司机长汇报检查情况，未经允许不得启动发动机	

项目	作业程序及质量标准	安全提示	备注
2. 自轮运行进出封闭区间	2.1 监控 B8 箱作业装置锁定指示灯显示正常(红灯灭)。 2.2 监控作业区域各作业装置锁定状态良好,发现异常及时报告。 2.3 监听卫星小车转向架、后转向架周围各部无异响,发现异常及时报告。 2.4 监护后司机室乘坐机械车人员安全,确认后司机室外安全防护杆搭设牢靠	1. 监控中精神集中,严禁打瞌睡。 2. 夜间运行必须打开一号位区域作业灯	
3. 放车作业	3.1 到达作业地点,按照司机长安排,到车下解除本线一侧作业装置安全绳、安全销;上车到后司机室。 3.2 请示司机长是否可以放车,得到允许后,打开作业总开关（1 位）。 3.3 分别打开气动总开关、液压系统总开关（开关打到 1 位）。 3.4 按下作业系统压力按钮、轴支撑压力按钮和捣固小车支撑压力按钮,建立作业系统压力、大车支撑压力和捣固小车轴支撑压力。 3.5 将作业系统开始按钮按至绿灯亮（2~3 s）。 3.6 全部建压后,通知二号位缓解空气制动。 3.7 确认Ⅰ、Ⅱ、Ⅲ轴马达离合器接通（B19 箱绿灯亮）,如果未成功挂上,可以按照司机长指示前后动卫星小车和大车（动车前先鸣笛警示）使其挂上,然后避开线路障碍物放车。 3.8 卫星小车置后位,按下卫星小车纵向、横向锁定开关,按下卫星小车自动横移开关,鸣电喇叭一长声,前移卫星小车,捣固装置对位。 3.9 提升 A、B、C、D 点小车和抄平小车（M 点）然后解锁并发下各测量小车,确认各测量小车指示灯（红灯亮）。 3.10 按下夹钳提升按钮,打开夹钳锁定开关（指示灯变红灯）,与三、四号位配合降下起拨道装置。 3.11 放捣固装置,先将捣固头控制开关打到左位,将捣固装置提升,然后按下捣固装置解锁按钮（指示灯变红灯）,调整下插深度至“0”位,确认对中后,鸣电喇叭一长声,左脚踩下捣固装置下降踏板,放下捣固装置。 3.12 左、右夯拍器提升并解锁后,鸣电喇叭一长声,左脚再次踩下捣固装置下降踏板,确认放下夯拍器,将夯拍装置控制开关键关闭,使用夯拍时置打开。 3.13 确认各测量小车下降到位,打开弦线张紧开关,确认弦线张紧。 3.14 根据二号位通知选择测量小车基准股、加载方向。 3.15 按司机长指令,在 B19 显示器界面调整下插深度值至 100,操作捣固架试捣一镐,确认无异常后下插深度值调至 360。 3.16 准备完毕报告司机长	1. 严格执行放车双确认制度,负责对工作装置、测量小车指示灯、仪表显示的确认。 2. 在启动发动机、收放作业装置、作业走行及作业前应先鸣电喇叭警示。 3. 作业中随时观察捣固装置横移变化,确保捣固横向对中。 4. 进入作业前,确认左右两侧起道表指针在红区右侧	1. 放车须双确认的安全绳、安全销、工作装置内容如下: D 点测量小车、起拨道装置、C 点测量小车、捣固装置、M 点测量小车、夯拍装置、B 点测量小车、A 点测量小车

项目	作业程序及质量标准	安全提示	备注
4. 捣固作业	4.1 接到司机长允许作业通知后，鸣电喇叭一长声，闭合夹钳，开始作业。 4.2 与二号位共同确认拨道表指针位于红区，并将拨道控制主开关打开。 4.3 根据线路条件调整夹持时间，下插深度以及大小车走行速度，一般情况夹持时间不少于0.6 s，下插深度拨盘值不少于360。 4.4 捣固作业，打开左右侧振动，按下抄平系统开关键，捣固转换开关选择"单次捣固"，左脚踩下捣固装置下降踏板并保持，捣固完毕后，捣固装置自动提升至上位后随动小车向前行，待行至下一个捣固区域时左脚松开踏板，随动小车停止；左脚再次踩下捣固装置下降踏板，又一个自动捣固作业循环开始。当需要进行2次或3次捣固时，可按下2次捣固开关或3次捣固开关，选择起道并保持模式，捣固装置自动捣固2次或3次后，随动装置才能前行。 4.5 遇到接头及绝缘地段增加捣固次数；遇到桥梁地段，调整下插深度；根据轨枕间距合理使用捣固装置加宽块。 4.6 根据作业区水平表显示及工务验收人员要求，调节相应电位计。 4.7 作业中需要退行时，鸣电喇叭两长声，等候3 s后，观察视频显示，与车下引导司机长确认后方可退行。 4.8 捣固作业中注意道岔、绝缘、电容、红外线、应答器等线上设备，与相关号位做好互控，按照司机长指令进行操作。 4.9 作业通过道岔时，按五号位在轨枕上标注的"四收一撤，过道岔"要求，与三、四号位配合收起夯拍器、收起拨道装置、捣固装置、M点小车并锁定，撤除拨道加载。 4.10 作业中停车等待时，降转速、关振动。 4.11 随时监控各作业装置是否正常。 4.12 捣固顺坡作业：收到二号位"开始顺坡作业"的指令，确认拨道表指针在红区，关闭拨道系统开关，指示灯灭，并通知二号位"拨道已关闭"。 4.13 作业后线路质量符合《修规》作业验收标准	1. 作业中遇到绝缘、电容、应答器、磁枕、钢轨连接线等线路设备，按照三、四号位的指挥和五号位所做标记，降低作业速度，采取谨慎对准或只起道不捣固。 2. 作业中严禁捣固装置前排捣镐越过标有"△"的轨枕。 3. 线路道床严重缺砟、镐头一次不能进入枕底面以下的板结地段应禁止捣固作业，道床翻浆冒泥地段不宜捣固作业。 4. 在坞工桥面作业时，必须事先拆除影响捣固作业的护轨，测定轨枕底下道砟厚度，如厚度不足150 mm时，严禁捣固作业。 5. 作业中听到电喇叭声，应立即停止作业。 6. 捣固车顺坡作业应选在平直地段上进行，原则上不在圆曲线上顺坡，严禁在缓和曲线上顺坡。应尽量避免两台捣固车在桥头、曲线、涵洞、绝缘信号机等处所搭砟顺坡	1. 线路高低、水平、轨向（直线）作业验收标准：$V_{max}>$160 km/h 正线：高低、水平、轨向（直线）不大于3 mm； 160 km/h ≥ V_{max} >120 km/h 正线：高低、水平、轨向（直线）不大于4 mm； V_{max} ≤ 120 km/h 正线及到发线：高低、水平、轨向（直线）不大于4mm。 2. 捣固下插深度：镐掌上边缘距枕底10～15 mm 对于不同钢轨及轨枕类型要及时调整捣固下插深度，按规定使用夯拍、稳定装置，增加道床横向阻力和密实度
5. 收车作业	5.1 接到二号位收车通知后，关闭作业油门，指示灯熄灭，发动机油门降低至怠速；按下左、右捣固装置振动压力开关，关闭捣固装置振动驱动，捣固装置停止振动。 5.2 关闭抄平系统开关、松开拨道弦、起道弦。 5.3 张开夹钳，在接三、四号位确认夹钳张开通知后，提升拨道装置并锁定，按下下降开关，直至起拨道装置锁定到位。 5.4 提升捣固装置并锁定，泄压时确认捣固架落实到位。 5.5 将左、右夯拍装置提升，确认提升到位后锁定。 5.6 点闭自动横移按钮	1. 严格执行收车双确认制度，负责对工作装置、测量小车指示灯、仪表显示的确认。 2. 岔区收车时，没有得到司机长指示严禁随意动车	1. 收车须双确认的安全绳、安全销、工作装置的锁定内容如下：D点测量小车、起拨道装置、C点测量小车、捣固装置、M点测量小车、夯拍装置、B点测量小车、A点测量小车

项目	作业程序及质量标准	安全提示	备注
5. 收车作业	5.7 提升各测量小车，与司机长确认 A、B、C、M、D 提升到位后，依次锁定。 5.8 将卫星小车置后位，锁定纵向锁；手动横移向左或右，锁定横向锁。 5.9 检查确认各作业装置锁闭指示灯显示正确（红灯灭）。 5.10 将作业系统开始按钮按至绿灯灭（2～3 s）。 5.11 按下作业系统压力按钮、轴支撑压力按钮和捣固小车支撑压力按钮，以关闭作业系统压力、大车支撑压力和捣固小车轴支撑压力。 5.12 分别关闭气动总开关、液压系统总开关（开关置 0 位）。关闭作业主开关（开关置 0 位）， 5.13 确认 Ⅰ、Ⅱ、Ⅲ 轴马达脱开（B19 箱红灯亮）。 5.14 按照司机长安排，到车下系上本线一侧作业装置安全绳、插好安全销	1. 严格执行收车双确认制度，负责对工作装置、测量小车指示灯、仪表显示的确认。 2. 岔区收车时，没有得到司机长指示严禁随意动车	1. 收车须双确认的安全绳、安全销、工作装置的锁定内容如下：D 点测量小车、起拨道装置、C 点测量小车、捣固装置、M 点测量小车、夯拍装置、B 点测量小车、A 点测量小车
6. 到达驻地	返回驻地后，关闭后司机室电台、空调，锁闭门窗	暖风状态下关闭空调时，须通风 1～2 min 后方可关闭	

3. 二号位作业实操标准

1）作业准备

每日按照司机长安排完成相应检查保养项目，确保设备状态良好。

参加班组点前交班会，明确掌握环境情况、任务安排、任务要求、安全卡控重点，并做好风险预想。

穿戴有反光标志的黄色防护服，携带岗位安全风险控制卡。

出乘时集中行走、上车前列队点名，按照司机长安排，详细记录当日施工重点注意事项，并做好安全风险预想。

将本车作业地段曲线资料提前输入 TGCS，精确法捣固时将设备单位提供的轨道参数数据储存至 TGCS 中，并对轨道参数数据进行模拟确认。

2）作业程序（见表 4-15）

表 4-15　二号位操作标准

项目	作业程序及质量标准	安全提示	备注
1. 动车前检查	1.1 检查发动机外观正常无渗漏；检查机油油位，不足时补充；检查发动机周围无易燃杂物。 1.2 检查 B13 箱保险无跳起。 1.3 检查柴油箱油位，油位低于中油窗下位时提示司机长。 1.4 打开前司机室车门，检查各灭火器压力指示正常，无过期，每周填写检查记录，异常时向司机长汇报。 1.5 打开前司机室车载电台，进行通话试验，确认通话正常	1. 检查过程中注意力集中，注意人身安全，防止挤手碰脚。 2. 检查完毕，向司机长汇报检查情况，未经允许不得启动发动机	

项目	作业程序及质量标准	安全提示	备注
1. 动车前检查	1.6 检查二号位作业位置的 B4 箱各开关位置正确，指示灯显示正常。 1.7 检查确认前司机室空调开关在关闭位。 1.8 观察前司机室司机位 B11 箱发动机机油压力表在 2~6 bar，ZF 变矩器缸温指示表、发动机缸温指示表、蓄电池电压指示表、ZF 变矩器工作压力指示表、发动机机油压力指示表和蓄电池充放电电流指示表均在正常值范围内，其他各报警指示灯熄灭。 1.9 请示司机长，得到允许后按要求从司机室启动一号发动机。 1.9 将检查结果向司机长汇报，对不正常的项目请示司机长回复处理	1. 检查过程中注意力集中，注意人身安全，防止挤手碰脚。 2. 检查完毕，向司机长汇报检查情况，未经允许不得启动发动机	
2. 自轮运行进出封闭区间	2.1 运行端为后司机室时，二号位在前司机室，确认前司机室自动制动阀（大闸）手柄/单独制动阀（小闸）手柄均置于运转位，且控线路情况。 2.3 按司机长要求，及时打开或关闭主补机转换（中继阀）开关。 2.2 监听发动机、前转向架周围各部无异常，发现异常及时报告。 2.3 监护前司机室乘坐机械车人员安全，确认前司机室外安全防护杆搭设牢靠	1. 监控中精神集中，严禁打瞌睡。 2. 夜间运行必须打开二号位作业灯	
3. 放车作业	3.1 按司机长要求施加 150~360 kPa 空气制动，确认中继阀打开，确认 GYK 主控权切换至前司机室，以便作业中监控。 3.2 打开 TGCS，调出数据，进入作业模式。 3.3 一号位放车作业完成后，按一号位请求缓解空气制动压力，将自动制动阀（大闸）手柄置于缓解位，单独制动阀（小闸）手柄置于运转位，确认制动压力表针回零后，通知一号位"制动已缓解"。 3.4 根据线路方向，通知一号位将加载股、基准股选择开关旋至相应侧，确认显示屏该项正确显示。 3.5 确认起道零点，调整起道给定电位计，使左右两侧起道表指针在红区右侧。 3.6 确认 B4 显示屏各按钮、指示灯和仪表显示无误后，通知一号位、司机长"二号位准备完毕"。 3.7 按照司机长要求，通知一号位驱动捣固车，到达"×××车作业起点"，按"顺坡率××‰"要求顺坡	1. 不间断监听电台，及时观察邻线来车情况，邻线来车时，及时鸣风喇叭警示（上行来车两长声，下行来车一长声），同时向相邻机械车预报、确保来车信息。 2. 监控制动压力，防止机械车溜逸	
4. 捣固作业	4.1 监控发动机运转有无异响、报警，发现异常立即停机。 4.2 根据五号位测量轨温数据，将作业前、中、后轨温数据填写在无缝线路施工轨温记录。 4.3 观察拨道表指针在红区内，通知一号位打开拨道开关。 4.4 密切观察轨枕上标注的起拨道量数值并按其进行起拨道量给定	1. 保持电台的畅通，及时观察邻线来车情况，邻线来车时，及时鸣风喇叭警示（上行两长声，下行一长声），同时向相邻机械车预报、确保来车信息	1. 一般情况下不在圆曲线上顺坡，严禁在缓和曲线上顺坡结束作业。 2. 顺坡率要求：允许速度不大于 120 km/h 的线路不应大于 2.0‰，允许

项目	作业程序及质量标准	安全提示	备注
4. 捣固作业	4.5 监视拨道表、抄平表显示是否正常，TGCS 显示的作业位置是否同线路实际位置一致。 4.6 监视作业前线路水平、起拨道量情况，及时反馈给一号位，以便调整。 4.7 遇不良线路或小半径曲线（$R<800\,m$），关闭前转向架液压轴支撑。 4.8 进入曲线前与五号位核对曲线要素，圆曲线搭接作业时及时与相邻车辆核对曲线要素。 4.9 作业接近曲线，TGCS 发出模拟同步点接近蜂鸣告警时，可按下 TGCS 键盘上"F2"键消除告警音，D 点测量小车到达实际的同步点，按下"F3"按钮（须五号位指挥停车对标）；D 点小车到达实际同步点而 TGCS 未发出模拟同步点接近蜂鸣告警时，按下"F4"按钮；同时确认 TGCS 进入曲线工作模式。 4.10 将五号位写在轨枕上的内容准确及时地传达给一号位，遇前方有障碍物需要指挥时及时通知司机长。 4.11 当 D 点小车到达五号位标注的"×××车作业终点"时，按"顺坡率××‰"要求开始顺坡作业，拨道表指针回红区后，通知一号位"关闭自动拨道"；左、右抄平表指针到右侧底部时，通知一号位"作业结束"	2. 作业中遇车前人员距机械车接近 10 m 时，立即鸣电喇叭提示人员下道，不足 10 m 时通知一号位停车，必要时施加空气制动。 3. 与前端机械车保持 10 m 以上作业距离，不足 10 m 时，通知一号位停车等待。 4. 接近岔区前观察拨道表指针在红区时，通知一号位关拨道	速度为 120（不含）～160 km/h 的线路不应大于 1.0‰，允许速度大于 160 km/h 的线路不应大于 0.8‰。 3. 在无缝线路地段作业时，作业轨温条件应为：一次起道量小于 30 mm，一次拨道量小于 10 mm 时，作业轨温不得超过实际锁定轨温±20 ℃；一次起道量在 31～50 mm，一次拨道量在 11～20 mm 时，作业轨温不得超过实际锁定轨温 −20～+15 ℃
5. 收车作业	5.1 作业结束后，施加 150～360 kPa 空气制动。 5.2 关闭 TGCS。 5.3 核实当日作业量，并填写相关作业记录、验收等文件	保持电台的畅通，及时观察邻线来车情况，邻线来车时，及时鸣风喇叭警示（上行两长声，下行一长声），同时向相邻机械车预报、确保来车信息	
6. 采用激光作业	6.1 引导一号位达到激光作业起点并停车，确认手动拨道量为零，拨道显示在红区，施加空气制动。 6.2 下车安装激光接收靶，完毕后上车。 6.3 点亮激光作业模式选择按钮，ADJ 指示灯亮。接到五号位"机械调试已完成，可以对激光"的通知后，与五号位配合开始激光对准，直到 B4 箱上 3 个激光拨道指示灯（横向）中的中间指示灯亮起，完成激光对准。 6.4 如果车头位置处的拨道不为零，按照当前车头的横向偏移，点动 ADJ 微调抵消掉车头横向偏移量。 6.5 激光对准后开始作业前，将激光作业模式选择开关点亮至"作业位"。 6.6 用电台通知五号位及司机长"激光拨道作业已准备就绪"，得到五号位的回复后，通知一号位"开始作业"。 6.7 作业到达激光发射小车前，确认拨道为零，通知一号位停车，通知五号位前推激光小车。 6.8 然后重复 6.3、6.4、6.5、6.6 步骤。 6.9 到达当日任务结束点时，检查拨道量输入数据，当仍有拨道量时，需点灭激光作业模式选择开关，手动加入该拨道量进行人工顺坡。 6.10 作业完成后收起激光接受靶，对小车进行充电	激光起拨道时，提前顺坡，对激光时通知一号位加上振动并提高作业油门	
7. 到达驻地	返回驻地后，关闭前司机室车载电台、列车接近报警电台、空调、锁闭门窗	暖风状态下关闭空调时，须通风 1～2 min 后方可关闭	

4．DCL-32型连续式捣固车三、四号位（司机长）作业实操标准

1）作业准备

每日按照保养安排完成相应检查保养项目，确保设备状态良好。

参加工队交班会，确认本车组生产任务、安全关键点、卡控措施、线路状态、曲线及坡度资料、保养重点等，针对性提出本车组设备状态，作业准备情况。

针对工队交班会内容，组织本车组点前交班会及点名会，安排好人员分工，重点是防护员安排，结合车组任务进行安全预想，提出卡控措施及卡控人，做好风险预警。

穿戴有反光标志的黄色防护服，携带岗位安全风险控制卡、录像手电等设备。

召集本车组人员出乘集中行走，上车前列队点名，再次强调本次作业中关键卡控环节及安全风险预警要求。

2）作业程序（见表4-16）

表4-16　三、四号位作业实操标准

项目	作业程序及质量标准	安全提示	备注
1. 动车前检查	1.1 准备好检车锤、录像手电、手持电台。 1.2 按照先车下后车上，车下先四周、后车辆底部，车上先机械、后机具、再备品的顺序，以前司机室车钩前部为始点，依次向右侧检查，眼看、锤敲、录像。 1.2.1 车下检查内容：车钩状态、折角塞门、大灯、防护灯、雨刷器、转向架、作业装置锁定、拨道弦、安全链、传动轴及安全框架、车轴齿轮箱油位、ZF油位、储风缸及各悬挂部件。 1.2.2 车上检查内容：安全防护杆、后拖车装载、应急机具、行车备品、各种证件。 1.3 确认各项检查无异常后，通知2号位启动发动机	1. 确认机械防护员到位，与防护员通话实验良好，确认邻线无车时方可进入邻线一侧检查，不得侵越驻地安全防护绳（线）或两线间中心线。 2. 检查过程中注意力集中，注意脚下障碍物，防止挤手、碰脚、滑倒、摔伤	
2. 放车作业	2.1 到达本车作业地点，安排好防护员。 2.2 通知二号位施加150～360 kPa空气制动。 2.3 将运行监控记录装置GYK切换为区间作业防碰模式，关闭大机防溜功能，正确输入施工里程。将GYK主控权切换为前司机室端。 2.4 确认机械车防护员到位后，解除邻线一侧各作业装置安全绳、安全销，完成后返回本线，确认本线一侧安全、安全销全部解除。 2.5 确认邻线所有工作完成，通知机械车防护员撤离，通知二号位做好防护。 2.6 根据五号位的汇报，确认车下无影响作业的障碍物，如有，指挥一号位驱动机械车避开障碍物放车作业。 2.7 配合一号位放下A、B、C、M、D点测量小车，确认各小车放置到位。 2.8 配合一号位放下起拨道装置，确认放置到位。 2.9 配合一号位放下捣固装置，确认放置到位。 2.10 一、二号位均已准备就绪后，通知一号位将夹钳轮置张开位，下插深度拨盘值调到100，操作捣固架试捣一镐，确认无异常。 2.11 确认发动机运转正常无异响。 2.12 各号位检查均无异常情况时，通知一、二号位"开始作业"	确认机械防护员到位，与防护员通话实验良好，确认邻线无车时方可进入邻线一侧检查，不得侵越两线间中心线。 放车及解绳过程注意力集中，注意脚下障碍物，防止挤手、碰脚、滑倒、摔伤	放车须双确认的安全绳、安全销、工作装置内容如下：D点测量小车、起拨道装置、C点测量小车、捣固装置、M点测量小车、夯拍装置、B点测量小车、A点测量小车

项目	作业程序及质量标准	安全提示	备注
3. 捣固作业	3.1 本线一侧监视捣固区各工作装置、管路、传感器、测量小车状态。（需邻线检查时，须防护员到位，确认邻线无车后利用列车间隔检查。） 3.2 监视发动机运转有无异响、渗漏，发现异常立即通知二号位停机。 3.3 遇道岔、绝缘、电容、红外线、应答器、磁枕、钢轨连接线等地段不能正常作业时，鸣电喇叭一长声，停车后，指挥一号位作业。 3.4 遇作业后线路质量不良及时通知一号位调整或返工。 3.5 需要退行时，到机械车后部引导一号位退车，遇特殊情况通知一号位停车。 3.6 道岔、绝缘、电容、红外线、应答器、磁枕、钢轨连接线等地段作业后，与电务、车辆、供电等部门人员共同确认各线路设备状态良好	1. 使用电台指挥一号位作业时，必须避开防护报车等重要通话时段。 2. 指挥一号位作业时，保证电台畅通、声音清晰。 3. 遇线路设备损坏时，及时汇报工队长并与管理部门协调解决	熟知《修规》相关内容。顺坡率执行第3.8.4条标准。作业轨温执行第4.7.7条标准。静态验收作业质量执行第6.2.1条标准
4. 收车作业	4.1 二号位顺坡完成后，指挥一号位向前或向后动车，给工务验收人留出测量位置。 4.2 与工务人员共同确认线路质量，分别在《大型机械维修作业验收证》上确认、签字。 4.3 配合一号位进行卫星小车横向锁锁闭。 4.4 配合一号位完成并确认A、B、C、M、D点测量小车，起拨道装置，捣固装置，夯拍器等作业装置提升、锁闭到位。 4.5 通知二号位在前司机室施加150～360 kPa空气制动，监控GYK状态。 4.6 安排一号位液压系统泄压、停机、摘泵、关作业主开关，收到一号位"一号位收车完毕，各开关位置正确，仪表指示灯显示正常"信息后，安排一号位下车，系好本线一侧安全绳，插好M点安全销。 4.7 确认本车机械车防护员到位，确认邻线无车后，系好邻线一侧安全绳，插好M点安全销。 4.8 使用录像手电，按照先邻线再本线的顺序绕车一周，检查确认各作业装置、测量小车锁闭到位，安全绳销设置良好。 4.9 确认本车邻线所有作业完成后，通知本车机械车防护员撤离	1. 确认机械防护员到位后方可进入邻线一侧作业，不得侵越两线间中心线。 2. 收车及系绳过程注意力集中，注意脚下障碍物，防止挤手、碰脚、滑倒、摔伤	收车须双确认的安全绳、安全销、工作装置的锁定内容如下：D点测量小车、起拨道装置、C点测量小车、捣固装置、M点测量小车、夯拍装置、B点测量小车、A点测量小车
5. 采用激光作业	5.1 作业前与五号位配合将激光小车放在捣固车前方钢轨上，推至离捣固车200～300 m处，并完成激光发射枪的安装、调整、锁定、对准。 5.2 作业中需要继续第二段激光作业时，仍执行5.1条步骤。 5.3 作业后与五号位配合将激光小车拆卸并放至规定位置	1. 激光作业时，监护其他作业人员不得在光束前穿行。 2. 任何操作均不得侵越邻线，邻线来车时及时下道避车	
6. 到达驻地	关闭（或通知五号位关闭）GYK电源、CIR电台电源、轴温监控装置电源，关闭机械车电瓶钥匙开关	确认延时照明灯全部熄灭方可离开	

5．DCL-32 型连续式捣固车五号位（司机长）作业实操标准

1）作业准备

每日按照司机长安排完成相应检查保养项目，确保设备状态良好。

参加班组点前交班会，明确掌握环境情况、任务安排、作业要求、安全卡控重点，重点掌握作业地段线路设备情况及曲线要素，并做好风险预想。

穿戴有反光标志的黄色防护服，携带岗位安全风险控制卡。

出乘时集中行走，上车前列队点名。

2）作业程序（见表 4-17）

表 4-17　五号位作业实操标准

项目	作业程序及质量标准	安全提示	备注
1. 自轮运行进出封闭区间	2.1 运行端为前司机室时，五号位在后司机室，确认后司机室自动制动阀（大闸）手柄/单独制动阀（小闸）手柄均置于运转位，盯控线路情况。 2.2 在后司机室时，监听后转向架、后拖车周围各部无异响，监视后拖车运载物，发现异常及时报告。 2.3 监护后司机室乘坐机械车人员安全，确认各安全防护杆搭设牢靠	1. 监控中精神集中，严禁打瞌睡。 2. 夜间运行必须打开后司机室下部作业灯	
2. 放车作业	2.1 调查放车地段车下障碍物，向司机长汇报。 2.2 测量作业前轨温，通知二号位记录		
3. 捣固作业	3.1 与工务验收人员确认作业起点位置，在轨枕中间标明"03××车作业起点""顺坡率××‰"。 3.2 确认线路符合规定的大机进入条件。 3.3 遇绝缘、电容、应答器、磁枕、钢轨连接线、红外线、轧道铃等线路设备时，在设备前（影响起拨道装置作业时提前 10 根，其他情况提前 4 根）轨枕上标注障碍物名称及作业要求。在需要对正捣固的轨枕上画"○"符号，在有障碍物一侧轨枕上画"⊗"符号，在不能捣固设备的前后轨枕上画"△"符号，在鼓包鱼尾板处轨枕上画"#"符号。 3.4 遇作业通过道岔时，提前 10 根轨枕上标注"四收一撤、过道岔"，内容包括：收夯拍、收起拨道装置、收捣固装置、收 M 点小车、撤加载。 3.5 遇岔区、整体道床、钢梁桥、未拆道口、未拆护轨的桥梁、铺有宽枕等不能作业地段，及时提醒二号位顺坡。在不能作业地段前 10 根轨枕上标记"停止作业"并在轨枕上画"△"符号。 3.6 在钢轨接头处、桥梁两侧、隧道两侧画"‖"符号，提示一号位加强捣固。 3.7 遇到曲线，与二号位确认曲线要素，在同步点位置右侧钢轨轨面放石砟，在轨枕上写"注意同步点"，通过同步点后，与二号位确认 ALC 工作正常。 3.8 根据道床砟肩和障碍物情况，在该地段后（前）10 根轨枕中间写"收（放）夯拍"。 3.9 作业起点及进出曲线时，在轨枕上标注"注意横移"。 3.10 测量作业中轨温，通知二号位记录。 3.11 需要不顺坡后退返工时，重新在镐窝位置轨枕上标注"03××车镐窝"。 3.12 与工务验收人员确认作业终点位置，在轨枕上标注"03××车作业终点""顺坡率××‰"。 3.13 测量作业后轨温，通知二号位记录	1. 距机械车不得超过 50 m，曲线地段作业不得超过曲线缓长的距离。机械车返工推车时，跟随机械车后退至合理位置，重新调查线路。 2. 作业中严禁侵越邻线调查，邻线来车时及时下道避车。 3. 捣固车顺坡作业应选在平直地段上进行，原则上不在圆曲线上顺坡，严禁在缓和曲线上顺坡。应尽量避免两台捣固车在桥头、曲线、涵洞、绝缘信号机等处所搭茬顺坡	1. 顺坡率要求：允许速度不大于 120 km/h 的线路不应大于 2.0‰，允许速度为 120 km/h（不含）~160 km/h 的线路不应大于 1.0‰，允许速度大于 160 km/h 的线路不应大于 0.8‰。 2. 在无缝线路地段作业时，作业轨温条件应为： 　一次起道量小于 30 mm，一次拨道量小于 10 mm 时，作业轨温不得超过实际锁定轨温±20 ℃；一次起道量在 31~50 mm，一次拨道量在 11~20 mm 时，作业轨温不得超过实际锁定轨温 -20~+15 ℃

项目	作业程序及质量标准	安全提示	备注
4. 采用激光作业	4.1 与三、四号位配合将激光小车放在捣固车前方钢轨上，推至离捣固车 200～300 m 处。 4.2 选择线路上起道量、拨道量均为零的一点，将激光小车锁定基准股一侧，将激光发射枪护罩打开。 4.3 将激光发射枪安装到激光小车上，并用两个固定手柄将其锁紧。 4.4 将电源箱安装到激光小车上，将激光发射枪电源插头接到电源箱插座上，打开电源开关，电源指示红灯及激光发射枪上绿色发光二极管亮起。 4.5 旋动激光发射枪上水平位置摇杆，使激光发射枪水平位置对准水平标尺的"0"位；若该激光小车锁定位置处拨道量不为 0 时，将激光发射枪水平位置旋至需要的拨道量的刻度。 4.6 旋动激光发射枪上升降位置摇杆，将激光发射枪的高度对准线路所要求的普起量的刻度；若该激光小车锁定位置处起道量不为 0 时，将激光发射枪的高度对准线路所要求的起道量加普起量的刻度。 4.7 利用瞄准望远镜及激光发射枪上的微动旋钮将激光发射枪对准激光接收靶上的中线。 4.8 用电台通知二号位"机械调试已完成，可以对激光"。 4.9 配合二号位进行对准调试，当机械车外部激光拨道指示灯（横向）中的中间指示灯亮起（或同时激光抄平指示灯（纵向）中的中间指示灯亮起）时，及时通知二号位"激光对准完毕，可以开始作业"。 4.10 继续第二段激光作业时，仍需执行上述操作。机械车距激光发射小车 20 m 处停车后，与二号位用电台联系，得到二号位可以前推激光小车的通知后，将激光小车解锁推至下一点进行激光发射枪的安装、调整、锁定、对准。 4.11 作业中随时监视激光发射枪的工作状态，发现异常及时通知二号位停止激光拨道作业。 4.12 接到二号位"激光作业已结束，可以收回激光发射小车"的通知后，关闭激光电源箱上开关，拔掉激光电源插头。 4.13 与三、四号位配合将激光发射枪卸下放至前司机室中。 4.14 将激光发射小车从钢轨上卸开，装到前司机室的固定装置上并锁定。 4.15 将电源箱放到前司机室的电池座上，连接好电池充电插座，将开关旋至充电位，指示灯亮	1. 激光作业时，监护其他作业人员不得在光束前穿行。 2. 任何操作均不得侵越邻线，邻线来车时及时下道避车	
5. 到达驻地	5.1 返回驻地后，关闭后司机室空调，锁闭门窗	暖风状态下关闭空调时，须通风 1～2 min 后方可关闭	

复习思考题 >>>

1. 试述捣固车进行线路作业的基本原理。
2. 捣固车工作装置主要有哪些？各部分主要功能是什么？
3. 试述捣固装置的工作原理。
4. 什么是捣固装置异步夹持原理？
5. 捣固车液压系统主要有哪些作业回路？
6. 简述蓄能器的作用。
7. 起拨道装置主要由哪几部分组成？
8. 起拨道装置的工作原理是什么？
9. 起拨道装置的作用是什么？
10. 夯实装置主要由哪几部分组成？
11. 夯实装置的工作原理是什么？
12. 夯实装置的作用是什么？
13. 试述三点式检测原理。
14. 试述四点式检测原理。
15. 试述横向水平检测装置的组成。
16. 简述激光作业系统的基本原理。
17. 试述传感器的作用和捣固车使用的主要种类。

项目五　捣固车保养及常见故障处理 ▶▶▶

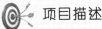 **项目描述**

任何设备使用的前提和基础是设备的日常维护和保养，设备维护保养包含的范围较广，包括为防止设备劣化、维持设备性能而进行的清扫、检查、润滑、紧固以及调整等日常维护保养工作；为测定设备劣化程度或性能降低程度而进行的必要检查；为修复劣化，恢复设备性能而进行的修理活动。

大型养路机械在铁路线路维修中发挥着重要的作用，设备保养的好坏直接影响到施工生产，因此，对大型养路机械的检修保养十分重要。建立一个有效的检修保养制度，将能更好地发挥大型养路机械的作用。

捣固车修程修制分为一级到五级。其中，一级修至三级修由运用单位组织实施，四级修由运用单位根据设备状态监测情况实施或送取得认证资质的单位实施，五级修由取得维修许可资质的单位实施。

一级修：日常检查保养。

二级修：包含一级修内容，为不同周期定期检查保养，含月、半年保养检修。

三级修：指每年对整机进行全面检查、测试，修复不良部件，恢复整机性能和功能。

四级修：包含三级修内容，一般周期为 6 年。根据整机状态，对某些系统、大部件进行状态检查或专门修理，修复不良部件，更换到期配件，恢复整机性能和功能。

五级修：指整机返厂大修。整机出厂运用 10～15 年或达到作业 4 000～5 500 km 时，进行返厂大修。从第 10 年起，根据上年三级修及设备使用技术状态由用户确定返厂大修时间。

通过本项目的学习，重点使读者掌握捣固车的保养要求与步骤，并能解决一些常见故障，为今后走上工作岗位，使用捣固车进行线路施工和维护工作打下良好基础。

拟实现的教学目标

1. 能力目标
（1）能区分捣固车一、二、三级检查保养内容。
（2）能按照需要进行捣固车的一、二、三级检查保养。
（3）能处理捣固车一些常见故障。
2. 知识目标
（1）熟悉捣固车柴油机、液压系统、捣固作业装置、制动系统的日常检查保养流程。
（2）熟练掌握捣固车维修保养的要求与步骤。
（3）掌握捣固车常见故障的处理方法。

相关案例五

2021年9月，唐包线集中修施工如期开展，作为捣固施工的"先锋"，呼和浩特工务机械段线路捣固二车间三工班工长张佐伟从施工首日就带队投入到紧张的施工中。

"张工，捣固车左侧捣固装置镐臂油箱漏油了！"一次，在日常保养机械车过程中，某班班长发现一台捣固车突发故障，通过对讲机报告。张佐伟立即与同事对机械车进行全面检查，发现是因为振动轴轴承滚珠损坏严重所致，必须更换作业装置。可作业场地有限、更换工具不全，更换重达4.5 t的捣固装置绝非易事。

"必须啃下这块'硬骨头'，保证明天施工正常开展！"车间主任下达死命令。故障必须解决，施工必须进行。张佐伟与同事们拆卸捣镐、传感器、振动马达，用叉车托起并安装作业装置，梳理固定油管、风管、螺栓。一直到次日凌晨4时，更换捣固装置作业终于完成，经测试机械车可以进行施工后，现场掌声久久不息。他们在短暂休息4个小时后，就又投入到当日的现场捣固施工中。

现场施工中，难免会遇到突发问题，但无论什么难题，都要及时解决。张佐伟总是当好表率冲锋在前。

有时针对秋季大风、降温天气频发，给现场捣固施工带来困难的实际，张佐伟总是提前一天了解线路状况，充分做好安全预想，制订次日施工计划。施工中，无论是在艳阳高照的大桥上，还是风雨交加的旷野中，他总是带领大伙儿严把标准，每一次都做到精捣细调，施工质量零缺陷。

任务一　捣固车日常检查保养要求

一、工作任务

通过学习捣固车日常检查保养知识，能承担以下工作任务：

（1）能完成捣固车日常检查保养工作。

（2）能说清楚日常保养的内涵。

二、相关配套知识

日常检查保养即一级修。大型养路机械每日工作后进行一次日常检查保养，应做到"四勤"，即勤清洗、勤检查、勤紧固、勤调整。

1．日常保养的基本要求

日常保养按照清洁、检查、润滑的要求进行。

（1）清洁：箱体、机体表面油迹、污渍用棉纱清洁。油、气管接头，表面镀铬、镀镍层的元件，用软布清洁，禁止使用棉纱。总成表面灰尘采用风管清除，电气总成、表面带密封元件的总成，禁止使用高压风直接吹扫。电气箱内部用吸尘器进行清洁。

（2）检查：检查包括观察、紧固、调整、更换4个内容。

① 观察：包含但不限于观察各连接螺栓状态，机体表面，箱体焊缝，是否存在零件缺损、油位不够、橡胶件是否龟裂老化等状态。

② 紧固：包含但不限于对连接螺栓、管卡抱箍等的紧固。

③ 调整：包含但不限于对夹轨轮相关部位的间隙调整、闸瓦间隙调整等。

④ 更换：包含但不限于对减振垫、捣镐、液压油管等的更换。

（3）润滑：对滑动副表面加注润滑油脂，转动部位润滑按相应的要求进行。部分油嘴和润滑部位可根据实际情况确定相应润滑周期。

2．电气系统

（1）蓄电池检查：蓄电池接线牢固，部件无缺失。

（2）电线电缆检查。

① 检查外部裸露电缆与运动部件无干涉、无破损。

② 各箱体之间连接电缆捆扎良好。

（3）电气控制柜检查。

① 清除电气箱操作面板表面的灰尘。

② 检查各操作面板开关固定良好，位置正确。

③ 电喇叭正常。

④ 内部通话清晰、洪亮、无噪声。

⑤ 司机室 220 V 电源插座正常，玻璃加热除霜正常。

⑥ 检查电气控制箱上的工艺孔、穿线孔密封良好。

（4）行车照明检查。行车照明灯正常；旋转警灯正常；制动灯、标志灯正常；扶梯灯及各装置作业照明灯正常；顶灯及司机室内照明灯正常。

（5）模块检查。清理模块表面灰尘；检查所有模块固定可靠，插头紧固；对应各模块在显示屏上无报警。

（6）行车电气检查。

① 发动机控制。检查柴油机调速、启动及停机功能正常；检查机油压力、缸体温度仪表显示在正常范围；显示面板无报警，如有报警检查对应元件报警原因。

② 液力机械换挡变速箱控制。脱挂挡显示正确；发动机启动后变扭器温度、压力显示在正常范围。

④ 仪表。检查各仪器仪表固定可靠，清洁表面灰尘；转速表、里程表、起道表、拨道表、电子摆显示正常，无输入时回零；仪表照明灯完好。

（7）作业电气检查。

① 捣固装置、起拨道装置和夯拍器。锁闭、解锁感应开关距离合适，信号正确；行程开关锁闭、解锁输出信号状态正常；起拨道在轨感应开关，夯拍器提升位、工作位感应开关距离合适，无擦碰，信号通断可靠。

② 传感器检查。检查捣固头深度传感器，拨道、测量、记录正矢传感器，四点法测量传感器、记录仪传感器、卫星小车位移传感器，左、右抄平传感器，电子摆配件无缺失，固定良好，接头可靠、无松动，弦线完好、无断股。

③ 记录仪检查。检查记录仪固定可靠，打印纸消耗完及时补充；开、关机正常，显示屏显示正矢、水平参数正常。

④ 电磁阀检查。各控制电磁阀插头螺栓、盖帽无缺失，固定良好；电磁阀接线与运动部件无擦伤。

（8）TGCS（ALC）检查。检查 TGCS（ALC）显示器、主机箱、键盘插头插接可靠；TGCS（ALC）开机、复位键功能正常；键盘输入键正常。

（9）GYK（LKJ）、无线列调检查。检查 GYK（LKJ）、无线列调主机、显示器固定可靠；按键输入、显示器显示参数正常；喇叭声音清晰、音量可调；电台通话、打印机工作正常；传感器安装牢固，安全绳安装牢靠。

（10）视频装置检查。清理摄像头罩表面灰尘，摄像头固定牢靠，无缺件；显示图像清晰、显示切换、数据保存正常。

（11）轴温监控、声光报警装置检查。各轴温传感器插头插接可靠，主机固定牢靠，无缺件；各轴温显示无异常；按下紧急制动时，声光报警装置报警。

3．液压系统

（1）液压油箱检查。

① 油位检查，油位处于上油窗 2/3 以上（见图 5-1）。

② 清洁液压油箱，检查油箱外观完好。

③ 检查液压油箱与主车架连接螺栓无松动，减振垫无破损（见图 5-2）。

图 5-1　液压油箱油位计　　　　　图 5-2　液压油箱固定螺栓和减振垫

④ 检查液压油箱上吸油过滤器、回油过滤器、呼吸器（见图 5-3）和放油阀（见图 5-4）安装牢固，无泄漏。

图 5-3　液压油箱呼吸器　　　　　图 5-4　液压油箱放油阀

（2）散热器检查。

① 清洁液压油散热器（见图 5-5）表面无异物阻挡，通风正常。

② 检查液压油散热器无漏油，安装座（见图 5-6）无裂纹，安装螺栓无松动。

③ 检查散热器风扇安装牢固。

（3）液压管路检查。检查各软硬管无泄漏，接头连接、管卡安装牢固，各液压软管与车体磨损部位应进行防护，软管无损伤、老化、龟裂（见图 5-7、图 5-8）。

图 5-5　散热器清洁

图 5-6　散热器安装座

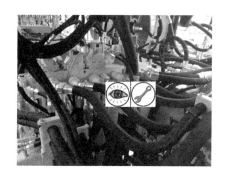

图 5-7　液压软管

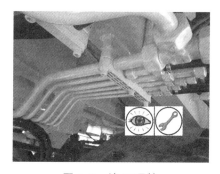

图 5-8　液压硬管

（4）液压阀件检查。

① 清洁液压控制阀（见图 5-9、图 5-10）。

② 液压控制阀的安装应牢固可靠，阀座与阀密封面无泄漏，阀组接头紧固到位，无泄漏。

（5）液压泵和液压马达检查。

① 清洁液压泵和液压马达（见图 5-11）。

图 5-9 液压阀件示例

图 5-10 液压泵示例

② 检查液压泵和液压马达固定无松动，端面无泄漏。

③ 液压泵各软管接头安装牢固，无泄漏。

④ 液压泵驱动离合器（见图 5-12）手柄脱挂动作正常。

注意：泵驱动离合器手柄均为推入断开，拉出接通。

（6）液压油缸检查。

① 清洁液压油缸。

② 检查液压油缸两端的连接销（或关节轴承）和开口销等应完好无损，缸体和活塞杆无磨损，密封件无泄漏（见图 5-13）。

③ 对油缸铰接处进行稀油润滑。

④ 活塞杆连接无松动（见图 5-14）。

图 5-11 液压马达示例

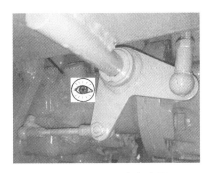

图 5-12 泵驱动离合器

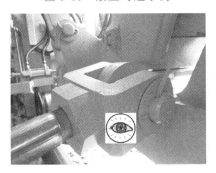

图 5-13 液压油缸连接销和开口销

图 5-14 液压油缸活塞杆

（7）蓄能器检查。

① 检查蓄能器固定螺栓无松动（见图5-15）。

② 检查蓄能器U形卡后部筋板，发现焊缝断裂应补焊修复。

图 5-15　蓄能器安装

（8）过滤器检查。

① 吸油过滤器（见图5-16）污染程度指示器真空表（见图5-17）处于绿区。

图 5-16　吸油过滤器

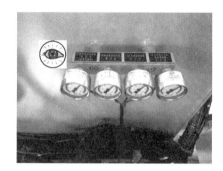

图 5-17　真空表

② 回油过滤器无报警（见图5-18，图5-19）。

图 5-18　回油过滤器（一）

图 5-19　回油过滤器（二）

③ 比例阀过滤器（见图 5-20）无报警。

④ 伺服阀过滤器（见图 5-21 位置 1）无报警。

为区别图上各过滤器和滤芯，更换时请查看滤芯上所标代号。

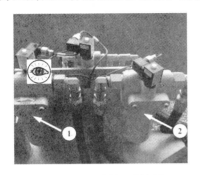 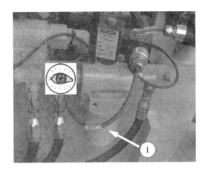

图 5-20　比例阀过滤器　　　　　图 5-21　伺服阀过滤器

（9）液压油温度检查。液压油温度指示正常。

4. 空气制动系统

（1）空压机。清除空压机表面灰尘、油污，目视检查空压机固定螺栓无掉落，出风管连接处无松动和漏风（见图 5-22）。

（2）风管。各风管固定管卡无松动，硬管连接、硬管与软管连接牢固，无漏风（需重点检查列车管连接管路及空压机连接管路）；检查制动软管连接器总成完好，外观无破损。

（3）风缸。打开总风缸、制动风缸、作用风缸等排水阀进行排水；目视检查卡箍固定螺栓无掉落，无松动，风缸安装支座无裂纹（见图 5-23）。

图 5-22　空压机　　　　　　　　图 5-23　制动风缸

（4）制动机。目视检查制动机固定螺栓无掉落，进出风管连接处无漏风；单独制动阀、自动制动阀手柄操作灵活，转动无卡滞现象，盖子固定螺栓无缺失，固定牢固可靠，盖子上标识清晰可见；单独制动阀、自动制动阀的制动、缓解功能正常。

（5）制动阀。目视检查分配阀、中继阀、遮断阀、紧急阀、安全阀、折角塞门、调压阀、梭阀等外观无损伤，固定螺栓无掉落，管路连接处无漏风（见图 5-24）。

（6）制动缸。目视检查制动缸固定螺栓无松动，开口销无缺失，闸瓦报警拉弦无脱落；检查制动缸最大行程不超过 120 mm，否则应调整（见图 5-25）。

图 5-24　制动阀

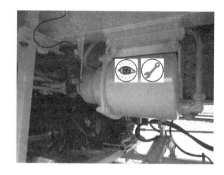

图 5-25　制动缸

（7）旁路制动。目视检查旁路制动电磁阀固定螺栓无掉落，连接线缆无脱落，开关功能正常（见图 5-26）。

（8）干燥器、集尘器。空气干燥器工作转换指示灯每 30 s 左右亮、灭转换一次，干燥器下侧消音器每 30 s 左右能听到排气声；打开排水阀排出集水器中的冷凝水（见图 5-27）。

图 5-26　旁路制动

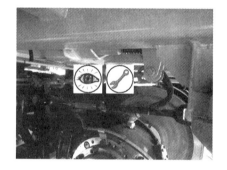

图 5-27　空气干燥器

（9）仪表。检查制动双针压力表显示正常，外观无破损，仪表灯工作正常。

5．基础制动

（1）制动拉杆。检查上、下制动拉杆两端连接销无掉落，开口销无缺失，调整螺母无松动（见图 5-28）。

（2）制动梁。清除制动梁上的油污、异物；检查制动梁两端和中间连接销无掉落，开口销无缺失；检查复位弹簧无掉落（见图 5-29）。

（3）闸瓦吊架总成。检查闸瓦总成配件齐全，闸瓦吊架、安全吊杆连接销、开口销无缺失，安全吊链完好，闸瓦无明显裂纹，闸瓦间隙为 5~10 mm，闸瓦厚度小于 15 mm 时更换（见图 5-30）。

（4）制动臂。检查一级和二级制动臂两端和中间连接销无掉落，开口销无缺失。

（5）安全托架。检查安全托架固定螺栓无松动、无缺失（见图5-31）。

图 5-28　制动拉杆

图 5-29　制动梁

图 5-30　闸瓦总成

图 5-31　托架

6．手制动

清洁手制动外观油污灰尘；操作手制动机手柄应灵活无卡滞；检查总成配件齐全，固定螺栓无松动，开口销无缺失（见图5-32）。

图 5-32　手制动

7．气动系统

（1）风源。打开作业电源开关，检查作业风表压力显示正常。

（2）管路。检查硬管固定管卡无掉落，硬管连接处、硬管与软管连接处无漏风。

（3）作业风缸。打开作业风缸排水阀排水；目视检查卡箍固定螺栓无掉落，无松动，风缸安装支座无裂纹（见图5-33）。

（4）作业气缸。清除气缸活塞杆表面污物；检查测量系统、锁定装置等加载、提升、锁定气缸安装牢固，气缸两端连接销，开口销无缺失；关节轴承外观完好，活动灵活。对气缸铰接处进行稀油润滑（见图5-34）。

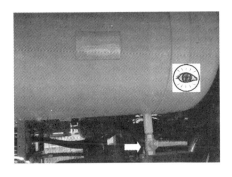

图 5-33　作业风缸　　　　　　　　　　图 5-34　气缸

（5）油水分离器及油雾器。清除表面污物；检查外观无破损，两端连接接头无松动；对油水分离器进行排水，观察油杯油量。

（6）气动阀。检查电磁阀外观无破损，固定螺栓无掉落，接头无松动、无漏气。

（7）操作开关。检查作业气缸控制开关，提升、下降功能正常；检查捣固装置、测量小车、起拨道装置等气锁装置的解锁锁闭功能正常。

（8）压力表。清除压力表上的污物；检查各小车压力、压力表显示正常，压力值根据线路状况在范围内调整，保证小车加载到位，不爬轨（见图5-35）。

图 5-35　减压阀

（9）风喇叭。检查风喇叭工作正常。

8．动力传动系统

（1）发动机。

① 检查柴油机进、排气软管（见图 5-36）无破损，波纹管箍无松动，防火材料无脱落。

② 清洁柴油机机身灰尘及油污，机身、排气管、涡轮增压器等部位不允许遗留棉纱、毛巾等杂物。

③ 检查机油和柴油无渗漏（见图 5-37）。

图 5-36　排气管

图 5-37　柴油箱

④ 检查机油油位（见图 5-38）。

⑤ 检查启动电机安装牢固，无脱落（见图 5-39）。

图 5-38　机油位检查

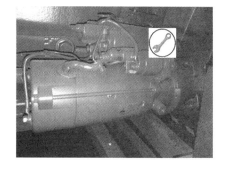

图 5-39　启动电机

⑥ 检查 24 V 发电机皮带张紧度；发电机安装支架固定螺栓无松动遗失（见图 5-40）。

⑦ 柴油机部件无缺失。

⑧ 检查柴油机地脚螺栓安装紧固无遗失，安装支架橡胶减振器无裂纹、安装螺栓紧固无遗失。

（2）液力机械变速箱。

① 清洁箱体总成表面灰尘及油污。

② 检查输入法兰、输出法兰螺栓防松标记无错

图 5-40　发电机皮带

位（见图 5-41）。

③ 检查各部位表面无渗漏，各连接螺栓、螺母无缺失，紧固牢靠，防松装置作用良好。

④ 检查末级离合器脱挂连杆螺栓无松脱（见图 5-42）。

图 5-41 法兰 图 5-42 末级离合器

⑤ 检查泵安装螺栓紧固牢靠，连接面无渗油。

⑥ 检查放油螺堵紧固牢靠，无渗油。

⑦ 检查变速箱各连接油管捆扎完好，与变速箱无干涉，无渗油。

（3）传动轴。

① 清洁各部件表面灰尘及油污。

② 检查传动轴各部位表面完好，各连接螺栓、螺母无缺失，紧固牢靠，防松装置作用良好，若发现法兰连接螺母松动，需成组更换自锁螺母并按规定扭矩紧固。

③ 检查保护支架紧固螺栓无缺失，焊缝无目视裂纹（见图 5-43）。

④ 每周需对发动机至液力机械变速箱处的传动轴十字节进行脂润滑（见图 5-44）。

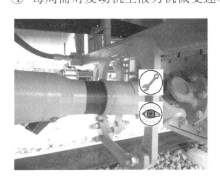
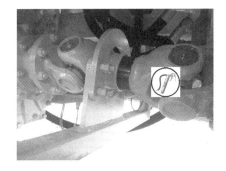

图 5-43 保护支架 图 5-44 传动轴

（4）分动箱、泵驱动齿轮箱。

① 清除箱体表面灰尘及油污。

② 油位应处于指示油窗 1/2 ~ 2/3 处。

③ 检查箱体无裂纹、漏油现象，连接螺栓无松动、脱落（见图 5-45、图 5-46）。

图 5-45　分动箱　　　　　　　　　　图 5-46　泵驱动齿轮箱

（5）固定轴（过桥轴，见图 5-47）。检查法兰盘安装螺栓防松标识线无移位。

图 5-47　过桥轴

9．走行系统

（1）转向架构架。清洁转向架构架横梁及侧梁部位表面灰尘油污。确保转向架构架上无油污、棉纱等易燃物。

（2）轮对。轮对外观检查，轮对弛缓线无位移，检查车轮踏面擦伤、剥离面积，按照《铁路货车轮轴组装检修及管理规则》规定的相应条款进行处理（见图 5-48）。

（3）车轴齿轮箱。

① 清洁箱体总成表面灰尘及油污，检查箱体表面、放油螺堵无渗油；连接螺栓、弹垫无缺失，紧固无松动；车轴齿轮箱检查油位，不足时添加重负荷车辆齿轮油，加到油箱油标上刻度线位（见图 5-49）。

② 目视检查液压马达、电磁阀安装表面无泄漏。

③ 脱挂挡机构动作灵活、可靠、作用良好，感应开关、行程开关和其附件安装牢固、无位移。

图 5-48　轮对

图 5-49　车轴齿轮箱

④ 对润滑泵进行检查，单次运行超过 100 km，用点温计检查轴承温度。

（4）扭矩拉杆。目视检查扭矩拉杆安装到位，连接部位无松动，减振垫无异常变形。

（5）轴箱及其悬挂装置。

① 清洁箱体表面，目视无裂纹、漏油、甩油现象。

② 轴箱盖表面无裂纹，紧固螺栓及弹垫无缺失、松动。

③ 目视检查橡胶弹簧无开裂、鼓包、变形、移位；螺纹钢弹簧无裂纹、折损、移位（见图 5-50）。

④ 清洁油压减振器表面，目视无漏油和卡死，外壳无松动（见图 5-51）。

图 5-50　橡胶弹簧

图 5-51　油压减振器

10．测量系统

（1）测量小车。

① 构架。每周检查各处结构件应无开裂及明显扭曲、变形等现象（见图 5-52）。

② 车轮。每周检查测量小车走行轮固定牢固、转动灵活，踏面无异常磨损（见图 5-53）。

③ 锁定机构。每日检查锁定机构表面无裂纹、破损，动作灵活可靠，锁定到位（见图 5-54）。

④ 安全链。每日检查安全链齐全无脱落，锁扣到位（见图 5-55）。

图 5-52　构架

图 5-53　走行轮

图 5-54　锁钩

图 5-55　安全链

⑤ 传感器及其固定。每周检查传感器外观无破损，安装螺栓固定可靠。

⑥ D 点小车激光接收靶安装。每周检查激光接收靶安装螺栓、垫圈、螺母等完整无缺失，固定牢固可靠。清洁接收靶滑移导柱（见图 5-56）。

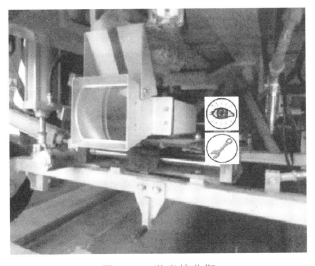

图 5-56　激光接收靶

（2）拨道。

① 弦线。检查各钢弦两端应夹紧，无断丝、折弯现象（见图 5-57）。

② 张紧气缸。每周检查弦线张紧气缸工作正常，活塞杆无磕伤，缸体无裂纹（见图 5-58）。

图 5-57 弦线

图 5-58 张紧气缸

③ B 点小车三点法锁定手柄。每周检查锁定手柄旋转灵活，锁定可靠。

（3）起道。

① 承载台。每周清洁检查 R、F 点探测杆下端滑动触头及承载台，加注润滑脂（见图 5-59）。

② 测量杆。每日清洁各测量杆，确保表面无灰尘杂物硬物（见图 5-60）。

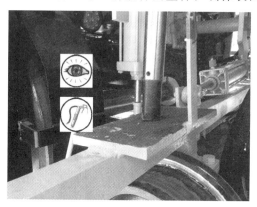

图 5-59 承载台

图 5-60 测量杆

③ 滑动套及轴承。

a. 每日在左右 M 点测量杆导向铜套加注润滑脂（见图 5-61）。

b. 每周在 R、F 点测量杆上部导向铜套加注稀油润滑（见图 5-62）。

④ 传感器安装座。每周检查抄平传感器安装座螺栓、垫圈、螺母完整无缺失，紧固到位。

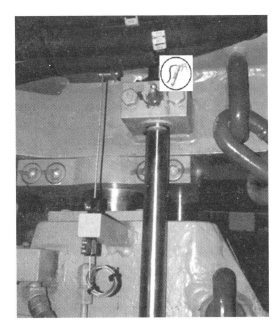

图 5-61　M 点导向铜套

图 5-62　R、F 点导向铜套

⑤ 弦线安装座。每周检查弦线安装座固定可靠，磨耗正常（见图 5-63）。

⑥ 弦线张紧装置。每周检查弦线张紧装置工作正常。

⑦ 测量杆锁紧弹簧。每日检查测量小车锁紧弹簧，确保其不缺失，性能正常（见图 5-64）。

（4）测量轮。每周检查测量轮安装螺栓等紧固到位，锁定可靠（见图 5-65）。

（5）D 点、B 点测量小车与车架连接。

① 安装座。目视检查安装座无裂纹、开焊现象。

② 安装销。检查安装销、衬套、平垫、开口销等完整无缺失，开口销功能正常。

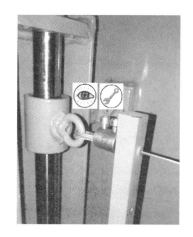

图 5-63　弦线安装座

图 5-64　锁紧弹簧

图 5-65　测量轮

（6）正矢记录弦。

① 弦线。检查各钢弦两端应夹紧，无断丝、折弯现象（见图 5-66）。

② 张紧气缸。每周检查弦线张紧气缸工作正常，活塞杆无磕伤，缸体无裂纹（见图 5-67）。

图 5-66　正矢记录弦

图 5-67　张紧气缸

（7）激光发射小车及装置。

① 安装耳销齐全无脱落，零部件无缺失。

② 每周检查各部件齐全完好，激光发射小车调整机构和锁定机构工作正常。

11．工作小车

（1）构架。

① 构架主要焊缝无裂纹。

② 悬臂梁无磨损。

（2）横移机构。

① 清洁工作小车横移导向梁，检查耐磨板表面无伤损，固定螺栓无松动（见图
5-68）。

图 5-68　磨耗板紧固螺栓

② 检查安装座无裂纹，开口销完好。检查油缸端盖结合面无漏油，活塞杆表面无
伤损。

（3）锁紧与支撑。

① 纵、横向锁定装置工作正常，限位和感应开关动作灵敏、准确（见图 5-69、
图 5-70）。

图 5-69　纵向锁定装置

图 5-70　横向锁定装置

② 加速油缸、缓冲油缸头及其连接螺栓无松动、脱落；冲击尼龙板无裂损、老化、脱落（见图 5-71）。

③ 悬臂梁移动接触面、支撑滚轮轴承、滑动摩擦面、上部支撑面和支承滚轮按需补充润滑脂（见图 5-72）。

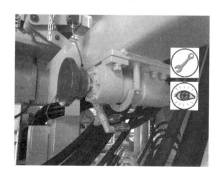
图 5-71　缓冲油缸

图 5-72　工作小车纵向移动支撑框

12．捣固装置

（1）捣固框架。

① 清洁捣固装置总成表面灰尘及油污。

② 检查横移和提升油缸安装座焊缝完好，无裂纹。

③ 检查扫石器安装螺栓紧固牢靠。

④ 检查振动马达及各油缸端盖结合面无漏油；活塞杆表面无损伤；液压油管无擦伤、磨损。

（2）升降机构。

① 清洁捣固装置升降导向柱，检查表面无损伤（见图 5.73）。

② 导向柱下部安装螺栓、框架底部定位螺栓、上部安装螺栓紧固牢靠（见图 5.74）。

图 5-73　导向柱

图 5-74　安装螺栓

③ 捣固装置提升油缸安装架及活塞杆连接处零件无缺损，螺栓紧固到位。

（3）锁定机构。检查捣固装置气锁及安全链完好。

（4）捣固装置。

① 检查振动装置无异响、裂纹、漏油，各螺栓安装紧固牢靠。

② 检查捣固装置油箱润滑油油位，润滑油位应处于油标刻线范围内（见图5-75）。

③ 检查内外侧夹持无漏油，端盖螺栓完好。

④ 检查捣镐锁紧螺栓完好，磨耗不超限度。

⑤ 检查加宽气缸安装座无裂纹，开口销完好。

（5）集中润滑。检查集中润滑系统储油罐内的润滑脂高度，添加润滑脂至刻线上部位置。检查集中润滑系统工作情况：主油泵工作正常，系统无泄漏，振动轴内油缸轴承部位应有油脂溢出（见图5-76）。

图 5-75　润滑油位检查

图 5-76　集中润滑

13．起拨道装置

（1）导向柱。

① 检查导向柱上、中、下安装螺栓紧固完好。

② 清除起拨道导向柱上的尘土和油污，检查无严重划伤（见图5-77）。

（2）起道架。

① 清除起拨道装置总成表面灰尘及油污，检查起道、拨道、夹轨控制等油缸端盖结合面无漏油，外观无裂纹（见图5-78）。

图 5-77　起拨道导向柱

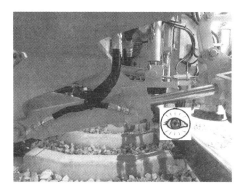
图 5-78　起拨道油缸

② 起拨道止动钩、安全链完好；连接销、开口销、螺栓、螺母、垫圈、油嘴等完整无缺。

（3）摆动架。检查摆动架无裂纹及变形，安装销完好。

（4）拨道轮和夹轨轮。

① 确认连接销完好。

② 更换磨损严重的夹轨轮和拨道轮。

③ 夹轨轮和拨道轮转动灵活（见图5-79）。

图 5-79　夹轨轮

④ 前、后夹轨轮与钢轨头下颚之间间隙无异常过大。

⑤ 夹轨轮锁止板螺栓无缺失。

14．夯拍装置

（1）夯拍架体（含夯拍罩）。

① 清理夯拍装置凹槽内石砟等污物。

② 检查连接销、开口销、垫圈、螺栓、螺母等完整无缺，紧固良好（见图5-80）。

（2）激振机构。检查防护罩固定螺栓无松动、缺失；马达运转时夯拍装置振动正常，无异响。

（3）升降限位机构。

① 夯拍升降时限位开关、感应开关反应灵敏，升降油缸工作正常。

② 每周润滑升降油缸两端连接处轴销，油缸活塞杆和铰接头连接无松动（见图5-81）。

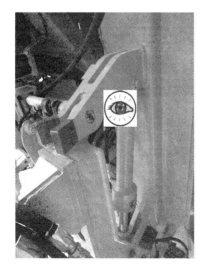

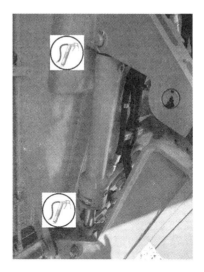

图 5-80　夯拍架　　　　　　　　图 5-81　升降油缸

（4）锁定机构。检查锁定机构及安全链灵活可靠、工作正常（见图 5-82）。

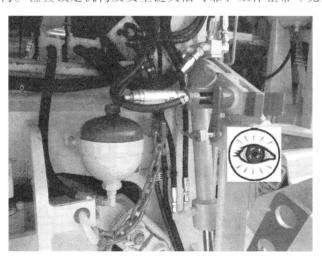

图 5-82　锁定机构

15．车钩及钩缓装置

（1）车钩三态（锁闭、开锁、全开）作用良好。

（2）车钩托架、钩尾框托板、冲击座无撞击变形，紧固螺栓无松动。

（3）提钩装置的提钩杆应无明显弯曲，紧固螺栓无松动（见图 5-83）。

（4）钩舌销和钩尾销安全螺栓的开口销无丢失（见图 5-84）。

（5）推拉钩头，钩体左右摆动无卡滞。

（6）钩尾框、钩体下部的磨耗板完整，无丢失。

图 5-83　提钩杆　　　　　　　　　图 5-84　钩尾销

16．空调系统

清洁面板，检查吹风口百叶窗安装牢靠，显示正常，开关有效。

17．发电机组

（1）检查发电机组安装螺栓紧固牢靠（见图 5-85）。

（2）清洁发电机组表面灰尘及油污，检查机油和柴油无渗漏。

（3）发电机组启动正常，功能显示正常。

（4）检查柴油机机油油位（见图 5-86）。具体检查方法见附则。

图 5-85　发电机安装　　　　　　　图 5-86　柴油机检查

（5）按《发电机组操作手册》更换机油及机油滤清器（见图 5-87）。

（6）检查冷却液液面高度，如果必要则加注。

注意：更换添加冷却液应在冷机状态，以防烫伤。

图 5-87　柴油机机油更换

18．车体结构

（1）主车架。

① 清洁车体外表面，检查车架无异常情况。

② 检查端梁、人字梁部分，如出现明显裂纹、漆面脱落、变形问题须进一步检查。

③ 检查主车架与材料车之间连接梁无变形，连接销开口销无丢失。

（2）材料车。清洁车体，检查车体外观情况，如出现明显裂纹、漆面脱落、变形问题须进一步检查。

（3）司机室。

① 清洁司机室内部灰尘杂物。

② 座椅使用状态良好、安装牢固。

③ 灭火器数量齐全，压力指示在绿区范围，处于有效期内。

④ 检查司机室安装座、减振胶垫是否完好。

⑤ 工具柜安装牢靠、无变形。

（4）中间车棚连接杆。检查顶棚连接杆上下安装螺栓完好、无松动。

（5）车门。检查柴油机间门锁状态良好，合页螺钉无松动缺失，司机室门开启灵活、关闭严密。

（6）车窗。

① 清洁车窗风挡玻璃。

② 车窗开启灵活、关闭严密，玻璃无裂损。

（7）雨刮器。

① 检查雨刮玻璃水量，缺少时添加。

② 检查雨刮器和洗涤水泵工作正常。

任务二　针对性检查保养

一、工作任务

捣固车在不同情况下的检查保养要求是不同的，操作者需要根据相应情景进行有针对性的检查保养，通过学习临时停放、工地转移、长期封存、磨合期4种情景下的处理方法，能承担以下工作任务：

（1）能准确处理捣固车临时停放时的检查与保养。

（2）掌握捣固车工地转移时的检查保养流程。

（3）掌握捣固车长期封存与磨合期的处理。

二、相关配套知识

1．临时停放

（1）每周进行一次全面的日常检查保养工作。

（2）启动发动机并运转15～20 min。启动大修列车主发电机组、龙门架发动机和辅助发电机组，运转30～60 min，检查发动机、各发电机组、液压系统、电器系统工作性能。

（3）在作业工况状态下，使各工作装置在空载状态下运转，直至各摩擦零件表面保持有一定的油膜为止。检查大修列车收枕系统、散枕系统、拱砟装置、新枕输送链、旧枕输送链、各超声波传感器、位移传感器、接近开关、电器程控系统、监控系统等的工作性能。

2．工地转移

（1）工地转移前的检查保养：

① 机组人员应对动力传动及制动系统按一级检查保养所规定的项目进行一次检查保养。

② 检查闸瓦状态，并按要求调整闸瓦间隙。

③ 进行单车制动试风和连挂车制动试风。

④ 对各车型工作装置的锁定进行加固。

⑤ 检查大修列车车轴齿轮箱的橡胶联轴器、车轴齿轮箱内润滑油和加注量。

（2）工地转移后的检查保养：

① 解除各车型工作装置锁定机构的加固设施。

② 按临时停放要求进行一次检查保养。

③ 检查捣固车和动力稳定车的方向和水平检测记录系统的检测精度，必要时重新进行标定；根据将要进行施工作业区段的钢轨类型调整夹轨钳的伸出长度。

3．长期封存

对长期封存的机械，需由机组留守人员每月进行一次检查保养，其工作内容同机械临时停放时的检查保养。

4．磨合期

（1）启动发动机，怠速运转不少于 10 min，待机体温度上升后，带负荷运转。所带负荷不得超过额定负荷的 75% ~ 80%，最高自行速度不得超过 60 km/h。

（2）应经常检查各连接部分的松紧程度是否符合要求，传动部件的润滑状态及运转是否正常。

（3）新发动机或大修后的发动机，工作 50 h 后必须更换机油，在更换机油的同时应进行下列检查保养工作：

① 更换机油滤筒。

② 检查缸盖上进排气管的紧固状态。

③ 检查空气滤清器的橡胶管和卡箍是否连接紧密。

④ 再次拧紧机油的放油螺塞和发动机支架固定螺栓。

任务三　捣固车五级检查保养

一、工作任务

捣固车全生命周期维修保养的修程修制分成一级到五级。其中一级修至三级修由运用单位组织实施，四级修由运用单位根据设备状态监测情况实施或送取得认证资质的单位实施，五级修由取得维修许可资质的单位实施。作为捣固车的操作者，我们需要掌握一级修至三级修的内容，而作为维修者，我们至少应掌握一级修到四级修的内容。前面我们已完成了一级修任务，那么在本次任务中，我们将二级修到四级修的内容作为掌握任务。

通过学习捣固车的二到四级修的知识，能承担以下工作任务：

（1）掌握捣固车修程修制的含义。

（2）掌握捣固车二级修的具体内容。

二、相关配套知识

1．修程修制

采用一、二、三、四、五级修程修制。

2．基本要求

一级修：日常保养按照清洁、检查、润滑的要求进行，在项目五任务一中已论述。

二级修（定期保养）：包括一级修内容。每月、每半年按照说明书进行一次。

三级修（年修）：对整机进行全面检查、规定强检、损坏更换、缺件补齐、超限修理、油水化验、功能恢复、锁定安全检查，恢复整机性能和功能。

四级修：根据整车状态，对某些系统、大部件进行状态检查或专门修理，修复不良部件，更换到期配件，恢复整机性能和功能。

五级修：解体检修，运用单位应提供完整的捣固车履历簿等技术文件，提出质量改进建议，应尽可能同意承修厂家广泛采用新技术、新工艺、新材料，贯彻零部件的标准化、通用化，提高捣固车返厂修质量，提高修理效率，缩短在修周期，降低修理成本。

3．安全要求

（1）维修保养工作应在设备可靠停稳且可靠制动情况下进行；在有坡度线路上停放车辆进行维修保养作业时，应使用止轮器。

（2）禁止在有接触网的情况下爬上车辆顶棚。

（3）维修保养期间应进行安全检查并且由安全员负责安全监督。

（4）维修保养期间应该提供警示标牌（信号），提示过往车辆，同时严禁进入邻近开通使用的铁路线路。

（5）在拆卸液压系统元件时，应确认液压系统已经卸压，避免喷出的高压液压油损伤皮肤或者带来更严重的伤害。

（6）在拆卸气动系统元件时，应确认气动系统已经排风卸压。

（7）在对柴油机及液压系统进行维修保养时，应做好必要防护，避免泄出的柴油机机油或液压油造成烫伤。

（8）操作人员应按规定穿戴劳保防护用品。

（9）加注柴油或检查蓄电池液面位置时，禁止吸烟。

（10）不得使用明火检查蓄电池液面位置或柴油箱油位。

（11）在进行焊接（电弧焊）作业前应特别确认以下事项：

① 关闭主电源。

② 电弧焊机的接地端子尽可能接近焊接区域，并可靠接地。

③ 电弧焊机接地端子不得连接到钢轨、活塞杆、液压蓄能器、液压泵、电池、接地电缆、动连接部件（如轴承类连接）、液压油箱或柴油箱等。

（12）不得使用任何易燃或腐蚀性的清洗液清洗设备。

（13）在确保安全情况下，谨慎进入设备的危险区域。

（14）禁止使用可能对设备、人员造成伤害的高压清洗设备。

（15）加注润滑脂禁止使用能够产生高于 15 bar 压力的油枪。

4．消 防

1）事故风险分析

（1）设备及其附近区域使用明火或其他简易火源可能引发起火。

（2）柴油箱加注燃油时，如开启柴油机、发电机组、空调器存在起火、爆炸隐患。

（3）柴油机间的耐高温电缆破损或老化后出现短接引发起火。

（4）强电系统故障及电缆破损，可能烧坏电路引发起火。

（5）柴油供油管路中使用的软管磨损老化出现渗漏，接头未紧固或损坏出现渗漏，当柴油机温度过高可能引发起火。

（6）擦过油污的纱布、毛巾或者其他可燃物随处乱放在柴油机间和周边，当柴油机温度过高可能引发起火。

（7）擦过油污的纱布、毛巾或者其他可燃物随处乱放在转向架构架上，尤其车轮与闸瓦附近，当转向架温度过高可能引发火灾。

2）事故危害程度及影响范围

上述火灾、爆炸事故一旦发生，均可能造成现场作业人员伤亡、设备损毁和其他次生性的职业危害、环境污染等事故。

3）预防措施

（1）设备及其附近区域严禁使用明火或其他简易火源。

（2）柴油箱加注燃油时，柴油机、发电机组、空调器等应关闭。

（3）柴油机间严禁乱扔、乱放垃圾杂物。

（4）柴油机热源进行必要的防火隔离处理，燃油管及油管接头进行有效防护。

（5）转向架构架上严禁乱扔、乱放垃圾杂物。

（6）做好日常保养工作，发现电缆破损立即修理。

（7）为了做好消防工作，应该确立专职或兼职消防员。

（8）消防员应该时刻准备操作消防器材，经常检查、定期巡查各类消防器材。

（9）消防员应该定期检查消防器材的有效期限。

（10）消防器材应该置于明显位置，并且醒目标识。

（11）根据消耗情况和使用期限，消防员负责安排补充或更换各种消防器材。

4）应急措施及应急处置基本原则

（1）应急处置基本原则。发生火灾、爆炸时，遵循"快速反应、沉着冷静、消于初期、忙而不乱、以人为本、先人后物、统一指挥、分级负责、自救和外部救援相结合"的原则进行应急处置。

（2）应急处置具体要求。

①救援人员必须采取相应防护措施后才能进入事故现场实施救援，防止自身受到伤害。

②尽快切断电源或隔断可燃物质，防止事态扩大。

③ 对受伤人员就地实施抢救，最大限度降低事故伤害程度。

④ 事故现场人员必须遵循"逆风而逃"的原则，撤离到上风口，尽快疏散下风向人员，并设立警戒地带。

（3）主要应急处置措施。

① 防火报警出现警示并确认火险后，操作人员应立即采取措施关闭柴油机、关闭电源、切断供油，并使用配置的灭火器按照消防操作要求进行扑灭。

② 对柴油等易燃液体泄漏引发的火灾，应尽可能地切断泄漏源，采取沙袋、沙土等不燃物质阻断泄漏物质蔓延，使用灭火器、沙土、灭火毯等进行灭火，避免用消防水直接喷射扑救。

③ 如无法切断泄漏源，火势较大，有可能发生爆炸时，立即扩大现场人员紧急撤离范围

④ 扑救电气设备或电气线路火灾时，首先要切断电源，再使用二氧化碳或干粉灭火器灭火。

⑤ 一般固体物品火灾，可使用各类灭火器材和消防水扑救。

⑥ 易燃易爆环境中发生的一般火灾，应充分考虑火灾蔓延或扩大的可能性，扑救的同时应采取对易燃易爆物质的隔断措施，防止火灾事故扩大。

⑦ 向消防救护队报警后，应立即安排人员做好消防救护车辆引导；消防车、救护车到达现场后，现场指挥人员应向其简要告知燃烧原因、现场风向、有无被困人员、地面消火栓位置、火场中有无易爆危险品存在等情况。

⑧ 消防救护队领导在了解火灾情况后，根据人员、装备和燃烧介质的特性制定火灾扑救行动方案，确定现场主攻方向及攻防路线，迅速开展伤员搜救和灭火行动。

⑨ 若有人员受伤，快速进行现场急救后并转送医院治疗。

5．二级修

1）电气系统

（1）每月保养内容。

① 蓄电池检查。检查主车蓄电池、缓冲蓄电池、发电机组蓄电池、TGCS（ALC）电瓶接线无松动，接线柱无严重氧化。

② 电线电缆检查。

a. 检查各箱体地线与车体连接可靠、无松动。

b. 检查裸露电缆线无破损，保护层无严重老化。

③ 电器柜检查。

a. 电气箱箱体面板及骨架完好，无变形。

b. 箱体面板上铭牌、标示应清晰、完整；面板固定螺丝无缺失，箱体锁扣扣合良好。

④ 闸瓦报警检查。检查各轴闸瓦磨耗超标时行程开关动作正确，磨耗超限时对应报警信号灯亮。

（2）每半年保养内容。

① 蓄电池检查。蓄电池清洁，表面无异物、灰尘、金属物。未使用时，蓄电池不应有放电电流，超过 3 个月不用，每 3 个月充电一次，充电时间按照《免维护蓄电池使用说明书》进行。

② 电器柜检查。车体外部安装的各电气控制箱无积水痕迹、灰尘，必要时开箱检查并更换干燥包。

③ TGCS（ALC）检查。

a. 主机箱、键盘、显示器安装牢固、可靠。TGCS（ALC）的插件、插头、插座接触良好。

b. TGCS（ALC）系统送电后，显示器显示清晰，亮度满足要求，键盘输入功能满足技术条件要求。

c. 键盘显示屏显示的输出参数与 B4 电气箱显示器上的一致，误差为 ± 0.5 mm。

d. TGCS（ALC）系统根据测量轮输入的公里标数据，准确地输出线路几何参数。TGCS（ALC）工作时，同步报警功能正常。

e. TGCS（ALC）关机后，输入的数据应保存完整；开机后，原输入的数据可正确调用。

f. TGCS（ALC）主机箱中的电路板清洁，接触牢靠。电路板的防松卡牢固可靠，插件板上的紧固螺钉无缺失、松动。

g. TGCS（ALC）主机箱体的接地线电阻≤0.3 Ω，屏蔽线接地良好。

h. 检查小蓄电池电压、充电电路正常，清洁及紧固接线柱。

2）液压系统

（1）每半年保养。

① 液压油箱。

a. 用滤芯精度不低于 10 μm 的滤油机给液压油箱补充同一厂家相同牌号的液压油，至油位计指示的最大油位高度（见图 5-88）。

b. 紧固液压油箱与主车架连接螺栓（见图 5-89），并画防松线。

图 5-88　液压油箱加油

图 5-89　液压油箱固定螺栓和减振垫

c. 紧固液压油箱上吸油过滤器、回油过滤器、呼吸器和放油阀安装螺栓，并画防松线。

② 散热器检查。

a. 用高压风清洁液压油散热器表面和风道（见图 5-90）。

b. 紧固液压油散热器安装螺栓（见图 5-91），并画防松线。

图 5-90　散热器表面清洁

图 5-91　散热器安装座

③ 液压管路检查。紧固各液压软管、硬管和接头，并画防松线（见图 5-92、图 5-93）。

图 5-92　软管

图 5-93　硬管

④ 液压阀件检查。

a. 紧固液压控制阀安装螺栓（见图 5-94）。

b. 阀座与阀密封面有渗油（油湿现象）需更换密封件。

⑤ 液压泵和液压马达检查。

a. 紧固液压泵和液压马达安装螺栓，并画防松线（见图 5-95、图 5-96）。

b. 对有泄漏和异响的液压泵和液压马达，更换密封件或总成。

⑥ 液压油缸。

a. 检查油缸两端连接销或关节轴承连接可靠。

b. 缸体和活塞杆轻微磨损的，做好防护后用细油石、金相砂纸等打磨修整。

c. 泄漏的液压油缸更换密封件或总成。

图 5-94　液压阀件

图 5-95　液压泵

图 5-96　液压马达

3）空气制动系统

（1）每月保养。

① 空压机。紧固空压机固定螺栓，检查空压机无渗油、异响现象。

② 风管。检查制动系统管路，发现漏风进行处理。

③ 制动阀。对分配阀、中继阀、遮断阀、紧急阀、安全阀、单向阀、折角塞门、调压阀、梭阀等安装座进行检查，发现安装座裂纹时进行更换。

④ 制动缸。对制动缸固定螺栓进行紧固，测量制动缸最大行程，超 120 mm 时进行调整。

⑤ 旁路制动。操作旁路制动按钮，制动、缓解功能正常，制动缸压力由零升至 340 kPa 的时间不大于 4 s；缓解时，制动缸压力缓至 40 kPa 的时间不大于 5 s。

（2）每半年保养内容。制动风压表每半年进行一次检定，并粘贴检定合格标识。

4）基础制动

每月保养：

① 制动拉杆（见图 5-97）。上下制动拉杆两端连接销黄油嘴加注黄油，对制动拉杆调整螺母连接处加注黄油；紧固调整螺母。

② 制动梁。检查制动梁外观无损伤，复位弹簧性能良好，紧固两端固定螺栓。

③ 闸瓦吊架总成（见图 5-98）。

a. 检查闸瓦吊架总成配件齐全，连接牢固。

b. 检查制动闸瓦磨痕，当闸瓦最大磨耗量刻线磨掉看不见或闸瓦剩余厚度 ≤15 mm 时，更换新闸瓦。

c. 制动闸瓦间隙在 5 ~ 10 mm 且无上下偏磨，否则应进行调整。

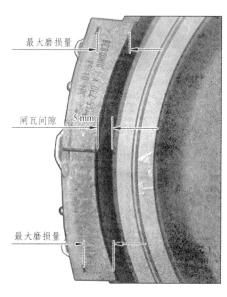

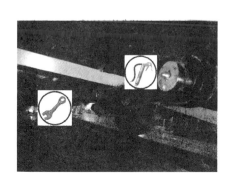

图 5-97　制动拉杆

图 5-98　闸瓦

④ 制动臂。对一级、二级制动臂连接销黄油嘴加注黄油。

⑤ 安全托架。紧固安全托架固定螺栓（见图 5-99）。

图 5-99　安全托架

5）气动系统

每月保养：

① 风源。检查主风缸单向阀连接牢固。

② 管路。对作业系统管路固定管卡、硬管接头、软管接头等进行检查确认，有松动进行紧固；软管有裂纹、破损需更换。

③ 作业气缸。对测量系统、锁定装置等加载、提升、锁定等气缸活塞杆、关节轴承检查和确认，如有损坏进行更换（见图5-100）。

④ 油水分离器。对油水分离器进行排污，清洗油杯，油雾器补充稀油（见图5-101）。

图 5-100　气缸　　　　　　　　图 5-101　油水分离器

⑤ 气动阀。对气动阀缺损螺栓进行补充，气动阀座裂损更换；对透气孔进行清洁、检查和确认。

⑥ 操作开关。对失效操作开关进行更换。

6）动力传动系统

每月保养：

① 发动机。

a. 检查柴油机动力输出端弹性联轴器安装螺栓无松动遗失（见图5-102）。

图 5-102　弹性联轴器

b. 检查进排气管密闭性：进气管管箍无松动，软管无破损，排气管及消音器无破损（见图5-103、图5-104）。

图 5-103　消音器　　　　　　　　　　图 5-104　排气管

② 液力机械变速箱。

a. 清洁变速箱壳体及散热器（见图5-105）。

b. 检查液力机械变速箱油位位置（见图5-106）。

 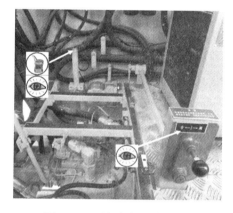

图 5-105　散热器　　　　　　　　　　图 5-106　液力机械变速箱

c. 检查两侧固定板之间的连接螺栓紧固无遗失、橡胶支座无裂纹（见图5-107）。液力机械变速箱检查项目、机油更换周期见相关维保手册。

③ 传动轴。传动轴十字节进行注油润滑。图5-108中1处十字节进行注油润滑，2处呼吸口严禁加注黄油。较高作业强度或较恶劣作业环境条件下应缩短润滑时间间隔。

④ 分动箱、减速箱。每季度对油样进行取样分析。

⑤ 固定轴（过桥轴）。对固定轴进行补油（容量约2 L）（见图5-109）。

图 5-107 固定板

图 5-108 传动轴

图 5-109 过桥轴

7）走行系统

（1）每月保养。

① 车轴齿轮箱。

a. 检查箱体，出现裂纹时需更换；各接合部位有较严重漏油现象时，更换相应部位的密封件（见图 5-110）。

b. 每 3 个月对车轴齿轮箱油进行取样分析。

c. 向车轴齿轮箱端盖油嘴加注润滑脂润滑，向轴箱处钢弹簧注油嘴位置加注润滑脂润滑（见图 5-111）。

② 中心销。检查中心销防尘罩无破损，固定正常。

③ 旁承。检查旁承座和旁承上盖无裂纹，滑板表面无油污。

④ 附属装置检查。检查扫石器安装牢固，配件齐全，外表无损伤。扫石器距轨面高度符合要求，橡胶板距轨面 20 ~ 25 mm，扫石器挡板宽度方向应与轨面垂直。

（2）每半年保养内容。

① 转向架构架。检查构架横梁、侧梁焊缝无裂纹。

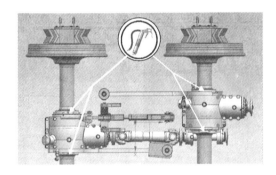

图 5-110　车轴齿轮箱

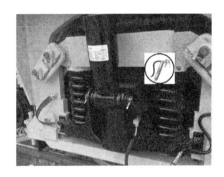

图 5-111　减振弹簧

② 车轴齿轮箱。检查放油孔螺塞磁铁是否吸附金属异物，放出润滑油中是否有异物。更换不同牌号油液前应清洗齿轮箱。放油孔在齿轮箱下方，加油孔位置如图 5-112 所示。

图 5-112　车轴齿轮箱

③ 检查轴箱及其悬挂装置。

a. 轴箱、轴箱盖出现裂损时，焊补修复或更换。

b. 金属橡胶弹簧中的橡胶块有明显变形、龟裂、老化和脱胶等缺陷时需更换。

c. 螺旋钢弹簧挠度失效或出现裂纹时更换。

d. 轴箱盖紧固螺栓及轴头螺栓应无松动，轴承密封良好。

e. 油压减振器两端的橡胶垫无老化和破损，连接销、开口销完好，无折损。

8）测量系统

（1）每月保养。

① 测量小车。

a. 走行轮润滑。

b. 走行轮应转动灵活，如出现卡滞，进行走行轮润滑。

c. 车架安装连接检查。

- 检查小车车架与车体之间的安装座无裂纹、变形、开焊现象。
- 检查小车提升和夹紧气缸的安装销、衬套、平垫、开口销等完整无缺失。
- 检查小车提升气缸的关节轴承固定可靠（见图 5-113）。

d. 扫石器安装、连接检查。

扫石器安装螺栓固定可靠，胶皮无龟裂及老化现象（见图 5-114）。

图 5-113　提升气缸　　　　　　　　图 5-114　扫石器

e. *D* 点小车激光接收靶丝杆润滑（见图 5-115）。

- 对接收跟踪架的传动丝杆和导杆加注润滑油。
- 其余各铰接处润滑；其余铰接处加注润滑油。

② 起道部分。

a. 抄平传感器弦线卡磨耗检查：目视检查抄平传感器弦线卡磨耗情况，磨损严重进行更换（见图 5-116）。

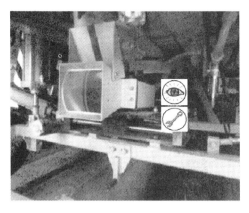 

图 5-115　激光接收靶　　　　　　　图 5-116　抄平传感器弦线

b. 电子摆固定状态检查：电子摆紧固到位，紧固件无缺失，减振垫无老化、龟裂现象（见图 5-117）。

图 5-117　电子摆

③ *D* 点、*B* 点测量小车与车架连接。检查安装座无裂纹，销子、开槽螺母无缺失。

（3）每半年保养内容。

拨道传感器机械零点检查、调整：在标准线上放下所有小车，调整拨道传感器调整螺栓，让弦线位于钢轨中心。

9）工作小车

每半年保养内容：

（1）工作小车驱动轴侧支撑工作正常，磨损不超限（见图 5-118）。

图 5-118　驱动轴侧支撑

（2）加速油缸、缓冲油缸头有裂纹应更换，弹簧损坏应更换，冲击尼龙板裂损应更换。

（3）工作小车轮对轴箱导框耐磨板，连接轴箱导框与上托梁的 U 形卡以及各连接销无严重磨损。

10）捣固装置

（1）每月保养内容。

① 升降机构。检查捣固头提升油缸压盖底部锁紧螺母及缸头压盖螺栓，通过增加垫片调整间隙（见图 5-119、图 5-120、图 5-121）。

图 5-119　提升油缸锁紧螺母

图 5-120　提升油缸压盖螺母

图 5-121　提升油缸间隙调整

② 捣固头。检查捣镐及紧固螺栓完整，并用扭矩扳手紧固捣镐螺栓，扭矩值为 500 N·m（见图 5-122）。

图 5-122　捣镐螺栓紧固

③ 集中润滑。检查稀油润滑系统的振动轴油封、镐臂轴承无漏油。振动轴承润滑油目视脏污时，清空箱体内的润滑油，清洗油箱，按规定添加润滑油至油标刻线范围。

（2）每半年保养内容。

① 捣固框架。检查框架横移导柱端部锥形尼龙套偏磨；检查所有螺栓拧紧无松动。

② 捣固装置。振动轴承润滑油目视脏污时，把箱体内的润滑油清空，清洗油箱，按规定添加润滑油至油标刻线范围。

11）起拨道装置

（1）每月保养内容。

① 导向柱。清除起拨道导向柱上的尘土和油污，检查无严重划伤（见图5-123）。

② 拨道轮和夹轨轮。

a. 向夹轨轮组、导向套内及各磨动部位加注润滑脂（见图5-124）。

b. 拨道轮和夹轨轮转动灵活，无裂纹、严重磨损及损坏等现象，夹轨轮无明显轴向窜动。

图5-123 导向柱

图5-124 夹轨轮

（2）每半年保养内容。

拨道轮和夹轨轮：在不起道情况下，前夹轨轮与钢轨头下颚之间保持5~8 mm间隙，后夹轨轮与钢轨头下颚之间保持1~5 mm间隙，同时前夹轨轮比后夹轨轮的间隙不大于7 mm，最终以过鱼尾板时夹钳不脱轨为准。

12）夯拍装置

每半年保养内容：

检查橡胶弹簧橡胶辊无脱出（见图5-125）。

13）车钩及钩缓装置

（1）每月保养内容。

① 车钩在闭锁位置时，钩锁铁防跳性能良好。

② 车钩缓冲装置润滑。

③ 钩体磨耗板与钩体、钩尾框与钩尾框托板、各销与销孔间、钩舌S形曲面及背面均涂适量的干性润滑脂。注：钩舌连挂部位禁止涂油（见图5-126）。

图 5-125　橡胶弹簧

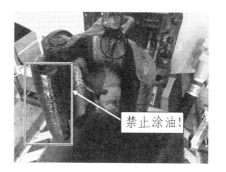

图 5-126　钩舌

④ 检查车钩缓冲器装置是否悬空，如发现悬空须恢复到位。

（2）每半年保养内容。

① 钩尾框、钩体下部的磨耗板完好，无异常磨耗（见图 5-127）。

② 钩舌、钩体、缓冲器箱体、前后从板及从板座、冲击座、钩尾框等无明显目视裂纹。

③ 提钩杆无明显弯曲，安装螺栓紧固，提钩杆座磨动部位加润滑油，开口销状态良好无明显冲击变形（见图 5-128）。

图 5-127　车钩缓冲器

图 5-128　提钩杆

④ 性能参数检测符合车钩缓冲装置要求。

14）空调系统

每月保养内容：

（1）检查清洁出风口。

（2）制冷、制热正常。

15）发电机组

为了让设备保持良好的工作状态，应定期对设备进行检查（见表 5-1）。定期检查的安排要视发电机的使用、操作方式、燃料类型、润滑油品质以及发电机的搬运情况而定。若设备的工作环境较为恶劣，定期检查应更加频繁。

表 5-1　发电机组定期维护项目

定期维护　　　　　　　　　　　　　　　◇ = 检查　　● = 更换　　□ = 调整（清理）

项目	描述	日常	每 50 h	每 250 h	每 500 h	每 1 000 h	每 1 500 h	每 2 000 h
燃油系统	检查油/水分离器			◇				
	检查燃油箱内的油量并加油	◇						
	放干油箱	◇ （有油情况）						
	放干燃油过滤器			◇				
	更换燃油过滤器组件				●			
润滑油系统	检查并添加油底壳中的机油	◇						
	更换润滑油过滤器			● （第一次）	●			
	更换润滑油			● （第一次）	●			
冷却系统	检查并添加水箱中的冷却液	◇						
	更换发动机和散热器的冷却液					● 每年		
	检查并调整风扇皮带	◇	（第一次）	□				
进气系统	空滤芯			● 灰尘较多的环境下，每 250~300 h	●			
电气系统	检查充电指示灯是否熄灭	◇						
	检查电池的电解液		◇					
喷油泵和阀门	检查喷射压力和喷射情况					◇		
	清洁喷油阀						●	
气缸头	检查进/排气阀底座							●
	调整阀体间隙			◇ （第一次）	□			
	清洁前置过滤器/鼓风机				□			
	检查连接部分气体和液体泄漏情况	◇						
检查每个结合处的螺栓和螺母		◇						
查看是否有油、水或燃料泄漏		◇						
发电机面板	检查发电机面板的内部	◇						
	旋紧端子	◇						
	检查仪表板和操作装置	◇						
燃油、润滑油和操作机构	检查各个系统使用的橡胶软管	◇		每两年更换一次				

16）车体结构

（1）每月保养内容。

① 司机室。检查司机室与车架连接的紧固螺栓，如有松动及开裂及时紧固或更换

② 车门。滑道、门锁、支撑轴承加稀油润滑。

（2）每半年保养内容。

① 主车架。

a. 车架各梁及盖板轻微腐蚀时，应进行除锈、涂防锈漆处理；腐蚀、变形严重及出现裂纹时，应及时修理。

b. 柴油机室、顶棚等钢结构脱漆、轻微腐蚀时应除锈并涂防锈漆；有裂纹、焊缝断裂时应焊修或补强；腐蚀、变形超过限度要求时应修理。

c. 主车架与材料车连接梁无变形，连接销、开口销无丢失，关节轴承增加润滑。

② 材料车。

a. 检查材料车车体外观，外漆如出现变形、裂纹时，应进行除锈、涂防锈漆处理；腐蚀、变形严重及出现裂纹时，应及时修理。

b. 材料车地板变形严重应校正或更换。补修破损金属地板。

c. 各连接螺栓应紧固、防松。

③ 司机室。

a. 司机室钢结构部分脱漆、轻微腐蚀时应除锈并补涂防锈底漆。

b. 司机室结构部分有裂纹、焊缝断裂时应焊修或补强。司机室各处无漏雨现象。

④ 中间顶棚连接杆。

a. 对顶棚连接杆上下安装螺栓检查、紧固，并作防松标记。

b. 检查顶棚外观如出现变形、裂纹时，应进行除锈、涂防锈漆处理；腐蚀、变形严重及出现裂纹时，应及时修理。

⑤ 车门。各门作用良好，开启灵活、关闭严密。修复或更换变形、损坏的组件。

⑥ 车窗。车窗开启灵活、关闭严密；玻璃无裂损，破损时更换。

⑦ 雨刮器。检查雨刮器各功能正常，失效时修复。

6. 可视化图例

可视化图例见表5-2。

表5-2 可视化图例

序号	图示照片	图示说明
1		目视检查
2		加注液体（如冷却液等）

序号	图示照片	图示说明
3		拆卸或上紧螺纹连接
4		加注机油
5		加注燃料
6		加注润滑脂
7		清洁清扫
8		加注润滑油

任务四　D09-32 型捣固车常见故障与排除

一、工作任务

通过学习相关知识，能承担以下工作任务：

（1）掌握 D09-32 型捣固车常见故障排除方法和注意事项。

（2）具备 D09-32 型捣固车常见故障排除能力。

二、相关配套知识

1. 柴油发动机常见故障与排除

柴油机主要故障有：电路故障、机械故障及油路故障。

1）柴油发动机电路故障

柴油发动机电路故障表现为线路接地、线路虚接、元器件损坏、接地不良。以上故障都能使用万用表进行测量，迅速查找出故障。柴油发动机的常见故障还有启动马达不转、停机电磁阀不动作、B_{13} 箱内的 13Re1 继电器损坏等情况。

（1）拉拔发动机启动开关启动马达不转，应由易到难逐项检查：

① 作业电源开关应在关闭位。

② 脱开 ZF 变速箱挡位。

③ B_2 箱紧急停机按钮应在弹起位。

④ 打开 B_{13} 箱检查 13e2 保险不应跳起。

⑤ 更换 13Re1 继电器。

⑥ 启动电机故障，更换。

（2）拉拔发动机启动开关，启动马达转动，但柴油发动机不启动，此时，拉拔发动机启动开关至预热挡，听停机电磁阀是否有响声（要区别电磁风阀的响声），有响声则属于油路故障。

（3）柴油机电气控制回路接地故障最多，只要接地都会造成电路短路而自动切断工作电源。

① 柴油机启动时 5e9 自复保险跳开，启动不了。经过检查是干燥器工作电源 317 线路破损接地造成的。

原因分析：317 是干燥器和停机电磁阀 1S6 共用的工作电源，由于 317 接地引起 5e9 自复保险跳开失去电源而停机。

处理方法：首先检查和测量末端用电器及线路包括 1S6、1S71、1S91、317、316、243、244、206、215，一般电磁阀阻值都有几十欧姆，如测量其阻值小于 $1\,\Omega$ 则说明该回路或用电器接地。如正常继续往上端继电器及线路进行测量和查找，一个节点有多个端子时应逐个拆除来进行排除，如拆除一路有接地则继续往上查找，直至接地点并处理。

② 作业时柴油机突然熄火。检查发现 5e9、5e7 自复保险跳开，按下 5e9、5e7 后能启动柴油机，但 5e7 仍然跳开，继续作业发现液压制动不能缓解。

处理方法：从 5e7 的输出端开始测量，检查 A26 端子的对地阻值，A26 端子在 B5 箱有 6 个，应逐个拆下排除，最后查到前司机室速度表接地，经处理后正常工作。

原因分析：A26 接地引起 5e7、5e9 保险跳开，造成 5u5/D 无自保电源最终导致 1S6 无电而停机；同时 A26 又是液压制动继电器 2d1 的工作电源，所以液压制动不能缓解。

（4）柴油机电气控制回路虚接故障也是比较多的，主要是长期工作中振动造成松脱，这类故障避免的有效办法是加强线路的检查及各接线端子的紧固。

处理方法分两步：第一步，启动开关拉 1 挡听是否有停机电磁阀吸合的声音，如没有则首先测量 215 是否有 + 24 V 电压，215 无电就往上找，215 有电就查 313a 是否有电，313a 无电往上查，有电就往下查，直至查找出问题所在点。第二步，如有停机电磁阀吸合的声音，继续拉动启机开关至 2 挡，如柴油机没有转动测量 206、206b 是否有电，无电则检查上端线路和锁定条件，206b 有电继续往下查找线路和启动电机，直至查找出问题所在点。

（5）D09-32 捣固车电路结构合理，工作可靠，极少发生启机电路故障。但 09 车油门控制回路出现了一些故障，主要表现为油门不能升降，有 3 例故障：

① 81Re3 继电器坏，造成调节不能传递至后级放大器，所以油门不能升降；

② 因为 81u1 上的 si1 保险烧断，造成整个控制板无工作电源，所以油门不能升降；

③ 故障现象是空载时油门转速可以升，降速时只有 600 r/min（设定的机械怠速），挂挡时转速不能升。原因是换挡降功感应开关位置偏高，这个感应开关是当转速 1 400 r/min 以下呈悬空状态（正常情况应该转速 1 400 r/min 以上呈悬空状态），启动或换挡时降功板就发挥降功作用，这时挂挡走车因静止载荷大压制柴油机的转速上升，调整感应开关到正常位置后柴油机工作正常。

换挡降功感应开关位置装高后有两个问题，一是低速启动或换挡降功造成转速波动大，二是在高速换挡反而不降功造成运行冲击大，长期如此会损坏变速箱的摩擦离合器。

2）柴油发动机机械故障

柴油机的机械故障较少，但也有几个典型故障：

（1）调速器油门拉杆平衡弹簧断造成只能怠速运转。

（2）调速器传动轴螺栓断造成不能工作。

（3）喷油嘴卡死造成大量柴油渗漏到机体内而稀释机油。

（4）喷油泵柱塞卡死造成不能工作。

（5）由于柴油机从高速运转降速过快，造成供油拉杆回位过猛而卡滞不能启机的也发生了很多次。

3）柴油发动机油路故障

（1）进油出现堵塞，主要原因柴油箱长期没有清洗或加油时异物带进油箱。

（2）吸油管路出现松动或滤芯安装不合格造成空气吸入。

（3）回油管路背压太低，空气进入高压油泵影响吸油。

4）柴油发动机部分常见故障及处理

柴油发动机部分常见故障及处理见表 5-3。

表 5-3　柴油发动机部分常见故障及处理

序号	故障现象	故障部位（故障原因）	查找处理
1	1. 发动机不能启动 2. 启动时启动马达不转 3. 启动时有报警声	1. 作业主开关开 2. 挂挡盒在挂挡位	1. 检查作业主开关位置 2. 检查挂挡盒的挡位位置

序号	故障现象	故障部位（故障原因）	查找处理
2	1. 发动机不能启动 2. 启动时启动马达转动 3. 启动时无报警声	1. 紧急停机按钮按下 2. 停机按钮坏	1. 使紧急停机复位即可 2. 用万用表测量 Si48 端子，如不接地则分别检查各停机按钮
3	1. 发动机不能启动 2. 启动时电压表指示低于18 V	电瓶电压	1. 电瓶连接电线接触不好 2. 电瓶亏电严重，更换电瓶
4	1. 发动机不能启动 2. 整车无电	发动机左侧主熔断器（80A）坏	更换主熔断器保险
5	1. 发动机不能启动 2. 启动时 5e9 保险跳	B13 箱或发动机内部有短路情况	检查停机电磁阀 1S6
6	1. 发动机不启动 2. 启动马达运转正常	油路停机电磁阀或电控油门	1. 发动机停机电磁阀无冲击声则停机电磁阀坏 2. 发动机怠速太低，油门电机
7	发动机启动后不能熄灭，拨走启动电源钥匙 5B9 也不能停机	B5 箱 5U5/D 继电器坏	1. 5e6 拨出，若 5U5/D 8 脚电压为 0，仍不停机，则说明 5U5/D 坏 2. 停机电磁阀坏不能回位
8	发动机运行正常时，转速不稳	柴油供油回路	1. 检查柴油滤芯是否脏污 2. 检查供油回路是否密封完好有无渗气现象 3. 检查手油泵是否脏堵 4. 确认柴油的质量，清洁度

2．ZF 变速箱控制常见故障与排除

（1）无法前后走行。

① 主、辅驱动脱开信号不对。

② 总锁定指示信号不正确。

③ 压力开关（1b133）应在缓解制动情况下未断开。

④ 末级离合器未正确挂上。

（2）在挂挡过程中出现发动机自动熄火现象

1b832 感应开关的位置不对，导致降功过程中发动机转速下降过大。调整 1b832 感应开关位置，使发动机转速在 1 300 r/min 时感应正常。

3．作业系统常见故障与排除

（1）没有作业走行。

① 检查 2d1 是否损坏。

② 检查走行电磁阀是否损坏。

③ 检查程控信号 QL30、QL31 是否产生。

（2）两侧无起道动作和单侧无起道动作。

① 检查起道电源板 EK-813 是否有电源电压。

② 检查测量小车是否到位，处于正确的工作状态。

③ 检查伺服阀及其滤芯是否被堵塞或污染。

④ 检查抄平传感器是否损坏。

⑤ 检查 Q06、Q07 信号是否正常。

⑥ 检查左右抄平模拟控制板 EK-2041LV 和 EK-2042LV 是否正常。

（3）无拨道动作。

① 检查拨道电源板 EK-813 是否有电源电压。

② 检查正矢传。器、测量传感器（1f01、1f02）是否正常。

③ 检查拨道控板 EK-2106LV 是否正常。

④ 检查 Q1Λ 信号是否正常。

（4）捣固装置不下插或下插后不提起。

① 检查捣固电源板 EK-813 是否有电源电压。

② 检查深度传感器（1f14、1f15）是否正常。

③ 检查捣固控制板 EK-16V 是否正常。

④ 检查上位 X13、X14 信号或下位 X17、X18 信号是否正常。

（5）横向水平精度差。

① 检查电子摆（1f07）的支架以及联杆是否松动（包括电子摆）。

② 检查调零电位计（7f11、7f12）、手柄电位计（51f08、51f18）的阻值变化率是否良好。

（6）各工作装置及测量小车动作不正常。

一般情况为功率板上继电器或保险故障。

（7）捣固装置其他常见故障及处理。

捣固装置其他常见故障及处理见表 5-4。

表 5-4 捣固装置其他常见故障及处理

序号	故障现象	故障部位（故障原因）	查找处理
1	捣固装置不下插	无 Q10（或 Q11）信号输出	1. 检查 X5A（或 X5B）灯是否亮，如亮则不正常 2. 检查 X46（或 X47）灯是否亮，如亮则不正常 3. 检查 X6E（或 X6D）灯是否亮，如亮则不正常
2	1. 捣固装置左右下插深度不在同一位置 2. 捣固装置上升或下插过程中颤抖	深度传感器问题	1. 检查 F14（或 F15）对应左右捣固装置所在位置电压（输出） 2. 检查深度传感器内部电位器接触是否良好

序号	故障现象	故障部位（故障原因）	查找处理
3	捣固装置不提升	捣固装置升降控制板或深度传感器	1. 更换捣固装置升降控制板 2. 检测 F14（或 F15）对应左，右捣固架所在位置输出电压
4	作业中捣固装置缓慢提升或下降	捣固装置升降控制板	更换捣固装置升降控制板
5	捣固装置无自动提升	捣固装置下位信号	捣固装置在下位时，X17 或 X18 不亮
6	捣固次数计数器不记录	捣固装置下位信号	1. 捣固装置在下位时，X17 或 X18 不亮 2. 功率继电器板 Q1B 无输出
7	无液压向后驱动	捣固装置上位信号	捣固头在上位时，X13，X14 灯不亮

（8）抄平系统其他常见故障及处理。

抄平系统其他常见故障及处理见表 5-5。

表 5-5　抄平系统其他常见故障及处理

序号	故障现象	故障部位（故障原因）	查找处理
1	起道动作上下跳动作业时经常使夹钳脱落有飞边的钢轨	1. 夹轨钳间隙过大 2. 伺服阀 3. 起道换向阀	1. 夹轨圆盘与轨底间隙过大 2. 伺服阀机械零点有偏差 3. 起道换向阀芯动作不良
2	起道动作无	无 Q06 或 Q07 信号输出	1. 查找抄平系统总控制开关是否打开 2. 如打开，看夹轨钳是否脱落 3. 如不脱落查 X48、X49 灯是否亮，如不亮检查 D 点，B 点小车气锁锁定开关 4. 检查 X33 或 X32 起道限制信号灯是否亮，如亮检修 EK—347 板
3	1. 起道动作无 2. 有 Q06、Q07 信号 3. 无伺服电流输出	伺服阀	1. 检查伺服阀电气插头是否接触不良 2. 如接触良好，检测伺服阀电磁阀线圈电阻是否断路 3. 如伺服阀电磁线圈好，检查伺服阀电缆线是否断路
4	1. 起道动作无 2. 有伺服电流 3. 无功率输出	功率板或输入输出板	1. 检查 Q2E、Q2F 是否亮 2. 检查 QL2E、QL2F 是否亮 3. 如不亮，检查功率板保险是否烧坏 4. 如保险不烧，更换功率板 REE、REF 继电器

序号	故障现象	故障部位（故障原因）	查找处理
5	1. 起道动作无 2. 功率板 QL2E、QL2F 灯亮	1. 起道换向阀 2. B2 箱、B50 箱	1. 检测起道旁通阀电磁阀插头红色发光二极管是否亮 2. 如不亮，检查 B2 箱或 B50 箱，QL2E、QL2F 插头 3. 如亮，检查起道旁通阀芯动作状况
6	横向水平不好	C 点电子摆	调整 C 点电子摆
7	左右轨起道不同步	EK-347 电路板	1. 起道电流有误差
8	横向水平表指针在中间不动，拨道表正常	B19 箱横向水平或 B33 箱起拨转换开关	1. 横向水表坏 2. B33 箱起拨转换开关

（9）拨道系统其他常见故障及处理。

拨道系统其他常见故障及处理见表 5-6。

表 5-6　拨道系统其他常见故障及处理

序号	故障现象	故障部位（故障原因）	查找处理
1	四点法零点找不到	拨道测量系统	1. 检查 B 点、C 点，测量传感器拨道传感器拨叉是否被卡住或拨叉从拨道弦内脱出 2. 检查前端拨道偏移量（F06）是否输出为零 3. 在直线上检查拨道理论正矢（F00）是否输出为零 4. 检查 ±5 mm 调零电位计（F24）是否输出为零 5. 三点法机械拨叉是否摆放正确
2	作业中有碎弯	拨道测量系统	作业速度过快，拨道动作还没结束车就往前走，伺服阀弹簧过硬
3	指针往一边偏	伺服阀或电控系统	1. 拨道伺服阀电气零点与伺服阀机械零点不吻合，造成拨道系统指针不在中位，朝一侧偏 2. 拨道量为零时伺服电流不为零，也造成指针朝一侧偏
4	作业中拨道朝着一边拨	测量系统或电控系统	1. 把 B 点、C 点拨道传感器拨叉放在零位，检测 F01、F02 输出电压，正常情况下 F01＝F02＝0mV 2. 如果是因为测量轮偏磨造成的拨道朝一边拨，可用 7F24±5 mm 拨道电位计抵消由于测量轮、轮缘偏磨造成的偏差或者将这个误差直接通过 EK-349lLV 电路板调零电位计加入电路板
5	1. 直线拨道正常 2. 从直线进入曲线后拨道量增加且造成一侧拨道	EK-349LV 板	这是由于拨道对应值不当造成的，需重新调试 1. 三点法调整 P9 左 P10 右 2. 四点法调整 P13（左）P14（右）
6	无拨道动作	EK-349LV 板	RE7 坏

4．制动系统常见故障与排除

（1）减压后不起制动作用。

① 列车管减压后，制动缸达不到规定压力，甚至不出闸。其主要原因是制动系统未充满风。因为初充风或紧急制动后的缓解再充风约需 1 min，而常用全制动后的缓解再充风约需 20 s。在检查制动系统是否充满风时，可将自动制动阀手柄置于运转位，如果列车管压力立即下降，则表明制动系统未充满风。

② 自动制动阀操纵时，制动缸压力难以控制。制动缸的升压滞后于列车管的减压，当制动缸压力达到要求值时，再用自动制动阀保压是一种错误的操纵。因为列车管已经过量减压，制动缸的最终压力将超过要求值。正确的操纵方法是，当列车管减压量达到要求值时，自动制动阀就于保压，制动缸滞后一段时间后，就会达到规定的压力。

③ 紧急制动后，列车管充不上风。

a. 紧急放风阀没有复位。因为列车管压力空气排尽后，紧急放风阀要滞后 30 ~ 40s 才能复位，应待放风阀关闭后再充风。

b. 紧急放风阀下方的柱塞阀传递杆发卡，致使柱塞阀不能复位，中继阀遮断阀管的总风不能排入大气，使中继阀的总风源仍被切断，无法向列车管充风。发生此故障时，应修理传递杆。

（2）制动后不缓解或缓解不良。

① 列车管减压后用自动制动阀充风缓解制动缸不缓解或缓解不到零。其主要原因是，作用管有压力空气。因为梭阀的切换作用，使分配阀均衡活塞下侧的压力空气无法排出或排不尽。处理方法如下：

a. 下压自动制动阀手柄，实施单独缓解，排出均衡活塞下侧的压力空气。

b. 将单独制动阀手柄置缓解位，随时排出不管任何原因积存在作用管内的压力空气。

c. 清洗梭阀阀体，清除锈蚀。

② 附挂回送时，制动后缓解不良。长时间的制动保压或梭阀阀体锈蚀，使容积室的一部分压力空气经梭阀泄漏到作用管，导致缓解不良。处理方法如下：

a. 装上单独制动阀手柄并置缓解位，使作用管不能积存压力空气。

b. 清洗梭阀阀体并清除锈蚀。

（3）自动制动阀控制失灵。

① 在多机重联作业编组换向操纵时，自动制动阀有时产生控制失灵的现象。被牵引作业车中继阀的列车管截断塞门没有关闭，中继阀的非正常动作影响了操纵端自动制动阀的正常操纵，致使全列车列车管的压力控制失灵。在操纵前，务必关闭被牵引作业车中继阀的列车管截断塞门。

② 自动制动阀操纵时，均衡风缸不保压。这是因为空气制动阀作用柱塞漏泄，致使均衡风缸不保压。应更换作用柱塞的"O"形橡胶密封圈。

（4）调压阀排风不止。

调压阀内部的溢流阀漏泄或进风阀口被脏物所垫造成调压阀膜板室过压而顶开溢流阀，使调压阀排风口排风不止。发生此故障时，应研磨溢流阀的金属阀口和清洗进风阀口。

（5）中继阀排风不止。

中继阀排风口排风不止是由于中继阀阀口被脏物所垫、阀口缺损或阀的挡圈折断所致。应清洗双阀口中继阀内的排风阀或更换排风阀相应的部件。

（6）分配阀故障。

① 分配阀不保压，制动缸的压力上涨。这是因为作用部的节制阀或滑阀漏泄，均衡阀口的缺损或被脏物所垫，应拆检上述各阀。

② 分配阀保压时，排风口排风不止。其产生的主要原因如下：

a. 均衡部均衡阀口被脏物所垫或均衡阀的橡胶阀面不平整，导致总风向制动缸漏泄，过量的制动缸压力空气由制动缸排气口排出。清洗均衡阀口，用细砂纸磨平均衡阀的橡胶阀面。

b. 作用管管系漏泄，使制动缸压力随之下降。处理作用管的漏泄处。

（7）安全阀故障。

① 制动不保压，制动缸的压力下降。这是因为安全阀阀口漏泄所引起，应研磨安全阀的阀口。

② 紧急制动后，制动缸的压力过高。产生的原因是安全阀的调定压力不稳定，应合理选配增压阀的总风供风和安全阀进风口缩堵的孔径，使之相匹配，或重新调整安全阀的调定压力值。

5．常见故障处理流程

（1）柴油机不能启动（电瓶故障）。

① 现象说明。

柴油机不能启动（电瓶故障）。

② 处理流程。

a. 检查马达转速是否正常。

b. 检查电瓶是否正常。

c. 请维修电瓶。

③ 具体操作步骤。

a. 请将"整车电源开关（操作端司机室）"置"闭合"位。

b. 请将"发动机钥匙（操作端司机室）"开关接通。

c. 请将"非操作端司机室点火开关"置"点火"位不松，待发动机启动声响。

d. 发现柴油机不能启动。

e. 请检查马达转速是否正常。

f. 请检查电瓶是否正常。

g. 请修理电瓶。

h. 请启动柴油机。

（2）柴油机不停机（停机按钮故障）。

① 现象说明。

柴油机不停机（停机按钮故障）。

② 处理流程。

a. 按停机按钮转速是否下降。

b. 检查 314 是否接地。

c. 检查 5UD，8 脚有无 24 V。

d. 检查 215 是否有 24 V。

e. 检查 313 有无 24 V。

f. 检查停机按钮是否故障。

③ 具体操作步骤。

a. 请启动柴油机。

b. 按标准流程启动柴油机。

c. 请按下"停机按钮"。

d. 柴油机不停机故障。

e. 请检查"停机按钮"。

f. 请保持"停机按钮"按下状态。

g. 请确认发动机转速。

h. 请检查"314"接地端是否接地。

（3）打开主电源钥匙开关全车无电（5B31 开关故障）。

① 现象说明。

打开主电源钥匙开关全车无电（5B31 开关故障）。

② 处理流程。

a. 13E26 有无 24 V。

b. 端子 201 有无 24 V（或继电器 13D1 线圈输入端）。

c. 5B31 开关或连线故障。

③ 具体操作步骤。

a. 请将"整车电源开关（操作端司机室）"置"闭合"位。

b. 请将"整车电源开关（操作端司机室）"开关断开。

c. 请使用万用表测量"13E26"处电压（在 B13 箱），如图 5-129、图 5-130 所示。

图 5-129　B13 箱位置

图 5-130　"13E26"位置

d. 请确认"13E26"电压状态。

e. 请使用万用表测量"端子 201"处电压（在 B13 箱），如图 5-131 所示。

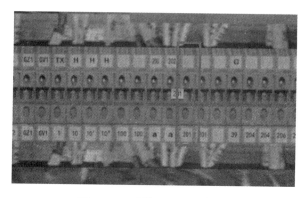

图 5-131　"端子 201"位置

f. 请确认"端子 201"电压状态。

g. 请检查发动机钥匙开关（操作端司机室）状态。

h. 对故障设备进行修理。

i. 请将"整车电源开关（操作端司机室）"置"闭合"位。

（4）无法启动高速走行（28U2A 和 28U2E 故障）。

① 现象说明。无法启动高速走行（28U2A 和 28U2E 故障）。

② 处理流程。

a. 检查末级驱动是否挂上。

b. 检查 28u2D，28u2E。

c. 检查 G42，G41，G23 电压是否有 24 V。

d. 28d1，2 脚电压是否有 24V；28d2，2 脚电压是否有 24 V。

③ 具体操作步骤。

a. 请将"整车电源开关（操作端司机室）"置"闭合"位。

b. 请将"发动机钥匙（操作端司机室）"开关接通。

c. 请将"非操作端司机室点火开关"置"点火"位不松，待发动机启动声响。

d. 请将"非操作端司机室大闸"置"运转位"。

e. 请将"非操作端司机室小闸"置"运转位"。

f. 请将"风喇叭脚踏"踩下，鸣笛一声（非操作端司机室座椅前）。

g. 请将"手制动"打到"缓解"位。

h. 请将"ZF 变速箱钥匙开关（非操作端司机室）"置"闭合"位。

i. 请将"非操作端司机室变速箱操作手柄"打置左侧"1 挡"位。

j. 请按下"发动机转速传感器启动开关"（非操作端司机室油门前方）。

k. 请将"发动机转速调节手柄"（油门）推置"升速"区，提高发动机转速。

l. 无法启动高速走行。

m. 检查末级驱动是否挂上。

n. 请使用万用表测量"28U2D"处电压，确认"28U2D"电压状态。如图 5-132、图 5-133 所示。

图 5-132 "28 箱"位置

图 5-133 "28U2D"位置

o. 请使用万用表测量"28u2E"处电压，确认"28u2E"电压状态，如图 5-134 所示。

图 5-134 "28u2E"位置

p. 请使用万用表测量"28D1"电压，确认"28D1"状态，如图 5-135 所示。

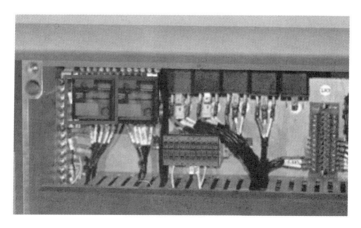

图 5-135 "28D1"位置

q. 请检查"28U2A"状态。发现故障，如图 5-136 所示。

图 5-136 "28U2A"位置

r. 对故障设备进行修理。

s. 启动机车。

（5）打开作业开关没有作业电源（发动机电源故障）

① 现象说明。打开作业开关没有作业电源（发动机电源故障）。

② 处理流程。

a. 检查 100#端子有无 24 V。

b. 检查 5d9 继电器 85 脚有无 24 V。

c. 检查 5d9 继电器端子 86 是否接地。

d. 13e34 保险有无 24 V。

e. 检查 5b21 输入端有无 24 V。

f. 204a（M6）有无 24 V。

g. 204 有无 24 V。

h. 检查 5e9 有无 24 V。

③ 具体操作步骤。

a. 请将"整车电源开关（操作端司机室）"置"闭合"位。

b. 请将"发动机钥匙（操作端司机室）"开关接通。

c. 请将"非操作端司机室点火开关"置"点火"位不松，待发动机启动声响。

d. 请打开作业开关。

e. 请使用万用表测量"端子 100#"电压，确认"100#端子"电压状态，如图 5-137、图 5-138 所示。

f. 请检查"13e34 保险"是否闭合，如图 5-139 所示。

g. 请检查"发动机电源"发现故障，如图 5-140 所示。

h. 请对故障设备"发动机电源"进行修理。

i. 请打开作业开关。

图 5-137　B13 箱位置

图 5-138　"100#端子" 位置

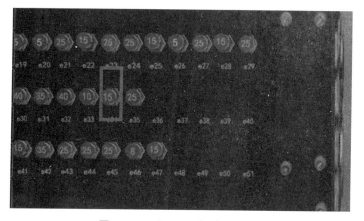

图 5-139　"13e34 保险" 位置

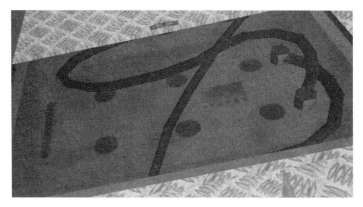

图 5-140　发动机电源

（6）作业电源 6U4、10U5、10U4、（EK-813SV）无 ±15 V 和 ±10 V 电源输出（对应保险到端子 2 连线故障）。

① 现象说明。作业电源 6U4、10U5、10U4、（EK-813SV）无 ±15V 和 ±10V 电源输出（对应保险到端子 2 连线故障）。

② 处理流程。

a. 检查相应的 18 箱保险 e4、e3、e2 有无 24 V。

b. 端子 2 有无 24 V。

c. 检查相对应的保险到板的连线和 EK-813SV 到地的连线是否正常。

③ 具体操作步骤。

a. 请将"整车电源开关（操作端司机室）"置"闭合"位。

b. 请将"发动机钥匙（操作端司机室）"开关接通。

c. 请将"非操作端司机室点火开关"置"点火"位不松，待发动机启动声响。

d. 请检查"6U4"是否故障，如图 5-141、图 5-142 所示。

图 5-141　操作端司机室电器柜位置

图 5-142 "6U4" 位置

e. 请检查 "10U5" 是否故障, 如图 5-143 所示。

图 5-143 "10U5" 位置

f. 请检查 "10U4" 是否故障, 如图 5-144 所示。

图 5-144 "10U4" 位置

g. 请检查确认 "18E4" 状态, 如图 5-145 所示。

图 5-145 "18E4" 位置

h. 请检查确认"18E3"状态，如图 5-146 所示。

图 5-146　"18E3"位置

i. 请检查确认"18E2"状态，如图 5-147 所示。

图 5-147　"18E2"位置

j. 请使用万用表测量"端子 2"电压，确认"端子 2"电压状态，发现故障，如图 5-148 所示。

k. 请对故障"对应保险到端子 2 连线"进行修理。

（7）走行电源 6U7 无正负 15 V 和正负 10 V 电源输出（6U7 故障）。

① 现象说明。走行电源 6U7 无正负 15 V 和正负 10 V 电源输出（6U7 故障）。

② 处理流程。

a. 检查保险 18e5 有无 24 V。

图 5-148　"端子 2"位置

b. 检查保险 18e5 到 6U7 板连线和地线是否正常。

c. 检查接线端子 A26 有无 24 V。

d. 5e7 输入端有无 24 V。

e. 5e9 输入端有无 24 V。

③ 具体操作步骤。

a. 请将"整车电源开关（操作端司机室）"置"闭合"位。

b. 请将"发动机钥匙（操作端司机室）"开关接通。

c. 请将"非操作端司机室点火开关"置"点火"位不松，待发动机启动声响。

d. 请检查"6U7"是否故障，如图 5-149、图 5-150 所示。

图 5-149　操作端司机室电器柜位置

图 5-150　"6U7"位置

e. 请检查确认"18E5"状态，如图 5-151 所示。

f. 请检查确认保险 18e5 到 6U7 板连线和地线是否正常。

g. 请再次检查"6U7"状态。发现故障。

h. 对故障设备进行修理。

（8）发动机运行正常时，转速不稳（柴油滤清器脏污）。

① 现象说明。发动机运行正常时，转速不稳（柴油滤清器脏污）。

图 5-151　"18E4" 位置

② 处理流程。

a. 检查柴油滤清器是否脏污。

b. 检查供油回路密封是否良好，有无渗气现象。

c. 检查手油泵是否脏堵。

d. 判断柴油质量是否合格。

e. 找发动机专业检修人员进行修复。

③ 具体操作步骤。

a. 请启动柴油机。

b. 按标准流程启动柴油机

c. 发动机运行正常时，转速不稳。

d. 请检查燃油精滤过滤器（燃油箱体右侧）是否存在堵塞（见图 5-152）。

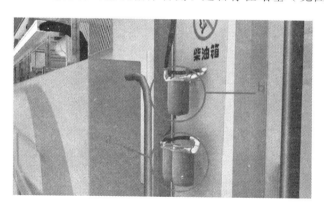

a—精滤过滤器；b—粗滤清器。

图 5-152　燃油过滤器

e. 请检查柴油粗滤清器（燃油箱体右侧）是否脏污（见图 5-152）。

f. 故障设备"柴油滤清器"进行修理。

复习思考题 >>>

1. 说明柴油发动机电路的常见故障与排除方法。
2. ZF 变速箱控制有哪些常见故障？如何排除？
3. 说明紧急制动后，列车管充不上风的原因和处理方法。
4. 说明制动后不缓解的原因及排除办法。
5. 说明安全阀的常见故障及处理方法。

附　录　英文缩写解释

英文缩写	英文解释	中文解释
CIR	Cab Integrated Radio communication equipment	机车综合无线通信设备
CTC	Centralized Traffic Control	调度集中
GPS	Global Position System	全球定位系统
GSM-R	GSM for Railway	专用于铁路的 GSM
MMI	Man Machine Interface	人机界面（通称操作显示终端）
TDCS	Train Dispatching Command System	列车调度指挥系统
GROS	GPRS Home Interface Server	GPRS 归属服务器
GRIS	GPRS Interface Server	GPRS 接口服务器
DMS	The Dynamic Monitoring System of Train Control Equipment	列控设备动态监测装置
GPRS	General Packet Radio Service	通用分组无线业务
MTBF	Mean Time Between Failure	平均无故障时间
UDP	User Datagram Protocol	用户数据报协议
APN	Access Point Name	接入点名称
AC	Affirm Center	确认中心
PTT	Push To Talk	即按即讲

参考文献

[1]　傅文智，毛必显. 抄平起拨道捣固车[M]. 北京：中国铁道出版社，2005.

[2]　韩志青，唐定全. 抄平起拨道捣固车[M]. 北京：中国铁道出版社，2006.

[3]　宁广庆，史林恒. 铁路大型捣固设备与运用[M]. 北京：人民交通出版社，2013.

[4]　铁路职工岗位培训教材编审委员会. 大型线路机械司机（捣固车基本知识部分）[M]. 北京：中国铁道出版社，2015.

[5]　中华人民共和国铁道部. 大型养路机械使用管理规则[M]. 北京：中国铁道出版社，2007.

[6]　中国铁路总公司. 普速铁路线路修理规则[M]. 北京：中国铁道出版社，2019

[7]　中国铁路总公司. 高速铁路有砟轨道线路维修规则[M]. 北京：中国铁道出版社，2013.

[8]　中国铁路总公司运输局. 普速铁路工务安全规则[M]. 北京：中国铁道出版社，2014.

[9]　中国铁路总公司运输局. 高速铁路工务安全规则[M]. 北京：中国铁道出版社，2014.